LA SAGA DES FRANCS-MAÇONS

DES MÊMES AUTEURS

Code Da Vinci : L'enquête, Robert Laffont, 2004. Points Seuil, 2006.

MARIE-FRANCE ETCHEGOIN

Le Bûcher de Toulouse, avec Matthieu Aron, Grasset, 2005.
Eva Joly ou La justice est un roman, avec Matthieu Aron, Robert Laffont, 2002.

FRÉDÉRIC LENOIR
(ouvrages les plus récents)

Fiction

Bonté divine !, avec Louis Michel Colla, théâtre, Albin Michel, 2009.
L'Élu, le fabuleux bilan des années Bush, scénario d'une BD dessinée par Alexis Chabert, Écho des savanes, 2008.
L'Oracle della Luna, roman, Albin Michel, 2006. Le livre de poche, 2008.
La Promesse de l'ange, avec Violette Cabesos, roman, Albin Michel, 2004. Le livre de poche, 2006. Prix des maisons de la presse 2004.

Essais et documents

Socrate, Jésus, Bouddha, Fayard, 2009.
Petit traité d'histoire des religions, Plon, 2008.
Tibet. Le moment de vérité. Plon, 2008. Prix des droits de l'homme de la ville de Nancy.
Le Christ philosophe, Plon, 2007. Points Seuil 2009.
Mon Dieu, pourquoi ? avec l'abbé Pierre, Plon, 2005.
Les Métamorphoses de Dieu, Plon, 2003. Hachette littérature, 2005. Prix européen des écrivains de langue française 2004.
L'Épopée des Tibétains, avec Laurent Deshayes, Fayard, 2002.
La Rencontre du bouddhisme et de l'Occident, Fayard, 1999. Albin Michel, « Spiritualités vivantes », 2001.

Direction d'ouvrages encyclopédiques

La Mort et l'Immortalité, encyclopédie des croyances et des savoirs, avec Jean-Philippe de Tonnac, Bayard, 2004.
Le Livre des sagesses, avec Ysé Tardan-Masquelier, Bayard, 2002 et 2005 (poche).
Encyclopédie des religions, avec Ysé Tardan-Masquelier, 2 volumes, Bayard, 1997 et 2000 (poche).

Marie-France Etchegoin
Frédéric Lenoir

LA SAGA DES FRANCS-MAÇONS

ROBERT LAFFONT

ISBN 978-2-221-10624-2

Préface

Ce livre peut intéresser tout lecteur désireux de connaître de manière rigoureuse et vivante l'histoire des francs-maçons, ainsi que leurs rites, leur pensée et leurs légendes. Il peut aussi être lu par les lecteurs du *Symbole perdu* (Lattès, 2009) cherchant à démêler le vrai du faux dans le dernier roman de Dan Brown.

Il y a cinq ans en effet, nous avons écrit un livre d'investigation critique sur le précédent opus de l'écrivain américain, le *Da Vinci Code (Code Da Vinci : L'enquête,* Robert Laffont, 2004). Nous avions démontré la supercherie du « Prieuré de Sion », une organisation secrète remontant prétendument aux croisades et dont Dan Brown affirmait dans sa préface la réalité historique. Le *Da Vinci Code* mélangeait sans cesse des faits réels et de pures inventions. Cette ambiguïté a sans doute fait l'incroyable succès de ce polar ésotérique : la plupart des lecteurs se sont interrogés sur la réalité du « complot » de l'Église contre le « féminin sacré », sur la véritable relation de Jésus et de Marie Madeleine, sur le rôle des Templiers gardiens d'une « vérité » qui avait été occultée. Sans doute se livreront-ils au même exercice avec *Le Symbole perdu* qui traite cette fois de la franc-maçonnerie. Un sujet qui nous intéresse l'un et l'autre depuis longtemps. Marie-France, rédactrice en chef au *Nouvel Observateur,* a consacré plusieurs enquêtes sur ce sujet inépuisable. Et Frédéric a travaillé, comme philosophe et historien des religions, sur les maçons et leurs mythes fondateurs. Si nous avons décidé d'écrire ce livre, c'est parce que la franc-maçonnerie est un « objet » généralement délaissé par les sociologues et les historiens. Les ouvrages des spécialistes, souvent eux-mêmes initiés, sont difficilement accessibles aux « profanes » ou n'explorent que les « réseaux » maçons et leurs « loges affairistes ». La franc-maçonnerie ne se résume pas pourtant à des rites désuets et incompréhensibles pour le commun des mortels, ni à un système d'influence. Elle a beaucoup plus à dire et à raconter. Nous sommes ainsi remontés aux sources de cette passionnante aventure humaine et intellectuelle, qui naît dans le sillage des Lumières, d'un bord à l'autre de l'Atlantique. La franc-maçonnerie traverse les siècles et les continents. Suivre sa trace ressemble à un jeu de piste. Des constructeurs de cathédrales aux Pères Fondateurs de l'Amérique, en passant par les savants anglais de la Royal Society ou les Encyclopédistes. En écrivant cette « saga », nous avons aussi voulu démasquer les préjugés et les fantasmes qui font de la franc-maçonnerie une organisation surpuissante ayant fomenté toutes les révolutions. Nous avons tenté de démêler les fils de son rapport complexe au pouvoir politique et d'expliquer avec pédagogie sa spiritualité, ses rites, ses croyances, ses codes, ses symboles, ses mythes, ou encore son lien avec la religion chrétienne ou la nébuleuse ésotérique et occultiste.

L'essentiel de cet ouvrage a été écrit avant que nous ayons connaissance, le 15 septembre 2009, de la version anglaise du livre de Dan Brown : *The Lost Symbol.* Nous savions, bien sûr, que la franc-maçonnerie et la ville de Washington seraient au cœur de l'intrigue, puisque Dan Brown l'avait annoncé depuis longtemps. Nous attendions donc sa parution avec curiosité. Dan Brown n'a pas dérogé à sa règle. Il use du même procédé que pour le *Da Vinci Code* : dans le bref avertissement qui ouvre le roman, il affirme que sa fiction se nourrit de « faits réels ». Il parle notamment d'un énigmatique document crypté « enfermé dans un coffre-fort de la CIA » et qui viendrait appuyer les thèses développées dans *Le Symbole perdu.* On verra que si ce document existe bien, il a assez peu de rapports avec les mystères maçons (voir p. 319). Malgré tout, dans son nouveau roman, l'écrivain américain a évité les pièges les plus grossiers du conspirationnisme. Apparemment au moins. Car, en filigrane, Dan Brown renoue parfois avec les poncifs éculés de l'antimaçonnisme. Surtout il ne retient de la franc-maçonnerie que sa dimension ésotérique, gommant sa filiation aux Lumières. C'est aussi cette histoire que nous avons voulu raconter. La franc-maçonnerie est certes une société initiatique mais elle est aussi liée aux idées les plus progressistes du temps qui l'a vue naître. Tolérance, fraternité, remise en question des dogmes. On croisera dans cette saga autant de maçons « illuminés » que de frères engagés dans les chambardements politiques qui ont secoué l'Europe ou l'Amérique. Montesquieu, le général La Fayette, George Washington, Benjamin Franklin, Jules Vallès, Louise Michel, Joseph Proudhon, Victor Schœlcher, Jules Ferry et tant d'autres sont les héros de cette histoire singulière. Elle peut se lire indépendamment du roman de Dan Brown.

Mais pour permettre aux lecteurs de décrypter *Le Symbole perdu,* nous avons ajouté à notre manuscrit deux chapitres après avoir minutieusement lu le roman. Le premier, écrit sous forme de glossaire, reprend les principaux personnages, rites ou lieux mentionnés par Brown et donne une explication historique fiable. Il apporte confirmations ou corrections lorsque cela est nécessaire. Le second est entièrement consacré à une thématique importante du *Symbole perdu,* qui dépasse la franc-maçonnerie : la « noétique », autrement dit l'interaction entre réalité physique et spirituelle. Selon Dan Brown, la science la plus récente ne ferait que dire autrement ce que les sagesses les plus anciennes ont toujours affirmé : il existe un lien si étroit entre la pensée et la matière que l'esprit humain peut agir sur le monde, voire le transformer. Cette thèse bien plus New Age que maçonnique – que Frédéric avait déjà abordée dans *Les Métamorphoses de Dieu* (Plon, 2002) – suscitera sans doute des polémiques dans les milieux scientifiques. Elle effleure aussi – sans que jamais Dan Brown ne le dise ouvertement – un débat qui fait rage aujourd'hui aux États-Unis : le créationnisme et le « dessein intelligent ».

Dangereux, Dan Brown ? Champion des vérités tronquées et des idéologies qui s'avancent masquées ? Ou formidable vulgarisateur, ouvrant de nouveaux horizons à des millions de lecteurs ? Ses livres sont devenus de véritables « phénomènes », suscitant l'engouement sur la planète entière, symbole d'une consommation culturelle mondialisée. Le débat public qui suit la publication de chacun de ses romans est aussi l'occasion de faire œuvre de pédagogie sur des questions souvent complexes. Puisse cette « saga » y contribuer à sa manière.

MARIE-FRANÇOISE ETCHEGOIN et FRÉDÉRIC LENOIR

Première partie

Les aventuriers du Nouveau Monde

1

Frère La Fayette et frère Washington

Le temple du secret

Il a dix-huit ans à peine. Une tignasse rousse et l'allure embarrassée d'un garçon qui sort à peine de l'adolescence. Pour venir au rendez-vous, il s'est habillé avec soin. Mais l'homme qui l'accueille lui ordonne d'enlever ses bijoux, de se délester de son arme et de ses pièces de monnaie. Il doit se défaire de tout objet métallique le reliant aux passions et aux vanités du monde extérieur. Maintenant, l'homme lui demande de déboutonner sa chemise et de découvrir son flanc gauche, puis de relever la jambe droite de son pantalon.

Il se sent un peu ridicule, très vulnérable, absolument humble. Il imagine que c'est cela qu'on cherche à lui faire éprouver. Alors, il obtempère. Comme il se laisse faire quand l'homme lui enlève son soulier gauche. Il ne comprend rien et brûle de poser une question. Mais il se tait, envahi par un mélange de respect et de crainte. Voilà maintenant que l'homme lui passe une corde autour du cou ! Son imagination s'enflamme. Veut-on l'étrangler ? Non, le nœud reste coulant. La corde est comme un dernier lien qui le retient encore à la réalité. On l'amène dans une petite pièce obscure aux murs peints en noir.

Pendant un temps qui lui paraît infiniment long, il attend. Et il médite comme on le lui a demandé. Maintenant ses yeux se sont habitués à l'obscurité, et il fixe le crâne, le pain moisi, le sablier que l'on a disposés autour de lui. Il pense à la mort, au temps qui passe, à sa condition humaine. La pièce exiguë ressemble à un tombeau. Doit-il mourir à son existence passée ? Il regarde les deux coupelles sur la table, l'une remplie de soufre, l'autre de sel. Il songe aux alchimistes d'antan à la recherche de la pierre philosophale. Et lui, parviendra-t-il à connaître l'alchimie spirituelle qu'on lui a promise ? Il lit cette inscription sur le mur : V.I.T.R.I.O.L. : *« Visita Interiora Terrae, Rectificandoque Invenies Occultum Lapidem »* (« Visite l'intérieur de la Terre, par rectification, tu trouveras la pierre cachée »).

On vient enfin le chercher. On lui bande les yeux. Pourquoi le plonger dans le noir ? Ne lui avait-on pas assuré qu'ici il « déchirerait les ténèbres » et accéderait à « la connaissance » ? Trois coups le font sursauter. Il devine que l'homme frappe à une porte avec la garde de son épée. Il l'entend qui demande la permission de les laisser entrer. La porte s'ouvre. Le cœur battant, aveugle, il avance avec prudence. Dans la pièce, ils sont nombreux à l'entourer, le regarder. Il perçoit leur souffle. Soudain, il sent sur sa poitrine une pointe glacée. Un poignard ! Il est pétrifié. Une voix rompt le silence pour lui rappeler qu'il a juré de garder le secret, de ne jamais rien dire de ce qu'il a vu et entendu en ce lieu. S'il transgresse son serment, il aura la « gorge tranchée », le « cœur et la langue arrachés », le « corps démembré » ! Il frissonne et se demande dans quel pétrin il s'est mis.

Trop tard pour reculer. On le saisit et on l'oblige à se mettre à genoux. La voix interroge : « As-tu le désir d'être fait maçon ? » Il répond : « Oui. » La voix insiste : « Et ceci de ta propre volonté et de ton plein gré ? » « Oui », dit-il pour la deuxième fois. Oui, il veut rejoindre cette Fraternité de gens bien nés où l'on prône l'amour, l'entraide et la tolérance. Il promet sur la bible qu'on vient de lui mettre dans la main gauche. Maintenant, on le relève, on lui fait faire trois fois le tour de la salle. « Quel est le souhait prédominant de ton cœur ? » lui demande la voix. Comment pourrait-il le savoir ? Quelqu'un lui souffle à l'oreille : « La lumière. » Il répète la réponse. « Alors qu'on lui fasse voir la lumière », ordonne la voix. Il sent qu'on dénoue son bandeau. Et il voit pour la première fois les colonnes du temple et des hommes en demi-cercle qui rangent les épées, qu'ils pointaient sur lui, dans leurs fourreaux....

Nous sommes en 1775 et Gilbert Motier de La Fayette vient d'entrer en franc-maçonnerie, prononçant à peu près les mêmes mots et effectuant les mêmes gestes que ceux qui aujourd'hui encore, plus de trois cents ans après, frappent à la porte des temples. « Frère La Fayette » ou le maçon sans frontières, un pied ici, l'autre outre-Atlantique, aussi célèbre en France qu'aux États-Unis. Le « héros des deux mondes » fut l'acteur de deux révolutions. l'américaine, puis la française, le trait d'union entre deux continents, entre deux utopies.

Maçons sans frontières

C'est à Paris ou peut-être à Metz, où il reste en garnison pendant quelque temps, que La Fayette a « vu la lumière ». Le lieu de son initiation demeure incertain, mais son engagement dans la Fraternité est indéniable (il a notamment été affilié à la loge Saint Jean d'Écosse du Contrat Social en 1782 et vénérable en chaire des Amis de la Vérité en 1806). Il revendiquera cette appartenance jusqu'à son dernier souffle. Sa vie, pleine de rebondissements et de retournements, est comme un livre d'images illustrant les heures les plus exaltantes de l'Ordre. Elle croise celle d'un autre illustre frère, sinon le plus illustre. En effet, lorsque à dix-huit ans, le cœur battant, la poitrine dénudée et le pantalon remonté, La Fayette fait face aux épées des frères maçons, il marche sur les traces de George Washington, sa future idole. Vingt-trois ans plus tôt, en 1752, dans une loge de Virginie, le futur premier président des États-Unis est lui aussi « passé sous le bandeau ». Il est alors à peine plus âgé que ne l'est La Fayette en 1775. Et il n'imagine sans doute pas l'incroyable destinée qui l'attend.

Washington, La Fayette. L'un est né en 1732, l'autre en 1757. Un quart de siècle et un océan les séparent. Pourtant, la révolution américaine et la franc-maçonnerie vont faire naître entre eux « l'une des plus grandes histoires d'amitié de la fin du XVIIIe siècle [1] ». C'est le 1er août 1777 que les deux hommes font connaissance. Washington a quarante-cinq ans et il voit débarquer dans son QG un jeune homme exalté qui vient, lui, de fêter ses vingt printemps : Gilbert Motier de La Fayette a traversé les mers, pour se mettre à son service, fasciné par l'événement qui s'est produit un an plus tôt, le 4 juillet 1776. Treize colonies d'Amérique ont alors proclamé unilatéralement leur indépendance. Pour la première fois dans l'histoire, sur un territoire aussi vaste, des hommes ordinaires s'apprêtent à décider de leurs institutions et à choisir leur mode de gouvernement. Pour gagner leur liberté, ils se battent contre le plus grand des empires, celui de la couronne britannique. Et c'est George Washington qui commande leur armée face aux troupes du roi d'Angleterre.

Le jeune marquis veut participer à l'épopée. Il n'est pas le premier. Washington a déjà vu défiler quelques-uns de ces « mercenaires », idéalistes ou ambitieux rêvant de faire fortune sur le nouveau continent. Mais ce La Fayette a quelque chose de plus. D'abord, c'est contre l'avis de sa famille et de son roi qu'il a rejoint les révolutionnaires. Et c'est à ses frais qu'il a affrété un bateau, baptisé *La Victoire*. Washington regarde ce « petit frenchie » survolté avec étonnement.

Comment imaginer deux hommes plus dissemblables ? Le général américain est au mitan de sa vie. Sa renommée a déjà traversé l'Atlantique. Contrairement à La Fayette, il n'a pas fait des longues études, ne brille pas par ses discours et

1. Gonzague Saint-Bris, *La Fayette*, Éditions Télémaque, 2006.

n'a pas de particule. Mais son autorité est indéniable. S'il n'avait pas pris fait et cause pour la révolution, ce fils de planteurs aurait pu continuer à faire fructifier tranquillement la fortune familiale. Ses aïeux ont fui l'Angleterre au moment de la prise de pouvoir du puritain Olivier Cromwell. Ils se sont installés en Virginie, pour exploiter un vaste domaine, Mount Vernon, en Virginie. George Washington en a hérité. Il possède des dizaines d'esclaves (plus tard, il militera au Congrès pour une « abolition progressive » de l'esclavage). Il est l'un des plus riches planteurs de la colonie, le plus fortuné de tous les « Pères » de la révolution américaine.

Il ne fait pas parti des indépendantistes de la première heure. C'est un modéré presque effacé face aux grands tribuns ou aux têtes politiques comme John Adams, Thomas Jefferson ou Benjamin Franklin. S'il a été choisi pour chef militaire par les insurgés c'est parce qu'il est le seul parmi les « cadres » de la révolution américaine à bien connaître le maniement des armes. Il s'est illustré de 1754 à 1758 dans les guerres « franco-indiennes » qui opposent Français et Anglais sur le nouveau continent. À cette époque, il est encore un colon loyal. Même le roi George III fait son éloge. Dix ans plus tard, étrange retournement de l'histoire, il se bat contre ceux qu'il a servis avec, cette fois, à ses côtés des Français. Soldat aguerri, il en impose par son expérience. Et par sa corpulence : 1,90 m pour près de 100 kilos. « Il était toujours le plus grand dans une pièce », disent ses contemporains. Sa prestance et son « don pour le silence » impressionnent. Il économise ses mots, évite de rire en public. Il est adoré par ses soldats. Bref, il est déjà un monument.

La Fayette lui est un freluquet qui est né avec une cuillère d'argent dans la bouche. Héritier très fortuné d'une famille de l'ancienne noblesse d'Auvergne, il commence à peine une carrière militaire. Il descend d'une lignée d'officiers à peu près tous morts sur le champ de bataille, mais lui n'a encore jamais connu la guerre. Tout jeune, il a épousé une fille de la plus haute aristocratie, Adrienne de Noailles. Grâce à l'influence de son beau-père, qui dispose d'un appartement dans le château, il est admis à Versailles. Il virevolte à la cour, fait le joli cœur. La chronique mondaine raconte qu'un jour, en dansant le quadrille avec Marie-Antoinette, il trébuche et tombe. La reine se moque. Qu'importe, il apprend vite les usages et se lie avec tous les « VIP » de l'époque. Avec eux, il fait la fête, va s'encanailler dans les jardins du Palais-Royal avec les filles de joie. Il s'étourdit, s'enivre. Mais pas seulement.

Car si le Palais-Royal est alors le lieu de tous les plaisirs, il est aussi au cœur de toutes les intrigues et de toutes les contestations. Nobles, bourgeois, artistes se pressent dans les cafés qui longent les jardins, un îlot de liberté au milieu de l'Ancien Régime, où la police ne pénètre pas. La liberté de pensée y prospère autant que la liberté des mœurs, et on peut y voir entre les mains des promeneurs les livres de Rousseau ou de Voltaire, interdits par la censure. Dans les tripots, on boit, on joue, on s'adonne au libertinage mais on discute aussi, on théorise, on critique. La Fayette est à son aise. Il se pique de philosophie, d'histoire, de géographie. Il lit tout ce qui lui tombe sous la main. Il fait son éducation sexuelle en même temps que ses humanités. C'est aussi parce qu'il a la tête pleine de la lecture des philosophes à la mode qu'il rejoint les insurgés : les premiers à mettre en pratique ce que, jusque-là, il n'a lu que dans les livres.

Le credo des loges

Ainsi l'austère Washington va découvrir que le turbulent La Fayette n'est pas seulement une tête brûlée, un aventurier frivole prêt à s'enrôler sous n'importe quelle bannière pour faire carrière. Il va s'apercevoir qu'il nourrit un rêve et qu'il se bat pour une idée. Le Français sait se montrer persuasif. On a retrouvé les lettres qu'il a envoyées à sa femme, Adrienne, restée en France, pendant la traversée de l'Atlantique, alors que *La Victoire* peine à avancer sous les vents contraires : « Défenseur de cette liberté que j'idolâtre, écrit-il, libre moi-même plus que personne, en venant comme ami offrir mes services à cette république (des États-Unis) si intéressante, je n'y porte nul intérêt personnel. Le bonheur de l'Amérique est intimement lié au bonheur de toute l'humanité; elle va devenir le respectable et sûr asile de la vertu, de l'honnêteté, de la tolérance, de l'égalité et d'une tranquille liberté. » Liberté, bonheur, vertu, tolérance, égalité... C'est un langage que Washington entend parfaitement : le credo de l'enthousiaste Gilbert fait la liste de toutes les valeurs issues des Lumières et enseignées par les loges.

C'est aussi auprès de ses frères maçons que Washington s'est formé aux idées nouvelles de son temps. L'appartenance à la Fraternité cimente l'amitié des deux hommes. Mais, là encore, que de différences dans leurs parcours initiatiques. Si La Fayette devient franc-maçon, c'est d'abord parce qu'à Paris, en ce milieu du XVIIIe siècle, la fréquentation des loges est du dernier chic. Comme dit alors Marie-Antoinette : « Tout le monde en est. » La plupart des aristocrates, les proches du roi et peut-être Sa Majesté elle-même! C'est sans doute avec ses compagnons de bamboche du Palais-Royal que La Fayette fait ses premiers pas sur la « mosaïque du Temple [1] ». Car ces joyeux fêtards – le comte de Ségur ou son beau frère le vicomte de Noailles – sont tous « frères ». La Fayette ne déroge pas aux usages en vigueur. Comme eux il revêt le tablier.

À La Fayette, tout était offert sur un plateau. George Washington, lui, a arrêté ses études à quatorze ans. Et il est probable que la franc-maçonnerie lui a servi à parfaire son éducation et à assouvir sa soif de connaissance. À sa mort, il laissera une immense bibliothèque. Quand il s'initie en 1752, il n'est pas encore question d'indépendance dans le Nouveau Monde. Lui-même est un toujours fidèle sujet du roi d'Angleterre. À cette époque, la « modernité » vient encore

1. Pavage noir et blanc qui recouvre le sol des temples francs-maçons.

d'Europe, vieille par son histoire mais rajeunie par le bouillonnement philosophique et politique qui l'agite. Comment Washington pourrait-il en avoir connaissance, au fin fond de sa Virginie, cet État du Sud, qui prospère sur la culture et le commerce du tabac, si ce n'est par la loge qu'il fréquente dans la petite ville de Fredericksburg ? En Amérique, la franc-maçonnerie vient à peine d'être « importée » par les colons. En Europe, elle est née quelques années plus tôt, dans le sillage du mouvement d'idées qui chamboule l'ordre et les mentalités anciennes : les Lumières. Les loges sont l'un des vecteurs de ce bouleversement. Et une passerelle entre les deux continents.

La France, l'Amérique et les « réseaux » maçons

Si Gilbert de La Fayette n'avait pas été initié, George Washington lui aurait-il manifesté la même amitié ? On ne refait pas l'histoire. Toujours est-il que le marquis – qui arrive en Amérique accompagné d'autres officiers français pour la plupart membres de l'Ordre – excipe de ses titres de maçon devant le commandant en chef de l'armée américaine. Et durant ses séjours outre-Atlantique – deux pendant la guerre de l'Indépendance en 1777 et 1780, un troisième en 1784 et une tournée, triomphale, en 1824 – il se fait affilier à différentes loges, au gré de ses déplacements. Il fréquente notamment la Grande Loge de Pennsylvanie et la loge des Trois Amis du corps expéditionnaire de Rochambeau. « Après que je fus entré dans la maçonnerie américaine, dira-t-il des années plus tard, George Washington sembla avoir reçu une illumination. Depuis cet instant, je n'eus plus jamais l'occasion de douter de son entière confiance. »

La Fayette en rajoute peut-être. Il n'empêche, la franc-maçonnerie a joué un rôle non négligeable dans l'édification de la nation américaine. Du déclenchement de la révolution jusqu'à la rédaction des textes créant le nouvel État, en passant par l'organisation de l'armée continentale. Dès les premières heures de l'insurrection, en effet des frères mènent des actions contre les Anglais. Pendant la guerre, George Washington se sert des loges militaires pour fédérer et former ses soldats. Et quand il s'agit de graver dans le marbre les principes de la République américaine, de qui s'inspirent ses fondateurs ? Des philosophes des Lumières à l'honneur chez les maçons.

Dans le même temps, en France, certains frères se passionnent pour les événements du Nouveau Monde. Plus tard, ils prendront leur part dans la Révolution française. Mais en attendant, ils voient dans l'insurrection américaine la réalisation concrète de leurs utopies. Certes, tous ne partent pas au combat comme La Fayette. Pour venir au secours des États-Unis, ils font des quêtes ou des collectes. En 1782, par exemple, la loge La Candeur, fréquentée par le marquis de La Fayette, lance un appel à tous les frères français. Objectif? Réunir des fonds pour offrir un navire de guerre aux Américains !

La franc-maçonnerie facilite les rapprochements entre les rebelles et l'élite européenne qui se bouscule alors dans les loges. Outre La Fayette, d'autres frères, français ou européens, rejoignent les insurgés. Et quand, en 1776, le maçon Benjamin Franklin, ambassadeur de la toute jeune nation américaine en France, vient à Paris pour plaider la cause des États-Unis, il est reçu en grande pompe dans les loges, mais aussi dans les salons et à la cour. Scènes étonnantes : la fine fleur de l'Ancien Régime se pâme devant le porte-parole de révolutionnaires qui combattent contre le roi d'Angleterre et s'apprêtent à fonder une république ! Bien sûr, l'Amérique est en vogue : une partie des aristocrates, les libéraux, sont favorables aux réformes ; à d'autres, il ne déplaît pas de voir l'« arrogant » Empire britannique ébranlé en Amérique... Mais les relations maçonniques de Benjamin Franklin ne sont pas pour rien dans l'accueil qui lui est réservé. Grâce à elles, il a pu, bien avant l'indépendance, nouer des liens avec des aristocrates, des écrivains, des scientifiques français eux-mêmes membres ou proches de l'Ordre.

On comprend mieux la « confiance » manifestée par Washington envers La Fayette. Son appartenance à l'Ordre n'a pas déterminé toutes ses décisions – n'en déplaise aux obsédés du « complot maçonnique » ou à leur double inversé, les maçons prosélytes, pour qui la marche du monde ne s'explique que par l'influence bénéfique des frères. Mais elle compte pour beaucoup dans l'extraordinaire amitié entre les deux hommes. C'est un lien quasi filial qui les unit. Gilbert est orphelin depuis l'âge de treize ans. Washington, lui, a perdu son père quand il avait onze ans. Surtout, il n'a pas fait d'enfant avec sa femme Martha. Il a adopté les filles qu'elle a eues d'un premier mariage. Mais il lui manque un fils, au moins spirituel. Ce sera Gilbert, ce jeune chien fou qui cherche autant un maître à penser qu'une figure paternelle.

Leur relation résistera aux années et à la distance. « Venez avec Mme de La Fayette me voir dans mes foyers, écrit par exemple Washington à La Fayette en 1784. Je vous ai dit souvent, et je vous répète, que personne ne vous recevra avec plus d'affection que moi. » Quelques mois plus tard, le marquis répond à l'invitation et embarque pour la troisième fois vers l'Amérique. Retrouvailles et nostalgie. Washington n'a alors que cinquante-deux ans mais sans doute pressent-il l'importance de cette rencontre. « En vous voyant partir, dit-il à son ami français qui prend congé à la fin de son séjour, il me semble voir s'éloigner de moi l'image de cette généreuse France qui nous a tant aimés, et que j'ai aimée en vous aimant. » Alors qu'il s'apprête à prendre la mer depuis New York, La Fayette lui envoie une lettre, également pleine de prémonition : « Adieu, adieu, cher général. C'est avec une peine inexprimable que je sens que je vais être séparé de vous par l'Atlantique. Tout ce que l'admiration, le respect, la gratitude, l'amitié et l'amour filial peuvent inspirer se réunit dans mon cœur pour le dévouer bien tendrement à vous. Je trouve dans votre amitié une félicité que ces paroles ne peuvent pas rendre. Adieu, mon cher général...

Veillez sur votre santé. Donnez-moi de vos nouvelles tous les mois. Adieu ! Adieu ! » La Fayette, bientôt emporté par le tourbillon de la Révolution française, ne reverra plus jamais son général « adoré », le « plus cher être [qu'il eut] au monde ». Washington meurt, à soixante-sept ans, en 1799 des suites d'un refroidissement.

Le « demi-dieu »

Aujourd'hui, George Washington est sans doute l'Américain le plus vénéré dans son pays. Le plus célébré parmi ceux que l'on appelle les Pères Fondateurs (la centaine d'hommes qui ont élaboré et signé la déclaration d'Indépendance en 1776, puis la Constitution américaine en 1787). Moins flamboyant peut-être que les cinq autres *Founding Fathers,* passés comme lui à la postérité : Benjamin Franklin, le génie touche-à-tout, John Adams, l'avocat, Thomas Jefferson, l'intellectuel qui a tenu la plume lors de la déclaration d'Indépendance, James Madison, l'un des auteurs de la Constitution, Alexander Hamilton, le juriste et le financier. Mais bien plus consensuel.

De son vivant, ses admirateurs le considèrent déjà comme un demi-dieu. Dès la fin de la guerre de l'Indépendance (1783), il hérite du titre de « Père de la Nation ». Il comprend vite que les États-Unis, création volontaire, ont besoin, plus que les « antiques nations », de s'imaginer un « géniteur ». Et son rôle à la tête de l'armée en fait le seul symbole national d'un pays où, après la victoire contre les Anglais, tout reste encore à construire. Entre la proclamation d'indépendance (1776) et l'adoption d'une Constitution (1787), il s'écoulera près de dix ans. Dix ans de débats entre « fédéralistes » et « républicains », entre adeptes du gouvernement minimaliste et centralisateurs, entre États du Sud et États du Nord...

Dans cet intervalle, la gloire de Washington est si grande, et les États-Unis encore si fragiles, que le général aurait pu facilement devenir un tyran... Pourtant, le 4 décembre 1783, trois mois à peine après la signature du traité de Versailles par lequel la Grande-Bretagne reconnaît enfin l'indépendance de la nation américaine, il donne une étonnante leçon de démocratie. Il fait ses adieux à ses troupes et annonce qu'il retourne sur ses terres. « L'heure de ma démission est fixée à midi, explique-t-il sobrement devant le Congrès, après quoi je deviendrai un citoyen privé sur les rives du Potomac. » La nouvelle laisse pantois les monarques du monde entier. Et ce renoncement au pouvoir sculpte un peu plus sa légende.

En février 1784, Washington, le « retraité » provisoire, raconte à son ami La Fayette combien « à l'ombre de [sa] vigne et de [son] figuier », il se sent « libre du tumulte des camps et des agitations de la vie publique », à la différence du « soldat toujours poursuivant la renommée », de « l'homme d'État consacrant ses jours et ses nuits aux plans qui feront la grandeur de la nation, ou la ruine des autres » ou du « courtisan toujours surveillant la contenance de son prince dans l'espoir d'un gracieux sourire ». « Je me plais en des jouissances paisibles, écrit-il. Je ne suis pas seulement retiré des emplois publics, je suis rendu à moi-même. (...) Ne portant envie à personne, je suis décidé à être content de tous, et dans cette position d'esprit, mon cher ami, je descendrai doucement le fleuve de cette vie, jusqu'à ce que je repose auprès de mes pères. » Sage Washington.

Il ne sera président qu'en 1789, mais librement choisi et dans le cadre d'une constitution. Premier chef d'État de l'histoire américaine, il a une place à part dans la mythologie de son pays. Récemment un historien a tenté d'imaginer ce qu'il aurait fait à la place de George Bush en Irak ! « Aucun pays n'affiche autant d'idolâtrie pour ses Fondateurs. Aucun ne demande à des personnages morts depuis deux cents ans des éclairages sur des dossiers contemporains [1]. »... Aux

1. Corine Lesnes, *Aux sources de l'Amérique : Les enfants de Washington face à leur histoire*, Buchet/Chastel, 2008.

États-Unis, une question récurrente affleure en permanence dans la presse, les essais, les débats politiques ou juridiques : *« What would the Founders do ?... »* (Que feraient les Pères Fondateurs ?) Les Américains sont fascinés par l'histoire de leurs origines. Bien avant Dan Brown et son « symbole perdu », des centaines de biographies narrant la vie des Pères Fondateurs sont devenues des best-sellers. D'autres œuvres pseudo-historiques, voire carrément fantaisistes, ont rencontré le même succès. En 2004, par exemple, le film de Jon Turteltaub, *National Treasure*[1], raconte que les Fondateurs ont inscrit sur la déclaration d'Indépendance des indices conduisant jusqu'au trésor des Templiers ! Quant au deuxième volet de la saga (*Benjamin Gates et le livre des secrets*, 2008), il commence sur une scène tournée au George Washington Masonic National Memorial, immense monument construit par les loges américaines à la gloire de leur grand homme.

L'enfant terrible

La postérité de frère La Fayette est bien plus contrastée que celle de frère Washington. Certes, il a toujours été en avance sur son temps, sans cesse avide d'action et de changement, mais aussi souvent piètre politicien ou comploteur. Malgré tout, pour nombre de maçons, le fougueux marquis incarne parfaitement l'idéal d'une Fraternité « engagée ». « D'une certaine manière, il est la première personnalité à faire de la Maçonnerie un vecteur politique, voire partisan en faveur des idées de progrès de l'Homme et de la Société[2]. » Au cour de sa romanesque existence, il a traversé dix régimes et trois révolutions (l'américaine et les deux françaises de 1789 et de 1830).

Après avoir combattu auprès de Washington, revenu en France couvert d'honneurs, La Fayette aurait pu pourtant

1. Sorti en France sous le titre de *Benjamin Gates et le trésor des Templiers.*
2. Alain de Keghel, *La Fayette, franc-maçon,* A.M.H.G.

réintégrer son rang à la cour. Mais la grande aventure américaine l'a trop marqué. Il est rentré au pays avec une certitude : si, de l'autre côté de l'Atlantique, un monde nouveau a pu naître, dans la vieille Europe, les jours de l'Ancien Régime sont comptés. La Fayette, l'« Américain », s'active pour en accélérer la chute. Il va jusqu'à faire l'article de la république des États-Unis, « qui n'aura jamais ni noblesse ni roi », à Frédéric II. Le roi de Prusse est certes un « despote éclairé » et un franc-maçon notoire mais il tance l'impertinent : « J'ai connu un jeune homme qui, après avoir visité des contrées où régnaient la liberté et l'égalité, se mit en tête de les établir dans son pays. Savez-vous ce qui lui est advenu ? – Non, Sire – Eh bien, Monsieur, il fut pendu ! »

Peu importe l'avertissement. Le très riche marquis met son prestige au service des idées les plus iconoclastes de son temps. En 1788, il adhère avec sa femme à la Société des amis des Noirs fondée par Brissot, un franc-maçon encore. Quelques années auparavant, il avait écrit cette lettre étonnante à Washington : « Permettez-moi de vous présenter un plan qui pourrait devenir grandement utile à la portion noire du genre humain. Unissons-nous pour acheter une petite propriété où nous puissions essayer d'affranchir les nègres et les employer seulement comme ouvriers de ferme. Et si nous réussissions en Amérique, je consacrerais avec joie mon temps à mettre cette idée à la mode aux Antilles. Si c'est un projet bizarre, j'aime mieux être fou de cette manière que d'être jugé sage par une conduite opposée. » Washington, lui-même « propriétaire » d'esclaves sur sa propriété (qu'il libérera cependant après sa mort), ne donne pas suite. La Révolution américaine ne va pas jusqu'à l'émancipation des « nègres » ! Qu'à cela ne tienne, La Fayette fonde seul sa ferme idéale. En 1786, il achète deux domaines en Guyane. Les Noirs y bénéficient des mêmes conditions de travail que les Blancs. Les punitions corporelles sont abolies...

Près de dix ans plus tôt, lors de la guerre de l'Indépendance, le marquis avait aussi approché les Indiens Hurons et

Iroquois que les Anglais avaient incités à se dresser contre les Américains. Tout imprégné des idées de Montaigne sur le « bon sauvage » ou des théories de Rousseau, il avait réussi à passer un traité avec les Peaux-Rouges et les avait persuadés de faire alliance avec les insurgés. Les Indiens le baptisèrent en retour *Kayewla* (« Cavalier Redoutable »). Quelques années, plus tard ils lui « offriront » même un garçon de treize ans, que le marquis ramènera en France !

De retour d'Amérique, La Fayette milite aussi pour l'émancipation des juifs – qui n'accéderont à la citoyenneté qu'après 1789 – et pour celle des protestants « soumis en France à un intolérable despotisme », écrit-il à son mentor Washington. Comme Malesherbes, il fait campagne auprès de Louis XVI pour qu'il rende leurs droits aux réformés français. En 1787, le roi finit par promulguer l'édit de tolérance. Le vieux monde commence à vaciller.

En 1789, treize ans après l'insurrection américaine, la France bascule et le marquis exulte. Il participe au deuxième grand chambardement du XVIIIe siècle, insufflant à Paris un air venu des États-Unis, avec son projet de « Déclaration des droits naturels de l'homme vivant en société », inspiré de la déclaration d'Indépendance, ou son idée de cocarde tricolore. Bleu, blanc, rouge... ce sont aussi les trois couleurs de la bannière américaine. Le marquis, qui prend la tête de la Garde nationale, le 15 juillet 1789, demande à ses hommes d'en faire leur emblème. Il jouit alors d'une immense popularité. On l'appelle « l'Américain ». « Dans le Nouveau Monde, il a contribué à la formation d'une société nouvelle, dans le monde ancien à la destruction d'une vieille société », dira plus tard Chateaubriand [1].

Dans cette entreprise de démolition, il manque pourtant de laisser sa peau. Partisan d'une monarchie constitutionnelle, et finalement menacé d'arrestation, il s'enfuit avec ses troupes, en Autriche, en 1792, alors que la France est en pleine guerre. « Trahison », crient les républicains. « En pri-

1. François René de Chateaubriand, *Mémoires d'outre-tombe.*

son », disent les Autrichiens qui le considèrent malgré tout comme un dangereux révolutionnaire et l'enferment pendant cinq ans. Dans les années qui suivent, même Napoléon ne parviendra pas à faire rentrer dans le rang le tempétueux marquis : « Tout le monde en France est corrigé, s'énerve l'Empereur, un seul ne l'est pas : c'est La Fayette. Il n'a jamais reculé d'une ligne. Vous le voyez tranquille. Eh bien, je vous dis, moi, qu'il est prêt à tout recommencer ! » Napoléon a raison. Sous la Restauration, La Fayette intrigue dans la Charbonnerie, un groupement de conspirateurs libéraux lié à la franc-maçonnerie qui essaiment partout en Europe au début du XIXe siècle (voir p. 251). « Il était l'instrument et l'ornement de toutes les sociétés secrètes, de tous les complots, de tous les projets de renversement, même ceux dont il eût, à coup sûr s'ils avaient réussi, désavoué et combattu les résultats », dira cruellement Guizot, ministre de Louis-Philippe. En 1830, lorsque éclate la révolution des Trois Glorieuses, La Fayette retrouve – à soixante-treize ans ! – le commandement de la Garde nationale. Ses partisans veulent le mettre à la tête d'une nouvelle République. Mais le « héros des deux mondes » convainc les Parisiens de porter sur le trône Louis-Philippe, un noble libéral comme lui, en qui il croit voir le monarque constitutionnel dont il rêve depuis toujours. Une autre « faute » selon les républicains.

Ses détracteurs critiquent son manque de sens politique, sa naïveté, ses revirements. Ses admirateurs soulignent au contraire sa constance : La Fayette, inclassable et incassable, s'est finalement opposé à tous les pouvoirs. « J'ai pu me tromper, mais je n'ai trompé personne », plaide-t-il comme en écho. Il meurt en 1834, à soixante-dix-sept ans. C'est devant sa tombe que le représentant du général Pershing, commandant du corps expéditionnaire venu au secours de la France en 1917, s'écriera en souvenir d'une « dette » vieille de plus d'un siècle : « La France est accourue vers nous lorsque l'Amérique combattait pour assurer son indépendance. Nous n'avons pas oublié : "*La Fayette, we are here!*", "La Fayette nous voilà !" » L'histoire ne dit pas si le soldat américain s'est étonné devant la modestie de la sépulture. La Fayette a été inhumé dans le petit cimetière de Picpus, à Paris, près de ce qui était à l'époque la fosse commune des guillotinés de la Terreur, parmi lesquels des membres de sa famille et plusieurs de ses amis. La terre qui recouvre son cercueil vient de Virginie. La Fayette en avait fait remplir une caisse, lors de son quatrième et dernier voyage aux États-Unis en 1824, et avait demandé qu'on la déverse sur les lieux de sa dernière demeure. Depuis, un drapeau américain n'a jamais cessé de flotter sur sa tombe.

Aujourd'hui, il est plus honoré outre-Atlantique qu'en France. Il y a donné son nom à quarante villes, sept comtés et même une montagne et a été fait citoyen d'honneur des États-Unis, en 2002, un privilège accordé seulement cinq fois. En France, récemment encore, la polémique faisait rage entre ceux qui exigeaient le transfert de sa dépouille au Panthéon et ceux qui lui refusaient le titre de « grand homme ». Quoi qu'il en soit, pour la plupart des maçons, La Fayette, comme Washington, incarne une part glorieuse d'une histoire, trop souvent ignorée ou occultée à leur goût, celle de l'Ordre sous les Lumières. Aujourd'hui, partout dans le monde, des loges portent leur nom.

Pourquoi ces deux hommes ont-ils éprouvé la nécessité de passer sous le bandeau ? Qu'ont-ils trouvé derrière la porte des temples ? Pour le comprendre, il faut remonter aux origines de la Fraternité née près d'un siècle plus tôt de l'autre côté de la Manche.

2

Aux origines

Sous l'enseigne de l'Oie et du Gril

Londres, 7 juin 1717. Dans le quartier de Saint Paul Churchyard, autour de la cathédrale, des hommes se pressent vers une modeste taverne, au nom pittoresque : L'Oie et le Gril. Il y a parmi eux des maçons, des charpentiers, des cordonniers, des petits boutiquiers, des gentlemen... Tous appartiennent à des loges. Quatre exactement qui tirent leurs noms des estaminets où ils ont l'habitude de se retrouver : « L'Oie et le Gril », « La Couronne », « Le Pommier », « Le Gobelet et les Raisins ». Ce jour de printemps, ils vont poser un acte fondateur pour l'avenir de la franc-maçonnerie : ils décident de créer la première Grande Loge, d'adopter des règles et un but commun et de se doter d'un grand maître. L'histoire, datable et incontestable, de la franc-maçonnerie commence là. Mais que s'est-il passé auparavant ? Pour quelles raisons ces hommes se réunissent-ils ainsi ? Et quelle est l'origine de ces « clubs » fermés, baptisés loges ?

À ce jour, les réponses à ces questions restent fragmentaires. Tous les mystères n'ont pas encore été percés. La franc-maçonnerie est une société sinon secrète, du moins discrète. Les traces qu'elle a laissées dans l'histoire sont souvent imprécises ou incomplètes. De plus, en France, ses archives ont été saccagées ou saisies par les Allemands pendant l'Occupation, transportées jusqu'à Berlin, puis récupérées par l'armée Rouge après la Libération. Conservées à Moscou, elles n'ont été rendues aux obédiences françaises qu'en 2001. D'autre part l'Université ne s'intéresse que depuis peu à la franc-maçonnerie, un sujet resté longtemps l'apanage des détracteurs de l'Ordre ou alors de frères érudits, les premiers comme les secondes surestimant le plus souvent le rôle des loges, pour noircir ou au contraire exalter leur légende. Pour y voir un peu plus clair, il faut donc faire le tri entre les mythes et les légendes (voir aussi partie II « Les mythes fondateurs »), mais aussi entre les différentes hypothèses des historiens qui ne sont pas toujours convergentes.

L'héritage des corporations médiévales

L'hypothèse généralement admise établit une parenté (plus ou moins lointaine, nous le verrons) entre les francs-maçons et les bâtisseurs de cathédrales du Moyen Âge. Les « maçons opératifs » – ceux qui travaillaient réellement la pierre avec des maillets et des ciseaux – se seraient peu à peu transformés en « maçons spéculatifs », qui n'ont plus rien à voir avec le métier d'origine mais qui vont perpétuer la tradition des premiers. Cette évolution aurait eu lieu à la fin du XVIIe siècle en Angleterre et en Écosse. Voici comment.

Retour en arrière, au Moyen Âge, à l'époque de la construction des cathédrales et des églises... Dans l'Europe du XIe siècle, les chantiers se multiplient. Ils durent des décennies, souvent plus qu'une vie d'homme, et réunissent plusieurs centaines d'ouvriers. Autour de ces grands travaux, des corporations de métiers, des guildes ou des compagnies vont se constituer. Elles assurent la solidarité et le secours mutuel. Elles protègent et transmettent à leurs membres les secrets d'un savoir-faire jalousement gardé : l'art de bâtir. Elles organisent aussi les relations entre les ouvriers (« apprentis » ou « compagnons ») et leurs employeurs (« maîtres »). Les membres de ces corporations possèdent des signes, des gestes, des mots pour se reconnaître. Ils se retrouvent dans des cérémonies, où l'on lit les Évangiles, notamment pour célébrer le moment où le jeune apprenti est « reçu » pour la première fois sur un chantier. À cette époque, tout est ritualisé et religieusement encadré. En dehors des heures de travail, la vie des ouvriers tourne autour de la « loge », la petite baraque en bois qui se dresse au pied des bâtiments en construction. Les ouvriers s'y reposent. Le maître d'œuvre y explique les travaux à réaliser, y enseigne, y dévoile les arcanes du métier aux plus jeunes. Il y fait aussi la lecture des « Anciens Devoirs » *(Old Charges).*

Deux de ces textes ont été retrouvés : le *Regius* et le *Cooke,* datant de 1390 et de 1425. Ils énumèrent les obligations morales, professionnelles ou religieuses imposées aux maçons, chantent les louanges de la géométrie, et font aussi le récit légendaire de la corporation des tailleurs de pierre. Ils racontent que les maçons existent depuis l'origine du monde, que leurs glorieux ancêtres ont construit la tour de Babel et le temple de Salomon, qu'ils sont les continuateurs de Pythagore et d'Euclide, qu'ils ont hérité de leurs secrets venus du fond des âges... Ces textes ont été vraisemblablement écrits par des clercs soucieux de montrer que la construction des cathédrales poursuit l'« œuvre de Dieu » commencée depuis la « nuit des temps ». Les maçons opératifs vont se transmettre cette histoire mythique de génération en génération.

Au XVe siècle, une autre forme d'organisation va apparaître : le compagnonnage qui naît, justement, en réaction contre le pouvoir des « maîtres » et des corporations. Le compagnonnage vise à protéger les ouvriers de la toute-puissance de leurs patrons. Et contrairement aux idées reçues, il n'est pas un ancêtre de la franc-maçonnerie. Ce sont plutôt les compagnons qui, au XIXe siècle, se sont inspirés de certains rites en vigueur dans les loges.

Des maçons opératifs aux maçons spéculatifs

Revenons aux corporations de métiers. Incontournables tout au long du Moyen Âge, elles vont péricliter au XVIe siècle. Sous la Renaissance, en effet, on érige de moins en moins de cathédrales. L'art n'est plus exclusivement religieux. Surtout, l'Église catholique est contestée dans l'ensemble de l'Europe. Des révoltes embrasent l'Allemagne, l'Angleterre, la France et les guerres de Religion font rage. Anglicans contre catholiques, catholiques contre protestants, luthériens contre puritains ou calvinistes... L'heure n'est définitivement plus à la construction d'édifices religieux. Les corporations de métiers et les loges finissent par disparaître.

Pourtant, un siècle plus tard, les francs-maçons reprennent à leur compte les récits fabuleux des *Anciens Devoirs*, notamment la référence au temple de Salomon qui devient la pierre angulaire de tout leur système de pensée. Tout comme Hiram, l'architecte mythique de ce temple (voir p. 135), dont la légende dit qu'il a été assassiné pour avoir refusé de livrer ses secrets. Les francs-maçons font aussi des outils des anciens tailleurs de pierre – maillet, ciseau ou compas – leurs symboles et calquent leurs degrés d'initiation – apprentis, compagnons, maîtres – sur le même modèle que les loges opératives. Pourquoi et comment ? Arrivés à ce point de l'histoire, les spécialistes de la franc-maçonnerie divergent. Reprenons deux des principales thèses.

Selon la première théorie, les corporations de métiers en perte de vitesse ont accepté en leur sein des membres honoraires, appelés *gentlemen masons*, ou *accepted masons* (maçons acceptés). La plupart sont des notables attirés par l'aura de mystère qui entoure les vieilles corporations et désireux de connaître leurs secrets. En échange de leur admission dans ces cercles très fermés, ils font des dons appréciés et appréciables aux loges sur le déclin. Ainsi, ils auraient opéré, en douceur, une transition entre les anciennes loges opératives et les premières loges spéculatives. La preuve ? L'origine même du mot « franc-maçon » qui vient de *free stone mason*, une expression désignant au Moyen Âge ceux qui sculptent une pierre fine, la *pierre franche*, soit en anglais *free stone. Free stone mason* aurait donné, par contraction, *freemason*, franc-maçon.

Cette thèse, dite « théorie de la transition », a été fortement contestée ces dernières années par d'autres historiens. Ceux-là soulignent que ce sont les francs-maçons eux-mêmes qui ont véhiculé cette histoire des origines comme d'autres mythes notamment sur les Templiers (voir p. 141), parce qu'ils étaient soucieux de s'inscrire dans une tradition. Ces historiens rappellent aussi que les loges opératives ont pratiquement toutes disparu au XVIe siècle. Et quand bien même quelques-unes auraient subsisté, difficile d'admettre, selon eux, qu'elles aient pu donner naissance, un siècle plus tard, à la franc-maçonnerie. Certes, expliquent ces spécialistes, quelques loges de tailleurs de pierre ont pu survivre et accueillir en leur sein des *gentlemen masons*. Mais ces situations sont trop marginales pour soutenir l'idée d'une simple transformation des « opératifs » en « spéculatifs ».

« La plupart des érudits maçonniques anglais sont convaincus que la maçonnerie spéculative est un phénomène original et nouveau, apparu dans des circonstances encore mal élucidées au XVIIe siècle, dans le climat politique troublé de l'Angleterre[1]. » C'est la thèse dite de « l'emprunt » : les francs-maçons se seraient contentés de « recycler » les outils et usages des corporations de métiers, pour en faire des symboles et des rites au service d'un véritable projet philosophique. Leur but ? « En finir avec les déchirements religieux et faire du progrès scientifique le nouveau moteur de l'histoire[2]. » Cette nouvelle piste ne

1. Roger Dachez, *Histoire de la franc-maçonnerie française*, PUF, 2009.
2. Alain Bauer, *Aux origines de la franc-maçonnerie : Isaac Newton et les newtoniens*, Dervy, 2003.

fait pas l'unanimité dans les temples car elle bouscule la tradition et malmène les légendes. Elle est pourtant étayée par des faits précis et des archives. Elle nous oblige à faire un détour – un de plus – par l'une des plus anciennes académies des sciences du monde : la Royal Society.

L'Invisible Collège

La Royal Society – qui existe toujours – a été créée en 1660 à Londres. Le rapport avec la franc-maçonnerie ? Au tout début du XVIIIe siècle, cette académie – dont certains des fondateurs sont eux-mêmes des initiés – fournit à la Fraternité, qui vient à peine de naître, un nombre impressionnant de « cadres » et de « dirigeants ». Et si la franc-maçonnerie avait été imaginée dans ce « club » de savants et de penseurs ayant bien peu à voir avec les « professionnels du bâtiment » d'antan ? Si elle avait été purement et simplement inventée par des académiciens à la poursuite d'une utopie ? Comme une sorte de cheval de Troie au service d'une avant-garde éclairée. L'hypothèse est tentante. Mais comme toujours la réalité est plus complexe. Et elle s'inscrit encore dans une longue histoire.

La Royal Society n'apparaît pas du jour au lendemain. Avant elle, il y a eu ce que l'on a appelé « l'Invisible Collège ». Un joli nom, mystérieux à souhait. Il désigne des intellectuels anglais du XVIIe siècle, passionnés par l'histoire ancienne de la Grande-Bretagne qui écument les bibliothèques des monastères, réunissent des manuscrits, cherchent des objets rares. On les appelle des *antiquarians*, c'est-à-dire des amateurs de choses anciennes (« l'Invisible Collège » est aussi appelé la Society of Antiquaries). Ils se réunissent sans doute autour de Robert Boyle, un chimiste, qui met sa fortune au service de l'avancement des sciences et de la foi.

On a retrouvé ses lettres où il évoque une société savante mais sans jamais dire où elle se réunit ni qui sont ses membres. En 1660, en tout cas, certains de ces érudits créent la Royal Society of London for Improving Natural Knowledge.

Parmi eux, il y a des mathématiciens, des physiciens, des médecins, des astronomes, des professeurs d'anatomie, des spécialistes de l'optique ou de la statistique, des architectes... Ils publient leurs travaux dans des livres mais aussi dans une revue, qui diffuse idées nouvelles et découvertes. En ce sens, ils sont les annonciateurs des encyclopédistes. La liste de leurs centres d'intérêt ressemble à un inventaire à la Prévert : observation des étoiles, lancement de projectiles, poisons, agriculture, géographie et cartographie, expériences sous-marines, et même licornes... Leur but, tel qu'ils le définissent dans leurs écrits ? : « Scruter la nature tout entière et enquêter sur son activité et ses pouvoirs par les voies de l'observation et de l'expérience ; puis dans le cours du temps forger une philosophie plus solide et d'abondants agréments de civilisation. »

De l'alchimie à la foi dans la science

La Royal Society veut faire avancer les sciences en se fondant exclusivement sur les faits. Donc sans recourir aux autorités religieuses ou politiques... Les fondateurs de l'académie se réclament notamment de Francis Bacon, le philosophe anglais né en 1561, considéré comme le père de l'empirisme et de la philosophie expérimentale ; il est d'ailleurs mort en 1626 d'une bronchite contractée alors qu'il faisait des travaux sur la réfrigération ! Pour Bacon, le chemin de la connaissance doit se défaire de tous les préjugés et lutter contre les orthodoxies anciennes. Il appelle à une réforme des savoirs et à la création d'une « fraternité entre les savants d'Europe ». Au XVIIIe siècle, il aura une grande influence sur Diderot et d'Alembert.

Bacon pourtant n'est pas seulement un rationaliste. Ou plutôt il ne l'est pas au sens où on l'entend aujourd'hui. Il se passionne en effet pour l'alchimie.

L'alchimie ? Encore un détour indispensable pour comprendre où la franc-maçonnerie prend sa source. Il y aura d'autres bifurcations au fil de ces pages : la question des origines ressemble, en effet, à un jeu de piste semé de cailloux blancs. Reprenons : Bacon donc, maître à penser des fondateurs de la Royal Society, lesquels participeront à la création de la franc-maçonnerie, a un faible pour l'alchimie. Est-il un magicien ? Un illuminé ? Non, il est un homme de son temps. Car cette discipline connaît un regain de succès depuis la Renaissance. Nombre de penseurs ou d'artistes du XVe et du XVIe siècle la pratiquent.

Léonard de Vinci, par exemple, s'en inspire pour fabriquer ses couleurs. Le médecin suisse Paracelse la considère comme un art médical permettant de mettre au point des remèdes. L'empereur Rodolphe II de Habsbourg fait venir à sa cour les meilleurs spécialistes en la matière... L'alchimie remonte aux temps les plus anciens de l'humanité et s'est développée dans toutes les civilisations, arabe ou grecque, dans l'Occident latin, en Chine ou en Inde. Très souvent, on croit qu'elle consiste seulement – et vainement ! – à réaliser le « Grand Œuvre », c'est-à-dire à transformer les « métaux vils » en or ou en argent. On imagine des sorciers fous penchés sur leurs marmites à la recherche de la « pierre philosophale »...

Bien sûr, l'alchimie trouve son origine dans le travail des métaux. Mais sur cette activité très prosaïque s'est greffé tout un appareil symbolique, établissant des correspondances avec les parties du corps, les plantes ou les pierres, et générant une abondante littérature. La Renaissance, qui redécouvre l'Antiquité, s'en empare, voyant dans cet « art » une tentative de compréhension de la nature, des liens entre les différents « règnes » – minéral, végétal, animal. L'alchimie s'intéresse à la « transmutation » de la matière (la *materia prima*) ou de l'être, aux « fluides », au magnétisme. Elle annonce donc la chimie, la médecine, l'astronomie. Et elle conservera les apparences d'une science jusqu'aux découvertes de Lavoisier (le père de la chimie moderne) au XVIIIe siècle.

L'alchimie prétend être aussi une philosophie, la métaphore d'un chemin initiatique, qui va de l'imperfection à la perfection. C'est la raison pour laquelle certains de ses symboles ont été repris par beaucoup de sociétés secrètes, dont la franc-maçonnerie. Par exemple, lors de sa réception dans une loge (voir chapitre 1), l'apprenti maçon, mis en présence des trois principes alchimiques (le sel, le soufre, le mercure), est invité à mourir à son existence passée pour mieux renaître : il est en quelque sorte la *materia prima* sur laquelle doit s'opérer le « Grand Œuvre ».

Les adeptes de l'alchimie ont une bible : le *Corpus hermeticum*, qui fonde une doctrine, l'hermétisme. Un autre caillou blanc dans le grand jeu de piste. Le *Corpus hermeticum* est un recueil de traités mystico-philosophiques attribué à Hermès Trismégiste, qui serait à la fois grec, identifié au dieu égyptien Thot et contemporain de Moïse ! En réalité, le « Trois fois grand » (traduction de Trismégiste) est un être totalement mythique et le *Corpus hermeticum*, écrit à Alexandrie, ne remonte qu'aux premiers siècles chrétiens. Qu'importe, pour les alchimistes, c'est un ouvrage de référence comme la *Table d'émeraude*, autre texte capital censé lui aussi contenir les enseignements du fameux Hermès. On y trouve notamment cette célèbre formule : « Ce qui est en bas est comme ce qui est en haut, et ce qui est en haut est comme ce qui est en bas. » Cette correspondance entre le « macrocosme » et le « microcosme » est au cœur de l'ésotérisme (voir p. 199).

Certains lettrés de la Renaissance (Pic de La Mirandole, par exemple) et des siècles suivants se passionnent également pour la kabbale, tradition mystique juive, outil de travail sur soi et moyen d'appréhender le monde. Caillou blanc encore ! Enfin, dernier courant ésotérique qu'il est indispensable de mentionner dans ce parcours labyrinthique : la Rose-Croix (voir également p. 174). Il s'agit d'un ordre légendaire dont les premières mentions surgissent au début du XVIIe siècle en Allemagne. En 1614 paraissent en effet d'étranges textes anonymes, appelant à la « réforme de l'univers », et intitulés *La Fama fraternatis de l'ordre louable de la croix de Rose*. Deux ans plus tard circule un deuxième opuscule, truffé de références alchimistes et narrant la vie d'un certain Christian Rosenkreutz.

Ce grand voyageur aurait fondé la Rose-Croix en Allemagne, pour rassembler et conserver toutes les connaissances et les sagesses d'Orient et d'Occident acquises lors de ses nombreux périples. Rosenkreutz n'a jamais existé et il semble que tous ces textes aient été écrits par un pasteur luthérien (Johann Andrae) en pleine querelle sur le catholicisme et le protestantisme. En tout cas, cette littérature va connaître un énorme succès (même Descartes, dit-on, s'y intéresse) et inspirer à son tour des dizaines d'ouvrages. La folie rosicrucienne s'empare de l'Europe. Francis Bacon – voilà qui nous ramène à notre point de départ – n'y reste pas insensible.

Certains auteurs le soupçonnent d'avoir rédigé les premiers manifestes de la Fraternité de Fama (ce qui est loin d'être prouvé). Ils voient même sa main derrière quelques œuvres de Shakespeare ! Quoi qu'il en soit, Francis Bacon rêve lui aussi d'un monde nouveau bâti sur les sagesses anciennes et les connaissances modernes. Il a notamment écrit *La Nouvelle Atlantide*, récit utopique décrivant une république gouvernée par un ordre de scientifiques baptisé la Société du Temple de Salomon. Un clin d'œil à la franc-maçonnerie ? Quand paraît *La Nouvelle Atlantide* en 1627, l'Ordre n'existe pas encore. Ce qui est en germe, en revanche, c'est un mouvement de pensée annonçant les Lumières de la fin du XVIIe, un mouvement porté par des hommes qui croient en la science sans pour autant tourner le dos à une forme de recherche ésotérique. Bacon en est l'un des plus parfaits représentants. Comme Isaac Newton (1642-1727), autre personnage sur lequel il faut aussi s'arrêter un moment. Membre de la Royal Society (il en sera même l'un des présidents) et intime du premier grand dirigeant de la maçonnerie anglaise, il est au cœur de notre sujet.

L'ombre de Newton

Génial et dépressif, oscillant entre des périodes de prostration et des crises d'hallucinations, Isaac Newton est un pionnier de la science et l'une de ses figures emblématiques, à l'égal d'un Archimède ou d'un Albert Einstein. Chimiste (il s'initie à cette discipline en lisant les travaux de Robert Boyle l'inspirateur de l'Invisible College), mathématicien, physicien, astronome, il est célèbre pour avoir découvert les lois de la gravitation en regardant, dit la légende, tomber les pommes dans un champ. Ce que l'on sait moins en revanche, c'est que lui aussi se livrait assidûment à l'alchimie. Ses recherches étaient si controversées, qu'il les signait d'un pseudonyme JEOVA SANCTUS UNUS (Jéhovah Unique Saint) quasi-anagramme de ISAAC NEVUTONUS. Et ce n'est que, deux cents ans après sa mort en 1936 qu'on découvrira une malle entière de ses manuscrits alchimiques. Ses biographes ont longtemps passé sous silence cette passion sulfureuse, peu compatible avec sa stature de grand savant.

Pourtant, c'est aussi dans ces eaux troublées que naîtra la science moderne, et pas seulement dans les éprouvettes de la raison. L'essayiste Philippe Muray, par exemple, a montré dans un livre magistral [1] comment cet étonnant dialogue entre occultisme et progrès s'est durablement poursuivi (Victor Hugo et ses tables tournantes, le positiviste Auguste Comte créant une religion, le révolutionnaire Blanqui fasciné par l'« éternité des astres », etc.). Newton lui cherchait notamment à isoler le mercure – il en est probablement mort. L'Église et certains de ses contemporains l'accuseront

1. Philippe Muray, *Le XIXe siècle à travers les âges*, coll. « Tel », Gallimard, 1999.

d'« occultisme philosophique », voire de sacrilège. Newton pourtant n'est pas athée. « J'ai une croyance totale dans la Bible comme parole de Dieu écrite par ceux qui l'ont inspirée », dit ce fils de puritain. Les exégètes assurent que sur les 3,6 millions de mots écrits par Newton, 1,4 sont consacrés à la théologie et 1 million à la science. Avantage à Dieu donc ! Dieu qui selon le savant « gouverne toute chose ». Malgré sa découverte de la loi de gravitation universelle, il ne voit pas l'univers comme une simple machine. « La gravité explique le mouvement des planètes, assure-t-il, mais elle ne peut expliquer ce qui les a mis en mouvement ». Seul Dieu « sait tout et tout ce qui est ou tout ce qui peut être ». Fort de ce credo, Newton veut comprendre les principes divins en œuvre dans la nature, par tous les moyens possibles : mathématiques, expériences scientifiques mais aussi alchimie ou hermétisme.

De Bacon à Newton, du *Corpus hermeticum* à la Rose-Croix, en passant par la kabbale et l'alchimie, une multitude de portes s'entrouvrent. Un décor apparaît. C'est sur ce terreau complexe que va s'enraciner la franc-maçonnerie. Quand ? Assemblons les dernières pièces du puzzle... Si l'acte fondateur de l'Ordre a bien eu lieu dans la taverne L'Oie et le Gril à Londres en 1717, des loges sont probablement apparues bien avant en Angleterre. Les documents, les « preuves » manquent pour en avoir une vision précise. Restent des faisceaux d'indices qui viennent corroborer les pistes explorées jusqu'ici.

En effet, les deux premiers maçons spéculatifs dont on a retrouvé la trace en Angleterre et dont l'histoire a retenu le nom figurent parmi les fondateurs de la Royal Society. Un goût pour la science qui ne les empêche pas d'être aussi férus d'ésotérisme. L'un s'appelle Elias Ashmole, et il a été reçu en 1646 dans une loge du Lancashire. L'autre se nomme Robert Moray et a été initié à Édimbourg en 1641. Cet ingénieur s'adonne à l'alchimie, à la Rose-Croix ou à l'hermétisme. Tout comme Ashmole, un homme éclectique, à la fois avocat, artilleur, chimiste, botaniste, docteur en médecine, historien, héraldiste et *antiquarian*. Ses collections de livres rares ou d'objets précieux sont aujourd'hui exposées au Ashmolean Museum d'Oxford...

Autre indice capital dans cette quête des origines : deux ans après la fondation de la Grande Loge, lorsque les francs-maçons décident de s'organiser, qui choisissent-ils comme grand maître ? Le révérend Jean Théophile Désaguliers. Ce brillant ministre de l'Église anglicane, né en France mais élevé en Angleterre, est un physicien réputé, mais surtout l'ami et l'assistant d'Isaac Newton, et... un membre éminent de la Royal Society. Mieux : « En 1723, sur 200 membres de la Royal Society, environ 40 sont également francs-maçons. Mais surtout, 13 membres appartenaient à l'académie avant la formation de la Grande Loge en 1717, dont un nombre considérable de Grands Maîtres [1]. »

La boucle est bouclée ? Au terme de ce jeu de piste, dont les historiens n'ont pas encore éclairci toutes les zones d'ombre, la franc-maçonnerie semble en tout cas bien au confluent de deux courants : une tradition ésotérique ancienne et les balbutiements de la science moderne.

Sortir des guerres de Religions

La franc-maçonnerie naît aussi en réaction aux guerres politico-religieuses qui secouent l'Europe. Moray, Ashmole ou plus tard Désaguliers en ont tous été marqués. En Angleterre, ces affrontements durent depuis plus de cent cinquante ans. Épisodes sanglants et complexes que l'on ne peut résumer qu'à grands traits. En 1534, le roi Henri VIII, qui veut épouser sa maîtresse, rompt avec le pape et crée l'Église anglicane. Malheur à ceux qui lui résistent. À sa mort, l'Angleterre devient à nouveau catholique avec la reine Marie puis anglicane avec Élisabeth Ire. Au siècle suivant, Charles Ier, qui a persécuté les protestants, est renversé

1. Alain Bauer, *Aux origines de la franc-maçonnerie, op. cit.*

et finit décapité en 1649. C'est à cette époque que Moray et Ashmole se font initier... Dans les années qui suivent, Olivier Cromwell, le chef des puritains, prend le pouvoir ; il n'est pas plus tolérant. Après lui, l'Église anglicane est rétablie, puis le catholicisme, puis à nouveau le protestantisme...

Jean Théophile Désaguliers, l'ami de Newton et le premier grand maître de la Grande Loge d'Angleterre, est lui-même une victime des guerres de Religions mais en France cette fois. Son père, un pasteur protestant de La Rochelle, a été obligé de s'exiler en Angleterre. La révocation de l'édit de Nantes par Louis XIV en 1685 a en effet supprimé la liberté de culte pour les réformés et rallumé les hostilités avec les catholiques. Jean Théophile Désaguliers, alors enfant, traverse la Manche, avec sa famille, caché dans un tonneau. Ce sont des choses qui ne s'oublient pas. Répression, persécutions, massacres... La religion tue. Désaguliers et avant lui Moray ou Ashmole ont voulu créer, poursuivant le rêve de Francis Bacon, un espace qui au contraire rassemble les hommes et transcende les croyances religieuses ou politiques. L'élite intellectuelle qui a « inventé » la franc-maçonnerie a participé à sa manière à la pacification de la Grande-Bretagne.

3

Ce que sont les maçons

Les recommandations du frère Anderson

« Autrefois les maçons étaient obligés, dans chaque pays, d'être de la religion de ce pays, quelle que soit cette religion, mais aujourd'hui on trouve plus à propos de ne les obliger qu'à la religion sur laquelle tous les hommes sont d'accord, laissant à chacun ses propres opinions, c'est-à-dire d'être des hommes bons et loyaux, ou des hommes d'honneur et de probité, quelles que soient les dénominations ou confessions qui aident à les distinguer. » Qui parle ainsi ? C'est James Anderson, un pasteur presbytérien d'origine écossaise, qui en 1723 va être chargé par la Grande Loge d'Angleterre de rédiger des textes fixant les règles de la franc-maçonnerie. Ces Constitutions (dites d'Anderson) sont encore en vigueur aujourd'hui dans les loges. James Anderson s'attelle à la tâche avec le révérend Jean Théophile Désaguliers, rassemblant d'abord toutes les versions des fameux *Anciens Devoirs* (les textes des maçons opératifs du Moyen Âge) encore en circulation, les « récupérant » en quelque sorte pour asseoir la légitimité de la franc-maçonnerie et la présenter comme une héritière des glorieux bâtisseurs de cathédrales. Il édicte ensuite des règles précises.

Le Titre Premier des Constitutions, cité plus haut, concerne « Dieu et la Religion ». On voit qu'il prône sans détour la tolérance. Certes, dans ce siècle encore très religieux, il faut croire en Dieu, « la religion sur laquelle tous les hommes s'accordent », pour entrer dans la nouvelle Fraternité. Mais un Dieu sans exclusive. Là est la nouveauté. Anglicans, catholiques, protestants, presbytériens, puritains, calvinistes... tous sont invités aux agapes (le banquet qui clôture les réunions des loges). Les juifs aussi sont admis. Et les musulmans, en théorie au moins, car ils ne se bousculent pas à Londres à cette époque.

Ce principe de tolérance n'est évidemment pas l'apanage des seuls francs-maçons. Il a commencé à faire son chemin en Europe, depuis quelques années déjà, parmi d'autres « esprits éclairés ». Ainsi Spinoza, qui depuis La Haye entretient une correspondance régulière avec la Royal Society, affirme dans son *Traité théologico-politique* (1670) le droit individuel à la liberté de penser. L'Anglais John Locke, l'un des premiers penseurs de l'*Enlightenment* (les Lumières anglaises), explique lui, dans sa *Lettre sur la tolérance* (1689), que l'État doit protéger les droits de tous les hommes, quelles que soient leurs croyances. Mais si Locke condamne l'obligation à adhérer à une Église, il considère en revanche l'athéisme comme immoral. Un point de vue partagé par les premiers maçons.

Le Grand Architecte

En effet, à l'aube du XVIIIe siècle, la plupart des libres penseurs commencent à critiquer la toute-puissance de l'Église, mais ils ne prônent pas pour autant l'incroyance. Pour Newton, par exemple, un principe créateur, un « Grand Architecte », a ordonné le chaos et construit l'univers selon les lois harmonieuses de la géométrie (voir p. 183). Cette idée n'est pas à proprement parler nouvelle puisqu'elle existe depuis les civilisations antiques. Elle a inspiré les gnostiques, les alchimistes, les Rose-Croix, les humanistes de la Renaissance.

Mais, les découvertes de Newton sur la gravitation – force primordiale qui régit mouvement et équilibre de la matière, révolutions de la Terre et des corps célestes – lui donnent une assise scientifique. Grâce au savant, cette vision d'un monde régi par un « divin coordonnateur » trouve des arguments de poids. La franc-maçonnerie s'en empare. Rien d'étonnant, elle est liée, on l'a vu, aux savants de la Royal Society et donc à Newton. Si les loges se placent sous le patronage du « Grand Architecte de l'Univers » (GADLU), c'est parce qu'il a un double avantage. C'est un « Dieu philosophique », prouvé par la science, si l'on peut dire. Et un principe de transcendance acceptable par tous les frères, quelle que soit la religion à laquelle ils appartiennent. Voltaire, maçon sur le tard, parlera du « Grand Horloger » de l'Univers. Cette notion d'un Dieu qui règle les mouvements de l'univers mais n'intervient pas dans les affaires humaines va faire florès jusqu'à la déclaration d'Indépendance des États-Unis de 1776 (voir p. 94) qui évoque le « Créateur ».

Ce Grand Architecte finira pourtant par indisposer les Églises. Certes, il évite l'athéisme et implique la croyance dans l'existence d'un être suprême mais hors de toute révélation religieuse, de tout dogme. Plus besoin de prêtres ou de pasteurs. C'est ce que l'on appelle le déisme. Ainsi, les loges vont être accusées de vouloir détruire la religion ou de s'y substituer. Elles s'en défendent, affirmant n'être, comme le disent les Constitutions d'Anderson, que « le centre d'union et le moyen de susciter une véritable fraternité entre des personnes qui auraient été obligées de rester à une perpétuelle distance ». Une sorte d'œcuménisme avant la lettre ?

Des hommes de bonne réputation

Les fondateurs de la franc-maçonnerie professent une autre grande idée : les hommes sont perfectibles. Comme les bâtisseurs d'antan construisaient des cathédrales, ils doivent construire leur « temple intérieur ». D'où la présence, dans les loges, des outils en usage dans les anciennes corporations de métiers, servant désormais de support à une méthode symbolique qui a pour but le perfectionnement de l'être humain. L'apprenti franc-maçon est invité à passer de la « pierre brute », informe et grossière, à la « pierre taillée », cubique et parfaite.

Ainsi l'équerre, qui servait à tracer correctement les plans, renvoie à la régularité et donc à la vertu, le fil à plomb à la doctrine, le ciseau à la décision de l'esprit, le maillet à la volonté, la truelle, qui répand le ciment, à l'affection fraternelle... En travaillant inlassablement sur lui-même, le franc-maçon doit apprendre à surmonter son chaos intérieur, à maîtriser ses passions, bref à se bâtir perpétuellement. Qu'il soit noble ou artisan, pasteur ou ingénieur. Une idée neuve encore. Elle ne va pas pour autant jusqu'à bousculer toutes les barrières sociales et tous les préjugés.

Selon les Constitutions d'Anderson, en effet, « les personnes admises comme membres d'une loge doivent être des hommes bons et loyaux, nés libres, ayant l'âge de la maturité d'esprit et de la prudence, ni serfs, ni femmes, ni hommes immoraux ou scandaleux, mais de bonne réputation ». Cette règle a laissé des traces en particulier dans la franc-maçonnerie américaine où seules les organisations para-maçonniques sont ouvertes au deuxième sexe. Les Constitutions stipulent également que « le maçon est un paisible sujet à l'égard des pouvoirs civils et [qu'il] ne doit jamais être mêlé aux complots et conspirations contre la paix et le bien-être de la nation ».

Les maçons imaginaient-ils déjà le nombre d'accusations dont leur Fraternité ferait l'objet au cours des années suivantes ? Dès leurs débuts, en tout cas, ils précisent qu'ils ne seront ni une faction partisane ni une organisation qui entend prendre le pouvoir. Comme ils souhaitent tourner la page des conflits de religion, ils veulent aussi en finir avec les déchirements politiques. Car l'Angleterre se relève à peine d'une guerre civile. Suite à la « glorieuse révolution » en 1688, le roi Jacques II, de la dynastie des Stuarts, a été en effet renversé. Et une monarchie constitutionnelle, la première du genre, vient de voir le jour en Angleterre, fondée sur une Déclaration des droits *(Bill of Rights)*, qui certes interdit le retour sur le trône d'un catholique, mais garantit des élections libres et le renouvellement du Parlement. Une avancée politique que beaucoup de francs-maçons anglais entendent préserver. Leurs loges, « centres d'union », loin d'être des cercles de conspirateurs, veulent contribuer à restaurer la paix civile.

Les premières loges françaises et les chevaliers imaginaires

Ce sont les « jacobites », les partisans du roi Jacques II renversé par Guillaume d'Orange, qui vont amener en France la franc-maçonnerie. Jacques II s'est en effet réfugié auprès de Louis XIV avec sa cour. La première loge parisienne, Saint Thomas au Louis D'Argent (du nom du restaurant, Le Louis d'Argent, où elle se réunit), voit le jour vers 1725. C'est aussi un exilé jacobite, membre de la Royal Society, qui fixe dans son *Discours* de 1736 le programme de la franc-maçonnerie française : André Michel de Ramsay (dit aussi le chevalier de Ramsay). Cet écrivain et philosophe d'origine écossaise, devenu l'un des proches de Fénelon, est l'un des théoriciens les plus importants de la maçonnerie encore en gestation dans l'Hexagone. Dans sa péroraison célèbre (au moins pour les maçons !), il va relier la Fraternité aux ordres chevaleresques et aux croisades... Une descendance purement imaginaire (voir p. 141) mais elle ravit les frères, flattés de se voir attribuer de si dignes ancêtres.

Inspirés par Ramsay, les hauts grades chevaleresques (chevalier d'Orient, chevalier d'Occident, etc.) prolifèrent. C'est une époque où l'on raffole de titres et de blasons. « La maçonnerie se moule dans une société d'ordre, inégalitaire, superficielle. Elle perd sa simplicité originelle[1]. » Beaucoup

---

1. André Combes, *Les Trois Siècles de la franc-maçonnerie française*, Dervy, 2007.

de représentants de la noblesse n'entrent en loge que pour dire qu'« ils en sont ». Le snobisme est souvent leur seule motivation. En tout cas, l'invention de Ramsay permet à la franc-maçonnerie de prendre son envol. Les aristocrates déferlent dans les loges. Ainsi, sous Louis XVI, les plus proches courtisans du roi, Rohan, Polignac ou La Rochefoucauld, « maçonnent » comme la plupart des grands noms de France : les Clermont-Tonnerre, les Choiseul, les Harcourt, les Colbert... Plus tard on racontera même que Louis XVI s'est fait initier, comme ses frères Provence et d'Artois. Tous ceux-là sont loin d'imaginer que la franc-maçonnerie, parce qu'elle est l'un des vecteurs de diffusion des idées nouvelles, contribuera à ébranler leur société de privilèges.

Des femmes et de la musique !

Dès cette époque, des femmes, issues de la haute noblesse, mettent un pied dans les loges. Certes, la Fraternité n'admet pas le beau sexe dans ses rangs (ce n'est qu'à la fin du XIXe siècle qu'apparaissent en France des obédiences mixtes et après la Deuxième Guerre mondiale une grande loge féminine). Mais les statuts de la maçonnerie ne s'opposent pas à ce que les dames participent aux banquets ou aux divertissements qui suivent les travaux et les réunions d'initiés. Elles en profitent donc. Les frères les appellent « sœurs » et créent pour elles une maçonnerie dite « d'adoption ».

On est encore loin de l'autonomie et de l'émancipation. Les sœurs restent sous la férule des hommes et n'ont pas droit aux rituels réservés aux « vrais » initiés. Qu'importe, comtesses ou marquises veulent, elles aussi, être à la pointe de la mode. Ainsi, dans l'atelier de La Candeur sis rue des Petites-Écuries à Paris, défileront les courtisanes les plus en vue : la princesse de Lamballe, amie de Marie-Antoinette et dont la tête finira au bout d'une pique en 1792, la duchesse de Polignac, autre proche de la reine, la duchesse de Bourbon, passionnée de magnétisme et d'ésotérisme...

La Candeur, comme les autres loges aristocratiques, organise aussi des bals et des spectacles. Car les francs-maçons sont alors particulièrement actifs dans les sociétés de concerts, qui éclosent à la fin du XVIIe siècle. « Une innovation considérable [1] ». En effet, jusqu'alors c'est l'Académie royale qui régit toute la vie musicale du pays. Et en dehors de l'Opéra, on ne peut entendre de la musique que dans les salons, les fêtes de la Cour ou les célébrations de l'Église. Grâce aux sociétés de concerts, des orchestres se montent pour la première fois en France, tirant leurs revenus des billets ou d'abonnements. Ils créent des œuvres nouvelles en dehors de l'habituel répertoire lyrique ou religieux et permettent aux compositeurs d'accéder à une certaine indépendance financière.

Nombre de musiciens du Concert spirituel, du Concert des amateurs ou de la Société olympique (les trois sociétés de concerts les plus importantes) sont des francs-maçons. Et c'est au Concert spirituel que fut créée en 1778, la *Symphonie parisienne* de Mozart, un frère initié, à l'âge de vingt-huit ans, en 1784, à la loge La Bienfaisance de Vienne. Il y fera entrer par la suite son père Leopold Mozart et son meilleur ami Joseph Haydn. Plusieurs de ses œuvres – en particulier l'opéra *La Flûte enchantée* ou la cantate *Éloge de l'amitié* – multiplient les références maçonnes [2].

Au cœur du pouvoir

On le voit, au XVIIIe siècle, les loges sont loin d'être des repaires de révolutionnaires, comme le diront plus tard une foule d'auteurs antimaçonniques (voir p. 64). Et elles sont

1. Gérard Gefen, *Les Musiciens et la franc-maçonnerie*, Fayard, 1993.
2. Jacques Chailley, *« La Flûte enchantée », opéra maçonnique*, Robert Laffont, 1983.

plus que tolérées par le pouvoir. En 1738, c'est l'un des intimes de Louis XV, le duc d'Antin, qui est désigné grand maître ; en 1743, c'est un prince de sang, Louis de Bourbon-Condé ; en 1771, c'est le cousin du roi Louis XVI, le duc de Chartres, futur duc Philippe d'Orléans. Ce grand maître-là est une exception qui confirme la règle : admirateur de la monarchie constitutionnelle anglaise, il n'a de cesse d'animer la contestation contre son royal parent depuis la loge qu'il a fondée au Palais-Royal. C'est là qu'il « règne » dans son somptueux hôtel. Son conseiller n'est autre que Choderlos de Laclos, l'auteur des *Liaisons dangereuses*, lui-même affilié à la loge La Candeur (qu'a fréquentée aussi La Fayette). Le duc Philippe d'Orléans devient l'un des points de ralliement des ennemis du régime. Il rejoindra la Révolution et prendra le nom de Philippe Égalité.

Mais au début du XVIIIe siècle, avant les soubresauts de la prérévolution, la maçonnerie reste légitimiste. Sous l'œil relativement bienveillant des autorités. Certes, dès sa naissance l'Ordre a suscité quelques suspicions. À Londres par exemple, un pamphlet anonyme a circulé sous le manteau, adressé « à toutes les personnes pieuses » de la ville. On pouvait y lire que les francs-maçons étaient des « sectateurs de l'Antéchrist » et que, dans leur « secte diabolique », ils se livraient à des rituels barbares et à des cérémonies sataniques. « Si ces hommes ne font pas le mal, pourquoi s'assemblent-ils dans l'ombre et ont-ils des signes secrets ? » demandaient encore les auteurs du libelle.

Éternelle question. À Paris, en 1737, le préfet de police Hérault, agacé lui aussi par ces mystérieuses assemblées qui commencent à éclore en France – et si on y ourdissait un complot contre le roi ? – fait éditer une brochure intitulée *La Réception d'un Frey Mason*. Elle moque les « Fils d'Hiram » et les « Enfants de la Veuve » (noms que se donnent les maçons en souvenir de l'architecte du temple de Salomon et de sa mère, voir p. 135). L'opuscule est basé sur les ragots d'une danseuse d'opéra (la Carton) qui aurait reçu les confidences d'un initié qui ne serait autre que son amant. Les Parisiens se l'arrachent évidemment puisque les frères, qui ont juré de ne rien révéler de leurs secrets, refusent de rendre publics et encore moins d'imprimer leurs rites. Un créneau « éditorial » – déjà ! – est en germe : la mode est aux « divulgations », ouvrages plus ou moins fantaisistes, qui essaient de percer le mystère. *L'Ordre des Francs-Maçons trahis et le secret des Mopses révélé* de l'abbé Perau et *Les Francs-Maçons écrasés* d'un autre abbé, nommé Larudan, figurent parmi les plus connus. On y donne la description des cérémonies, souvent truffée d'erreurs (l'immersion du néophyte au moment de son initiation) ou l'explication des origines (Larudan prétend que l'Ordre a été créé par l'Anglais Cromwell avec l'intention d'en faire une arme politique)... À cette l'époque aussi, les rumeurs vont bon train, colportant que les frères sont des ivrognes – « S'ils se réunissent, c'est pour boire ! » –, ou des homosexuels – « S'ils n'admettent pas les femmes, c'est qu'ils n'aiment que les hommes ! »

Alors, de temps en temps, la police mène des perquisitions dans les établissements où se tiennent les réunions des francs-maçons. On interdit parfois aux traiteurs de les recevoir, on verbalise les cabaretiers, on ferme quelques loges comme celle du volailler Potel en 1745 (car il y a aussi des loges populaires). Mais, dans l'ensemble, la franc-maçonnerie s'installe sans heurts dans la société française. Dans les « couches inférieures », elle est une promesse d'ascension sociale. Dans la noblesse, elle devient presque un passage obligé, un « salon » de plus où il faut se montrer. Ainsi, la Société olympique, la société de concerts créée par la loge L'Olympique de la Parfaite Estime, compte neuf princes, treize ducs, cinquante-cinq marquis, cinquante-sept comtes, dix-neuf vicomtes et treize barons [1] !

1. Pierre Chevallier, *Histoire de la franc-maçonnerie française* (vol. 1, 2, 3), Fayard, 1974.

La bulle du pape

Même l'Église ne peut endiguer la passion maçonne. Lorsque apparaît la franc-maçonnerie, le Vatican reste d'abord discret. Sans doute parce que les frères recrutent aussi dans le clergé. Puis, en 1738, vingt ans après la naissance de la première Grande Loge de Londres à la taverne L'Oie et le Gril, Clément XII émet une bulle – c'est-à-dire un décret pontifical – qui sonne le glas de la tolérance et prononce l'excommunication des maçons. Ce fameux décret, baptisé *In eminenti apostalatus specula,* condamne « à perpétuité » la franc-maçonnerie ; il sera reformulé pendant près de deux siècles par le Vatican (voir p. 217). Il défend à tous les fidèles d'« entrer dans lesdites sociétés de francs-maçons, ni de les propager, les entretenir, les recevoir chez soi ; ni de leur donner asile ou protection, y être inscrits, affiliés, y assister, ni leur donner le pouvoir ou les moyens de s'assembler, leur fournir quelque chose, leur donner conseil, secours ou faveur ouvertement ou secrètement, directement ou indirectement, par soi ou par d'autres, de quelque manière que ce soit ». Celui qui enfreindra cette loi sera excommunié sans autre forme de procès.

Dans les pays où règne encore l'Inquisition, comme au Portugal, l'ire du souverain pontife envoie quelques frères aux galères. Mais, en France, cette bulle papale – jamais enregistrée par le Parlement – n'a pas plus d'effet qu'une bulle de savon. La menace d'excommunication glisse sur les catholiques tentés par les sulfureux « conventicules » dénoncés par le Saint-Père et n'empêche même pas les membres du clergé d'affluer dans les loges. Seuls quelques évêques jettent l'anathème depuis leur chaire sur la Fraternité et en appellent à l'autorité royale. Coups d'épée dans l'eau : la franc-maçonnerie continue à gagner des adeptes jusque dans l'entourage du monarque. Difficile dans ces conditions de prétendre qu'elle complote contre le roi et la religion !

À la fin du XVIIIe siècle, on compte près de sept cents loges dans l'Hexagone, rassemblant entre trente et quarante mille initiés. Ses dignitaires se déchirent souvent dans d'incessantes querelles. Des disputes parfois picrocholines qu'il serait vain de vouloir résumer ici. Après la création de la première loge en France en 1725, il faut attendre près de cinquante ans pour que le paysage maçon se structure autour de deux pôles principaux : le Grand Orient créé en 1773 autour de Louis Philippe d'Orléans et la Grande Loge.

Les rites (c'est-à-dire les cérémonies pratiquées en loge) se codifient eux aussi peu à peu. Sous l'influence de traditions ésotériques plus anciennes encore que la franc-maçonnerie, ils sont constamment enrichis (le dépouillement des métaux lors de la cérémonie de réception n'a par exemple été introduit qu'en 1740). Ils vont finir par se diviser en quatre grands courants : le Rite Français, le Rite Écossais ancien et accepté, le Rite Écossais rectifié et plus tard au XIXe siècle le Rite de Memphis-Misraïm. Ces rites sont tous issus d'un corpus commun qui remonte aux origines de la maçonnerie, mais ils connaissent aussi d'infinies et très complexes variantes. Chacun reprend par exemple les trois degrés fondamentaux – apprenti, compagnon, maître – mais diffère dans l'organisation des degrés supérieurs, appelés aussi « hauts grades » et portant des noms aussi ronflants que mystérieux (Grand Élu de la Voûte sacrée, Grand Pontife, Écuyer novice, Maître de Saint André, etc.).

La bataille de l'*Encyclopédie*

Si la franc-maçonnerie connaît en France un succès foudroyant, c'est aussi parce que l'heure est à l'anglomanie, chez les « intellectuels » tout autant que dans une partie de la noblesse ou de la bourgeoisie. L'Amérique n'est encore qu'une lointaine colonie. Ce qui intéresse l'élite française dans ces années-là, c'est la réforme en marche en Angleterre depuis la « glorieuse révolution » (en avance de cent ans sur la prise de la Bastille). Son Parlement, sa Royal Society, sa franc-maçonnerie sont des modèles pour toute l'aristocratie éclairée de l'Hexagone qui étouffe toujours sous le despotisme royal.

Montesquieu est l'un des meilleurs exemples de cet engouement. Non seulement, le théoricien de la séparation des pouvoirs n'a d'yeux que pour l'exemple britannique dont il chante les louanges dans ses écrits. Mais il se fera initier en 1730, dans une taverne de Westminster. L'auteur de *De l'esprit des lois*, ami de Jean Théophile Désaguliers, le grand maître de la Grande Loge d'Angleterre, est l'un des premiers frères français. Et l'un des plus actifs propagandistes de la maçonnerie. Il sera aussi l'un des rédacteurs du *Dictionnaire raisonné des sciences, des arts et des métiers*, autrement dit l'*Encyclopédie*, inspirée elle aussi du modèle anglais, puisque les Britanniques possèdent leur *Cyclopaedia* dès 1728.

Dans son *Discours*, André Michel de Ramsay, le théoricien de la maçonnerie française, avait dès 1736 invité les francs-maçons à « s'unir pour former les matériaux d'un dictionnaire universel des arts libéraux et de toutes les sciences utiles ». De là à en conclure que l'*Encyclopédie* serait une « œuvre maçonne », il n'y a qu'un pas. Publiée en dix-sept volumes sur une période allant de 1751 à 1772, sous la direction de Diderot et d'Alembert, le *Dictionnaire raisonné* a fait appel à des dizaines de contributeurs anonymes ou célèbres – Voltaire, Montesquieu, Helvétius, Rousseau... Seuls six d'entre eux auraient été membres d'une loge au moment de leur collaboration. Diderot lui-même a bien été admis dans la fameuse loge des Neuf Sœurs (voir p. 60), mais en tant que « visiteur profane », sans qu'aucune trace de son initiation n'ait jamais été retrouvée.

Il est vrai, cependant, que les frères sont nombreux à répondre à la souscription lancée pour financer le projet et qu'ils aident à diffuser les travaux des encyclopédistes. Car la rédaction du *Dictionnaire* ne va pas sans mal. Sa publication est interdite à plusieurs reprises, notamment en 1752 sous la pression des jésuites. L'*Encyclopédie* dérange le pouvoir et l'Église parce qu'elle défend de nouvelles valeurs, celles des Lumières : le progrès, le bonheur terrestre, l'amour de la science, la tolérance, l'esprit critique, la dénonciation de la monarchie absolue, de l'Inquisition et de l'esclavage, la valorisation du modèle anglais, la dénonciation du fanatisme et de la superstition, la remise en question des certitudes de la foi, du pouvoir du clergé et des religions révélées... Ces valeurs sont également véhiculées dans les loges, du moins celles qui s'intéressent aux problèmes du temps.

4

Rationalistes et mystiques

Le baquet de Mesmer

La pièce est obscure. Au milieu trône un grand baquet rempli d'eau, de limaille de fer et de débris de verre. Autour de l'énorme bassine, traversée de tiges métalliques, se tiennent des dames bien mises et des messieurs élégants. Parmi lesquels Gilbert Motier de La Fayette. Que fait le marquis dans ce qui ressemble à une séance de sorcellerie ou d'exorcisme ? Il attend de se faire « magnétiser » par le maître de cérémonie, un certain Franz Mesmer, médecin allemand, qui a mis au point une nouvelle méthode thérapeutique. En cette année 1784, elle fait fureur dans le Tout-Paris. Mesmer soigne par imposition des mains, en utilisant des aimants, des miroirs ou le reflet de l'eau pour faire circuler les « fluides » et rétablir les « énergies ». Et il est franc-maçon. Pour exercer ses étranges activités, il a fondé la Société de l'Harmonie.

Un escroc ? La postérité lui reconnaîtra le mérite d'avoir, avec ses expériences farfelues, ouvert la voie à la découverte de l'inconscient, à l'hypnotisme et à la psychanalyse. Mais, à l'époque, la controverse fait rage. Pour une partie de ses contemporains Mesmer est un charlatan. Certains l'accusent même d'outrage aux bonnes mœurs : il se mettrait au lit avec ses patientes pour accélérer leur guérison ! La polémique est telle que Louis XVI diligente une enquête de la Société royale de médecine. Elle conclut à l'inexistence du fluide magnétique. La Fayette lui y croit tellement qu'il versera une subvention à l'inventeur du baquet. « Que pensera le général Washington quand il saura que vous êtes devenu le premier garçon apothicaire de Mesmer ? » lui susurre Louis XVI. L'ironie royale glisse sur le marquis qui s'empresse au contraire d'aller vanter à son ami américain les vertus du mesmérisme, qui a selon lui une portée politique : l'harmonie des fluides doit régner dans le corps de l'homme mais aussi dans le corps social. Le magnétisme est l'ami de la liberté et l'ennemi du despotisme !

Difficile d'imaginer, aujourd'hui, un militant des Lumières tel La Fayette défendant ce genre de conceptions. Pourtant, au XVIIIe siècle, les magnétiseurs, comme les alchimistes d'antan, se réclament de la Raison : ils prétendent décoder l'irrationnel [1]. Ils se divisent en plusieurs écoles : les psychofluidistes, les spiritualistes et, plus tard, les imaginationnistes ! Ce n'est qu'au XIXe siècle que la frontière entre science et « pseudo-science » s'établira clairement. La maçonnerie des Lumières est évidemment empreinte de ces apparentes contradictions. Et elle est traversée par deux grands courants : l'un rationaliste, l'autre mystique (les deux n'étant pas toujours incompatibles, ce qui complique un peu plus les choses !). Un dualisme lié aux origines de la franc-maçonnerie, qui a dès sa naissance un pied dans la science et un autre dans l'ésotérisme.

Les Illuminés

La « franc-maçonnerie mystique » se ramifie en multiples chapelles, souvent rivales, portant des noms aussi incongrus qu'incompréhensibles. L'une de ses principales branches se rattache à l'illuminisme, qui s'affirme en réaction au « matérialisme » des philosophes et des encyclopédistes du XVIIIe siècle. Ce courant philosophique et

---

1. Robert Darnton, *La Fin des Lumières, le mesmérisme et la Révolution*, Perrin, 1984.

religieux propose une lecture des textes chrétiens à la lumière du néo-platonisme, de la gnose, de la kabbale, ou de l'alchimie et prône la « conversation intérieure », laquelle doit permettre à l'homme de s'élever et de communiquer avec l'Univers (la fameuse correspondance entre « microcosme » et « macrocosme » chère aux alchimistes). Cette « illumination » spirituelle serait directement insufflée par Dieu.

L'un de principaux porte-drapeau de l'illuminisme est Martinès de Pasqually (1701-1774). Franc-maçon, thaumaturge – il prétend lui aussi faire des miracles grâce à son fluide –, théosophe – il croit au syncrétisme des religions –, Martinès finit par créer sa propre « boutique », l'Ordre des Chevaliers Maçons Elus Cohens de l'Univers, et une doctrine, le « martinésisme ». Les temples « Cohens » qu'il fonde un peu partout en France disparaîtront pour la plupart à sa mort ou fusionneront avec d'autres mouvances. Mais deux de ses disciples marqueront l'histoire de la maçonnerie.

D'abord Louis Claude de Saint-Martin, ou « le Philosophe inconnu », comme il se désignait lui-même, auteur prolixe dont les enseignements sont à la base du « martinisme » (à ne pas confondre avec le « martinésisme », doctrine précédemment citée). Louis Claude de Saint-Martin appartiendra pendant un temps à la Société de l'Harmonie de Mesmer. Le deuxième épigone de Martinès est Jean-Baptiste Willermoz, un frère lyonnais et l'un des penseurs les plus importants de la maçonnerie. C'est à lui que l'on doit le Rite écossais rectifié, encore en vigueur aujourd'hui dans nombre d'obédiences. Willermoz y a notamment « recyclé » la pensée de Martinès de Pasqually et celle de Saint-Martin. Il fut lui aussi mesmérien et magnétiseur, puis s'orienta vers le « somnambulisme », une autre technique pour « explorer les secrets de l'âme ».

Parmi les mystiques, il faut aussi citer les Philathètes, de Savalette de Langes, futur aide de camp de La Fayette sous la Révolution, les Illuminés d'Avignon qui veulent faire

« revivre les vertus des premiers chrétiens » et rendent un culte à la Vierge et aux anges, les Frères initiés d'Asie qui croient en la « rotation des âmes » (la réincarnation) et dont le signe de reconnaissance est le svastika... Une liste non exhaustive.

Accordons enfin une mention spéciale au frère Joseph Balsamo (1743-1795), soi-disant comte de Cagliostro. Né à Palerme, ce personnage de roman – il en a d'ailleurs inspiré plusieurs à Alexandre Dumas, Goethe, Gérard de Nerval ou Maurice Leblanc s'installe en France dans les années 1780. Il prétend détenir des secrets alchimiques rapportés de ses voyages à travers le monde et même posséder l'« élixir de jouvence », le sérum de perpétuelle jeunesse, concocté par un autre aventurier qui avait amusé Versailles quelques années plus tôt en se déclarant immortel, le comte de Saint Germain. Cagliostro se taille à son tour un franc succès dans les salons. Il y vend ses potions et ses pilules, fait des tours de magie.

Parallèlement, il tente de noyauter des loges maçonnes, notamment celle de Willermoz, développe un rite dit « égyptien », gagne beaucoup d'argent, vit dans l'opulence jusqu'au jour où il est accusé de complicité dans la ténébreuse affaire du Collier de la reine. Embastillé pendant six mois, il est finalement expulsé de France, erre en Angleterre puis en Italie, y rencontre peut-être Casanova – c'est du moins ce que ce dernier raconte dans ses *Mémoires* –, cet autre franc-maçon mi-imposteur mi-séducteur. En 1789, il est arrêté par la Sainte Inquisition, jugé pour hérésie par la justice pontificale et condamné à la prison à perpétuité. Il mourra dans sa geôle, six ans plus tard, à cinquante-deux ans.

Les Neuf Sœurs

La Fayette ne se préoccupe pas seulement de magnétisme et de fluides. Il ne fréquente pas uniquement les mystiques et les occultistes mais aussi des loges « rationalistes ». Dans certaines, les travaux sont d'une grande banalité : on se contente d'être philanthrope et tolérant, tout en étant fidèle au roi et à la religion. Mais d'autres réunissent les esprits les plus avancés de l'époque. C'est le cas de la loge des Neuf Sœurs (c'est-à-dire les neuf Muses, patronnes des arts et des sciences sous l'Antiquité), créée en 1776. Elle ressemble à un véritable *Who's who.* On y croise l'inévitable La Fayette mais aussi une foule d'écrivains et de philosophes. Voici par exemple Mirabeau qui deviendra le plus grand orateur de la Révolution. Ou le sulfureux marquis de Sade qui ne dut pas être très assidu, ayant passé une bonne partie de sa vie en prison. Voici aussi Louis Sébastien Mercier auteur de *L'An 2440,* roman d'anticipation progressiste et du *Tableau de Paris,* peinture de l'inégalité sociale du siècle. Ou encore l'abbé Delille, qui n'est pas passé à la postérité mais qui fut, à l'époque, considéré comme le plus grand poète de son temps. Et puis, bien sûr, Voltaire, initié à l'âge de quatre-vingt-quatre ans, deux mois avant sa mort, en 1778.

On le dispensa, vu son grand âge, du rite du bandeau sur les yeux. Il n'aura été franc-maçon que cinquante-quatre jours ! Les loges en tireront gloire. Et ceux qui détestaient le philosophe argueront de cette initiation éclair pour le noircir un peu plus. Pourtant, Voltaire « ne donnera pas l'impression d'avoir beaucoup d'estime pour l'ordre [1] ». Dans son *Dictionnaire philosophique,* au mot « Initiation », il couvre la Fraternité du même dédain que celui qu'il réserve aux congrégations et associations religieuses. « Nos pauvres francs-maçons jurent de ne point parler de leurs mystères », écrit-il notamment. Mais « ces mystères sont bien plats ».

Aux Neuf Sœurs, les déistes, comme Voltaire frayent avec des athées, par exemple l'astronome Lalande, l'un des fondateurs de la loge, mais aussi des membres du clergé

1. Daniel Ligou, *Dictionnaire de la franc-maçonnerie,* PUF, 2006.

comme le pasteur protestant Court de Gébelin qui œuvrera sans relâche pour un édit de tolérance en faveur des réformés, finalement accordé en 1787. Aux Neuf Sœurs affluent aussi les artistes. Il y a le sculpteur Houdon qui réalisera les bustes de Washington et de La Fayette, les héros du Nouveau Monde. Il est l'un des rares artistes de son temps à faire le voyage en Amérique. Il y a aussi les peintres Vernet et Greuze, les architectes Guillaumot et Bois-Guillaume, les compositeurs Piccini et Dalayrac.

Les hommes de science sont à peu près aussi nombreux. Bailly l'astronome, Lacépède le naturaliste, les frères Montgolfier inventeurs du ballon à air chaud, le professeur d'hygiène Cabanis, qui est le médecin de Mirabeau mais qui soigne aussi les pauvres, le mathématicien Romme, député d'extrême gauche sous la Révolution, qui se suicidera après l'échec de l'insurrection jacobine en 1795, le chimiste Cadet de Vaux, auteur de nombreux ouvrages sur la salubrité publique *(Observations sur les fosses d'aisance*; *Moyen de prévenir le retour des disettes*; *Avis sur les blés germés...).*

Cette loge d'exception rassemble enfin un nombre impressionnant d'hommes de loi, se faisant tous une haute idée de la justice : l'avocat de Sèze défendra le roi devant la Convention prononçant dans sa plaidoirie cette phrase devenue fameuse : « Je cherche en vous des juges, je ne vois que des accusateurs »; le jurisconsulte Jean-Baptiste de Beaumont, ami de Voltaire, participera à la réhabilitation de Calas; le magistrat Charles-Mercier Dupaty sauvera trois innocents condamnés à la roue; le marquis de Pastoret rédigera, en 1790, une loi proposant d'interdire les supplices. N'oublions pas le docteur Guillotin, qui batailla devant l'Assemblée, au début de la Révolution, pour qu'« une machine soit substituée à la main du bourreau ». Guillotin, l'humaniste, voulait supprimer les souffrances inutiles. Il était loin d'imaginer que le sinistre engin porterait son nom et ferait tant de victimes sous la Terreur.

La loge des Neuf Sœurs fondera enfin une académie, la Société apollonienne, première université libre pour la littérature et la musique. Et elle créera un musée scientifique dirigé par Pilâtre de Rozier, un frère lui aussi, qui effectua le premier voyage à bord de l'aéronef des Montgolfier...

5

Les francs-maçons et la Révolution française

Le bon abbé Barruel et le « complot maçonnique »

Il fallait bien ce périple dans l'histoire de la maçonnerie – des bâtisseurs de cathédrales aux encyclopédistes – pour comprendre ce qui avait poussé le jeune marquis Gilbert Motier de La Fayette à revêtir le tablier de maçon. Est-ce le goût pour la liberté qui l'incita à entrer en loge ? Ou est-ce l'enseignement maçonnique qui fit de lui un militant de la tolérance et de la justice ? Ce qui est sûr c'est que La Fayette, comme d'autres francs-maçons, expérimente dans sa loge, bien avant 1789, les idées de liberté, d'égalité et de fraternité.

Et qu'il va se retrouver aux premiers rangs de la Révolution française. Comme beaucoup d'autres frères. Une réalité historique qui donne lieu encore aujourd'hui aux plus folles divagations : 1789 serait le fruit d'un « complot maçonnique ». Cette accusation est née au lendemain de la Révolution, sous la plume d'un jésuite nommé Augustin Barruel, auteur des *Mémoires pour servir à l'histoire du Jacobinisme*[1]. Plus de mille pages, écrites depuis Londres où l'abbé s'est réfugié en 1790, après le vote de la constitution civile du clergé. Que dit Barruel ? Selon lui, la Révolution française ne résulte pas d'une crise sociale, économique et

1. Augustin Barruel, *Mémoires pour servir à l'histoire du Jacobinisme*, Éditions de Chiré, 2005.

politique mais d'une cabale. Pour établir sa démonstration, le prêtre mélange allégrement les faits et les inventions pures, les citations hors contexte et les anachronismes. « Dans cette Révolution, s'indigne-t-il, tout, jusqu'à ses forfaits les plus épouvantables, tout a été prévu, médité, combiné, résolu, statué. »

Au premier rang des accusés, il désigne les libres penseurs maçons Montesquieu, Voltaire, Frédéric II, Diderot, d'Alembert ou Rousseau (les trois derniers n'étaient pas des initiés mais Barruel, on va s'en apercevoir, ne fait pas dans le détail). Leur *Encyclopédie*, dit-il, leurs « livres antichrétiens », leur « scandaleuse philosophie » ont « sapé les fondements du trône et de l'autel ». Selon Barruel, leurs chimères n'auraient jamais abouti sans l'aide apportée par les sociétés secrètes. « Sous le nom désastreux de Jacobins, une secte a paru dans les premiers jours de la Révolution française, enseignant que les hommes sont tous égaux et libres », frémit l'abbé. Les Jacobins, explique-t-il, sont en réalité tous francs-maçons. Ils ont pour chefs Brissot, Sieyès, Condorcet, La Rochefoucauld, Mirabeau et, bien sûr, La Fayette et ont imaginé un habile stratagème. Sous prétexte de lutter contre l'esclavage, ils ont fondé la Société des amis des Noirs. Un faux nez, assène Barruel, destiné à abriter un redoutable « Comité régulateur ». C'est dans ce comité que sera fixé le jour de l'insurrection : le 14 juillet 1789.

Les décisions prises dans ce comité remontaient « au comité central du grand Orient ; de là, elles partaient pour toutes les provinces, à l'adresse du vénérable ou président de chaque loge, avec une lettre conçue en ce sens : "Aussitôt que vous aurez reçu le paquet ci-joint, vous en accuserez la réception. Vous y joindrez le serment d'exécuter fidèlement et ponctuellement tous les ordres... Si vous refusez ce serment ou si vous y manquez, vous serez regardé comme ayant violé celui que vous avez fait à votre entrée dans l'Ordre des frères. Souvenez-vous de l'Acqua Tophana (le plus efficace des poisons). Souvenez-vous des poignards qui attendent les traîtres." » L'abbé donne également la liste des loges les plus « scélérates », les Neuf Sœurs détiennent évidemment la palme de l'ignominie.

Est-ce tout ? Non ! Ces conjurés, révèle Barruel, sont sous la coupe d'autres individus encore plus « atroces » et machiavéliques : les Illuminés de Bavière ! Car les francs-maçons ne demandent – toujours dixit l'abbé – qu'à respecter l'Église et la monarchie. Mais les malheureux ont été empoisonnés, contaminés par une autre secte beaucoup plus dangereuse, une sorte de maçonnerie dans la maçonnerie : les Illuminés (en latin, *Illuminati*). Ceux-là tirent les ficelles dans l'ombre. Ils ont constitué des « arrière-loges », ultrasecrètes. Les francs-maçons de base n'ont bien sûr aucune idée de leur existence, ni de ce qui s'y trame. Seuls les « hauts gradés », les *Illuminati*, savent...

L'ouvrage d'Augustin Barruel, publié en quatre volumes entre 1797 et 1799, est devenu un « best-seller », régulièrement réédité, en plusieurs langues, jusqu'à aujourd'hui. Il a volé la vedette à d'autres libelles. Ainsi, dès 1786, trois ans avant la Révolution, le Prussien Ernst August von Göchhausen dénonçait, dans *Révélations sur le système politique cosmopolite*, l'infiltration des loges par les Illuminés eux-mêmes manœuvrés par... les jésuites. Plus tard, en 1797, Charles Louis Cadet de Gassicourt, que la légende dit bâtard de Louis XV, publiera *Le Tombeau de Jacques Molay ou l'Histoire secrète abrégée des initiés anciens et modernes, Templiers, Francs-maçons, Illuminés*. Il y assure pour sa part que les francs-maçons et autres Illuminés sont des Templiers déguisés : ils auraient fait décapiter Louis XVI pour venger la mort de Jacques de Molay brûlé sur le bûcher sur ordre du roi Philippe le Bel, près de cinq cents ans plus tôt ! Parmi les contemporains de Gassicourt et de Barruel, on trouve également John Robinson, un Écossais monarchiste. Il pond lui une autre somme qu'il intitule avec une extrême sobriété : *Preuves d'une conspiration contre toutes les religions et tous les gouvernements d'Europe montée par les réunions secrètes des francs-*

maçons, des Illuminati *et des sociétés secrètes de lecture, collectées auprès de bonnes autorités.* Lui aussi voit dans la Révolution un coup des Illuminés. Deux cent cinquante ans plus tard, cette thèse fait encore florès (voir p. 278 et 285).

Illuminés de Bavière et autres *Illuminati*

Tapez « Illuminés » ou *« Illuminati »* sur Google, et vous contemplerez la liste de leurs méfaits ! Ils seraient aujourd'hui à la tête de la « plus ancienne organisation des maîtres du monde » *(sic)*, une « élite de l'élite » qui, après avoir fomenté la révolution américaine, puis la Révolution française, a établi sur plusieurs siècles un « plan de domination totale » et a mis la main sur « tout le système financier ». Ce sont bien sûr les grands « capitalistes » qui sont à l'œuvre. Ils ont investi en secret le gouvernement américain, etc.

Si Adam Weishaupt savait... Ce juriste bavarois a créé en 1776 une société secrète, dont la célébrité est inversement proportionnelle à sa durée de vie. Les Illuminés de Bavière ont en effet bel et bien existé, mais seulement pendant neuf ans, jusqu'à leur dissolution par les autorités en 1785. À l'origine, ils n'appartiennent pas à la franc-maçonnerie [1]. Contrairement à la plupart des frères de l'époque, les adeptes d'Adam Weishaupt professent un anticléricalisme assez virulent. Et contrairement à ce que leur nom francisé ou latin indique, ils ne sont pas « illuministes » ni même « illuminés ». Ils sont « *Aufklärer* au sens allemand du terme, c'est-à-dire *"Éclairés"* [2] », selon la tradition des Lumières. Ils rejettent donc le « spiritualisme » de certaines loges. Mais minés par des dissensions intestines, en panne d'organisation et de moyens financiers, ils décident malgré tout de

1. René Le Forestier, *Les Illuminés de Bavière et la franc-maçonnerie allemande*, 1915 (rééd. 2001, Éditions Archè).
2. Daniel Ligou, *Dictionnaire..., op. cit.*

tenter une « greffe » sur la franc-maçonnerie et de lui emprunter certains de ses rites.

Dans les années qui suivent, les Illuminés de Bavière se développent jusqu'à attirer le maçon Goethe ou nombre d'aristocrates (parmi lesquels, assurent Barruel et ses continuateurs, le comte de Mirabeau). Weishaupt prétend que l'ordre compte trois mille membres à son apogée, mais les historiens n'ont pu recenser que six cent cinquante noms. Peu à peu, dans la partie catholique de l'Allemagne, où le clergé est encore très puissant, les Illuminés attirent les opposants au régime et sont bientôt accusés d'être au service de l'Autriche. Le mouvement des Rose-Croix (voir p. 174), concurrent des Illuminés et lui aussi influent dans les loges allemandes, en profite. Il dénonce Weishaupt et ses amis qui veulent « saper la religion chrétienne et faire de la Maçonnerie un système politique ». La polémique devient publique. L'opinion s'émeut. L'ordre est interdit et les Illuminés disparaissent dans les années 1790. Mais leur légende commence. La rumeur dit qu'ils continuent à œuvrer dans la clandestinité. Barruel s'en empare avec le succès qu'on connaît...

Comment expliquer l'extraordinaire longévité de ce mythe ? Pourquoi cette fixation sur un groupuscule aussi éphémère ? Des dizaines d'ouvrages, de romans (dont l'un de Dan Brown, *Anges et Démons*), de jeux vidéo, de BD, de sites Internet s'en sont emparés. Sans doute les Illuminés sont-ils un « matériau » idéal pour les théories de la conspiration. D'abord, ils n'existent plus et cette disparition laisse place à tous les fantasmes. Ensuite, aux yeux de leurs détracteurs, ils sont des as de la dissimulation : ces hyperconspirateurs ont réussi à « infiltrer » des supercomploteurs les francs-maçons ! Cette idée folle mais basique (on est toujours manipulé par plus fort que soi) ouvre de vertigineuses perspectives. Elle permet en effet d'échapper à toute tentative de réfutation : peu importe que les francs-maçons se défendent, apportent les preuves de leur « innocence », puisque, comme l'explique doctement Augustin

Barruel, ils ne sont de toute façon pas conscients de la grande machination [1] !

Très rapidement, pourtant, un contemporain de Barruel réfute avec force ces fumeuses théories. Joseph de Maistre (1753-1821). Il sait de quoi il parle : il est franc-maçon. On ne peut cependant le soupçonner de vouloir protéger ou absoudre les « comploteurs » de la Révolution : ennemi du régime, il a émigré en 1793 et il est devenu l'un des principaux porte-flambeau de la pensée contre-révolutionnaire française. Mais rien n'y fait.

Les pseudo-révélations de Barruel trouvent d'autant plus d'écho que des francs-maçons eux-mêmes les accréditent en partie quand ils prétendent « descendre » des Templiers, confondant filiation symbolique et réalité historique. Ou que d'autres frères, tout à leur admiration pour la Fraternité, lui donnent bien plus d'importance et d'influence qu'elle n'en a eu en réalité. Ainsi, Louis Blanc, théoricien du mouvement ouvrier, membre du gouvernement provisoire issu de la révolution de 1848 et maçon fervent, affirme dans son *Histoire de la Révolution française* que Danton était un Enfant de la Veuve. Ce dernier pourtant n'est jamais « passé sous le bandeau ». Pas plus que Robespierre, Hébert ou Sieyès, contrairement à ce que l'on dit souvent.

Entre Bastille et guillotine

Aujourd'hui plus aucun historien sérieux ne soutient la légende des origines maçonniques de la Révolution française. Bien sûr, il y a des frères parmi les révolutionnaires qui s'activent alors tout autant dans les clubs que dans leurs loges : Brissot chez les Girondins, Marat et Desmoulins avec les Montagnards, Chaumette aux côtés des Enragés, Boissy

1. S'il le faut, on ira jusqu'à dire que les *Illuminati* eux-mêmes sont manipulés sans le savoir par d'autres conspirateurs : « Derrière eux se cachent des individus encore plus dominateurs, des êtres venus d'une autre planète. Les Reptiliens... », affirment le plus sérieusement du monde certains fanzines ou sites Internet. Ce système de pensée tourne en boucle, sans jamais s'arrêter.

d'Anglas et Cambacérès dans les rangs de la Plaine... La Fayette, lui, émarge aux Feuillants.

L'ami de Washington ne ménage pas sa peine. Dès 1787, lorsque le roi réunit l'Assemblée des notables, il fait partie de ceux qui demandent l'égalité devant l'impôt. Deux ans plus tard lors des États généraux réunis à Versailles, il soutient la motion du tiers état et réclame l'abolition des privilèges. Le 11 juillet 1789, il présente à l'Assemblée son projet de « Déclaration des droits naturels de l'homme vivant en société » inspiré de la déclaration américaine. C'est un autre texte, la Déclaration des droits de l'homme et du citoyen, qui est adopté un peu plus tard. Qu'importe, La Fayette y voit la marque de son rêve américain [1]. La veille de la prise de la Bastille, il est nommé vice-président de l'Assemblée. Puis il prend le commandement de la Garde nationale : en octobre 1789, il calme les émeutiers qui marchent sur Versailles aux cris de « À mort le roi ! À bas l'Autrichienne », mais Marie-Antoinette ne l'en déteste pas moins. Oublié le temps où ils dansaient le quadrille ensemble. Frère La Fayette est désormais le chef du « centre gauche » royaliste constitutionnel. Il ne sera jamais un ultra mais il est bien décidé à mettre à bas l'ordre ancien.

Mais pour un La Fayette, un Marat ou un Desmoulins, combien de frères fidèles sujets de Sa Majesté ? On compte dans les loges plus de royalistes que d'aristocrates libéraux favorables aux réformes ou de futurs sans-culottes, plus de princes et de ducs que d'artisans ou de boutiquiers. Certes, le grand maître de l'époque, le duc d'Orléans – celui qui conspirait contre le roi Louis XVI au Palais-Royal –, est entré au club des Jacobins. Il se fera élire à la Convention où il prendra le nom de Philippe Égalité (les noms à particules

1. Douze de ses compagnons d'armes – dont Lauzun, Lameth et Noailles – partis comme lui quelques années plus tôt se battre avec Washington ont d'ailleurs été élus aux États généraux. Ils forment le groupe de ceux que l'on appelle alors « les Américains ».

ayant été abolis). Il poussera le zèle jusqu'à voter la mort du roi.

Mais d'autres dignitaires de l'Ordre exècrent la Révolution. Le duc de Montmorency-Luxembourg, par exemple, quitte la France dès le 15 juillet 1789. Comme lui, beaucoup de frères émigrent. La Fayette lui-même, qui prône l'instauration d'une monarchie constitutionnelle et veut sauver la tête de Louis XVI, finit par s'opposer aux Jacobins. En 1792, alors que la France est en pleine guerre et qu'il commande l'armée du Nord, il franchit les lignes ennemies avec une partie de son état-major. Arrêté malgré tout par les Autrichiens, il passe cinq ans dans leurs geôles où sa femme Adrienne et ses deux filles viennent volontairement partager sa captivité.

D'autres maçons qui ont d'abord soutenu le changement sont eux bientôt pourchassés sous la Terreur. Ils montent sur l'échafaud, condamnés par des tribunaux et le Comité de salut public où... siègent pourtant des frères. Parmi lesquels Bertrand Barère de Vieuzac, l'un des inspirateurs de la Terreur. On dit qu'il sauva la tête de quelques Enfants de la Veuve, dont le banquier Savalette de Langes, ami de La Fayette. Le frère Desmoulin n'eut pas cette chance. Barère le fit exécuter sans hésiter (comme Danton ou Robespierre). La « chaîne d'union » n'a pas empêché la guillotine de tomber.

En 1794, les loges sont finalement soupçonnées de « comploter contre la République ». Elles ne sont pourtant pas formellement interdites. Inutile. Un an auparavant, en 1793, leur grand maître, Philippe Égalité, tout à son ardeur révolutionnaire, leur a donné le coup de grâce. « Aucun mystère ni aucune assemblée secrète » ne doit exister dans une république, dit-il publiquement. Il renie la franc-maçonnerie. Ce qui ne l'empêchera pas d'être raccourci par le bourreau à peine quelques mois plus tard.

À l'insu de leur plein gré

Sous la Révolution, donc, les « Fils d'Hiram » sont divisés. Et ceux qui appartiennent au même camp ne se regroupent jamais pour présenter un programme ou même une réforme spécifiquement « maçonne ». « À aucun moment, il n'y a eu la moindre tentative d'entente entre maçons [1]. » En 1790, les frères La Fayette ou Noailles, aristocrates libéraux, demandent bien la suppression des titres de noblesse mais d'autres initiés s'y opposent. Ceux-là professent en loge fraternité et égalité mais, dans les diverses assemblées où ils siègent, ils défendent avant tout les intérêts de leur classe. En clair, les francs-maçons n'ont pas constitué une avant-garde secrète de la Révolution. Cela ne signifie pas pour autant qu'ils n'ont eu aucun rôle dans le surgissement des événements de 1789. Quant à mesurer cette influence, les historiens n'ont pas fini de se diviser à ce sujet.

Pour les uns [2], les loges auraient été des sortes de cellules de propagande, contribuant à répandre la doctrine empruntée aux philosophes des Lumières et donc les idéaux qui ont triomphé en 1789. Balivernes, répondent en substance les historiens d'inspiration marxiste – dont les travaux sur la Révolution ont fait longtemps référence. Au XVIIIe siècle, la plupart des loges sont des « sociétés de ripailles et d'amusement » plus que des « sociétés de pensée » [3]. On s'y gargarise de hauts grades et de titres chevaleresques, purs produits de l'Ancien Régime, aux antipodes des idées prérévolutionnaires. Quant à l' « égalité maçonnique » – que l'on présente parfois comme l'un des ferments de 1789 –, elle ne

1. Albert Soboul, *Dictionnaire historique de la Révolution française*, PUF, 1989 (rééd. 2005).

2. Voir par exemple *La Franc-Maçonnerie et la préparation de la Révolution française* (PUF) de Gaston Martin, professeur d'histoire et ancien responsable du Grand Orient de France.

3. Albert Mathiez, spécialiste de 1789 et fondateur de la Société des études robespierristes.

s'étend guère aux gens du peuple : les domestiques, qui ne sont pas considérés comme des hommes libres, restent interdits de séjour dans les temples. Bref, ces historiens-là ne prennent pas très au sérieux les Enfants de la Veuve.

D'autres cherchent une « troisième voie », entre une lecture qui fait la part trop belle à la franc-maçonnerie et un récit qui lui dénie toute influence. Selon eux, presque sans le vouloir, en réunissant des hommes de conditions diverses – aristocrates, prêtres, artistes, scientifiques, artisans, avocats, ingénieurs, architectes –, les loges se sont attaquées à l'un des fondements de l'Ancien Régime : la société d'ordres (clergé, noblesse, tiers état). Elles ont « préparé les esprits à concevoir un autre type de société [1] ». C'est donc par son essence même que la franc-maçonnerie a miné l'ordre établi. C'est aussi la thèse de l'historien Augustin Cochin (1876-1916), catholique et monarchiste, redécouvert depuis quelques années (notamment par François Furet [2]). La Révolution, dit Cochin, « est l'effet naturel d'une situation générale, nullement d'un complot », mais les loges, comme toutes les « sociétés de pensée » qui prolifèrent alors (clubs, cercles littéraires ou patriotiques...) préfigurent le fonctionnement de la démocratie. En effet, la maçonnerie se définit par rapport aux idées et non par rapport à une catégorie d'intérêts professionnels ou sociaux. Elle est une forme d'association nouvelle, basée sur la « tolérance » et non sur le privilège.

Dans le secret de leurs réunions, explique aussi l'historienne Margaret C. Jacob dans *Les Lumières au quotidien* [3], les francs-maçons ont appris à débattre, à parler en public, à écouter l'autre, à s'autogouverner, à voter pour élire leurs dirigeants, à édicter les lois pour réglementer leurs activités. Ils se sont exercés aux règles de la délibération parlementaire et du système représentatif. Bref, ils ont créé les

1. André Combes, *Les Trois Siècles de la franc-maçonnerie française, op. cit.*
2. François Furet, *Penser la Révolution française*, Gallimard, 1987.
3. *Les Lumières au quotidien* est un ouvrage de 2004 paru aux Éditions À l'Orient.

prémices d'une société civile, inexistante jusqu'alors, et les bases d'un nouveau système d'organisation sociale. Sans même, parfois, en avoir conscience. Sauf pour les plus « engagés », parmi lesquels ceux qui ont rêvé d'Amérique.

Maintenant, il faut en effet quitter la France. Retourner en arrière de quelques années, pour revenir sur cette autre révolution qui, avant 1789, a secoué le siècle : l'insurrection américaine. Il faut expliquer en détail la part qu'y a prise la franc-maçonnerie. Et raconter un autre frère aussi illustre que La Fayette et Washington : Benjamin Franklin qui fascina les Français tout autant que les Américains.

6

Les francs-maçons et la révolution américaine

Frère ambassadeur

Il porte une drôle de toque. Il a près de soixante-seize ans. Et il est une star. Partout, on le reçoit, on veut le toucher, lui parler. Les salons se disputent sa présence. Son portrait orne les couvre-chefs, les gants, les bagues, les tissus, les boîtes à tabac. Les dames portent des robes « à la paratonnerre » en son honneur. Car l'homme que l'on honore n'est autre que Benjamin Franklin, célèbre pour ses expériences sur la foudre et l'électricité. Mais en ce mois de décembre 1776, s'il est devenu la coqueluche du Tout-Paris, c'est parce qu'il est l'ambassadeur extraordinaire d'un pays qui vient, le 4 juillet de la même année, de déclarer unilatéralement son indépendance : les États-Unis. « Ben » Franklin est chargé par le Congrès de rallier la France de l'Ancien Régime à la révolution américaine. Autrement dit, il doit « convaincre une monarchie de concourir à l'établissement d'une république [1] » !

Un pari insensé ? Pas si sûr. Car, en cette fin du XVIIIe siècle, la France, ou au moins une partie de ses élites, s'enflamme pour les « insurgés » comme on les appelle alors. Après l'anglomanie, l'américanophilie. Pour être à la mode,

---

1. Stacy Chiff, *La Grande Improvisation : Benjamin Franklin, la France et la naissance des États-Unis*, traduit de l'anglais (États-Unis) par William Olivier Desmond, Grasset, 2007.

il faut porter des jaquettes « à l'Insurgente », des coiffures « à la Boston », « à la Philadelphie » ou « à l'Indépendance ». Même Marie-Antoinette arborera un chapeau « à la John Paul Jones », du nom du corsaire américain qui sème la terreur parmi les marins britanniques. Versailles fera une quête pour lui acheter un navire. Dans les loges aussi, aux Neuf Sœurs notamment, on organise des collectes. L'Amérique est un nouvel idéal. Une utopie chantée par les philosophes, Rousseau, Voltaire ou l'abbé Raynal. Une page blanche où tout reste à écrire.

Le premier citoyen du monde

Fascinant personnage que Benjamin Franklin. Tout à la fois pur « self made man » à l'américaine et parfait symbole de l'esprit des Lumières à l'européenne. Fils d'un marchand de chandelles puritain, il doit arrêter très tôt des études que sa famille ne peut financer et commence à travailler dans la boutique de son père dès l'âge de dix ans. Mais, très jeune, il nourrit une passion dévorante pour les livres. À force de travail et d'étude, il devient tour à tour ouvrier typographe, imprimeur, écrivain, savant, inventeur, homme politique, diplomate, philanthrope... et publicité vivante pour la franc-maçonnerie. Car Franklin « en est », on l'a compris ! Lors de son séjour à Paris, il va se faire affilier à la loge des Neuf Sœurs et assister le 7 avril 1778 à l'initiation de Voltaire (c'est en s'appuyant sur son bras que le vieux philosophe entrera dans le temple). En 1779, il sera même le vénérable de la loge.

Franklin n'a pas attendu sa visite à Paris pour « recevoir la lumière ». C'est presque cinquante ans plus tôt, en 1731, qu'il est devenu maçon. Il est un frère de la première heure, de l'époque où la franc-maçonnerie, exportée par les colons britanniques, commence à peine à se développer sur le nouveau continent. C'est dans la Saint John Lodge de Philadelphie qu'il est initié. Il a alors vingt-cinq ans et il vient de créer une imprimerie. Il en fait vite bien plus qu'une activité lucrative. Imprimer le savoir et le diffuser, c'est l'affaire de sa vie. Imprégné par les idéaux de son temps et de sa loge, il met l'éducation au-dessus de tout. Ainsi, après avoir racheté la *Gazette de Pennsylvanie,* un journal dans lequel il écrit lui-même les éditoriaux, il fonde « la Junte », un club de discussion philosophique, puis il crée la première bibliothèque municipale, accessible à tous. Il publie aussi, pendant vingt-cinq ans, un almanach (l'*Almanach du pauvre Richard*) qui devient un best-seller. Il y vante les progrès de l'industrie et prodigue conseils techniques et économiques, leçons de science et réflexions philosophiques.

Franklin est un Diderot et d'Alembert avant la lettre. Mais à la différence des deux Français, il est un encyclopédiste qui agit : élu représentant de Philadelphie, il lance la première compagnie de pompiers américains, la première compagnie d'assurances, la première association de défense volontaire contre les incursions indiennes, le premier collège (Academy of Philadelphia, aujourd'hui université de Pennsylvanie). Et puis, il ouvre un hôpital, met en place un éclairage public... Franklin ne s'arrête jamais. Il aime l'ouvrage soigné et la discipline. Il est végétarien. Chaque jour, nu, debout ou assis dans sa chambre, il prend, pendant une heure, ce qu'il appelle des « bains d'air frais », convaincu de leurs effets bénéfiques sur la santé. Dans ses Mémoires, il propose un programme scientifique d'amélioration personnelle basé sur treize vertus : la tempérance, le silence, l'ordre, la détermination, la frugalité, l'industrie, la sincérité, la justice, la modération, la propreté, la tranquillité, la chasteté et l'humilité. À la fin de sa vie, il ne transmettra aucun héritage à sa famille (considérant que lui-même n'en avait eu aucun et avait malgré tout fait fortune). Il cédera tous ses biens aux villes de Boston et de Philadelphie, leur suggérant un système ingénieux pour faire fructifier ce capital. L'argent devait d'abord être prêté à des artisans pour faciliter leur installation. Les intérêts accumulés sur cent ans (Franklin avait fait des calculs très précis) permettant par la suite de financer des hôpitaux, des écoles, des aqueducs...

Franklin est un génie terre à terre. Il sera élu président de la Société américaine de philosophie, mais pour lui les Lumières ne sont pas que pur esprit. Ce qui le passionne, c'est la « science populaire ». En cela il est à l'image de ses compatriotes et du continent américain ; on est bien obligé d'y avoir l'esprit pratique puisque le pays et la nation sont encore en construction. C'est ainsi que Franklin devient aussi un savant. Sans aucune formation théorique – mais ayant appris plusieurs langues étrangères dont le français, l'allemand, l'italien et l'espagnol –, il se lance dans des expériences scientifiques – notamment sur l'électricité. En 1752, il attache une clé à un cerf-volant pour étudier la foudre et invente le paratonnerre. Mais aussi le « glassharmonica » (un instrument de musique), les lunettes à double foyer, le poêle à bois à combustion contrôlée qui porte encore son nom. Autant de trouvailles qu'il place dans le domaine public et qui vont le rendre célèbre dans toute l'Europe. Cette gloire internationale en fait l'un des premiers « citoyens du monde ». En effet, bien avant sa mission diplomatique en France, il voyage à Londres, où il sera reçu à la Royal Society dont il devient membre, à Amsterdam ou à Paris, pour deux courtes visites, en 1767 et 1769. Il est déjà considéré comme l'un des plus grands scientifiques de l'époque, rien de moins que le successeur de Newton ou de Galilée ! Quand il revient en décembre 1776, en VRP de la révolution, son prestige monte d'un cran.

Le ver dans le fruit

Il est celui « qui a ravi au ciel la foudre et à la tyrannie son sceptre ». C'est ce que proclame la légende qui figure en latin *(« Eripuit caelo fulmen, sceptrumque tyrannis »)* sur la médaille vendue en son honneur, jusque dans le palais de Versailles, au nez et à la barbe du roi ! Franklin, qui fait la propagande de ce qu'il appelle la « plus grande révolution que le monde ait jamais connue », est devenu, si l'on ose dire, le « people » le plus prisé du moment ! « Il avait paru à la Cour avec le costume d'un cultivateur américain, explique Mme Campan dans ses Mémoires sur la reine Marie-Antoinette. Ses cheveux plats sans poudre, son chapeau rond, son costume de drap brun contrastaient avec les habits pailletés, brodés, les coiffures embaumantes des courtisans de Versailles. » Et pourtant « cette nouveauté charma toutes les têtes vives des femmes françaises ».

À l'une des « fêtes élégantes » données pour le docteur Franklin, se souvient encore Mme Campan, parmi trois cents dames « la plus belle fut désignée pour aller poser sur la blanche chevelure du philosophe américain une couronne de laurier et deux baisers aux joues de ce vieillard ». Ont-elles compris, ces courtisanes, ce qui est en train de se jouer ? Une vieille monarchie déroule le tapis rouge à l'envoyé d'un peuple en insurrection contre son monarque (George III d'Angleterre) ! Autant dire qu'elle laisse entrer l'ennemi, qu'elle tolère le ver dans le fruit. Le comte de Ségur, l'ami de La Fayette, son frère en franc-maçonnerie, raconte lui aussi dans ses Mémoires avec quelle extraordinaire ferveur sont reçus Franklin et les autres représentants du Congrès qui débarquent en France, le « contraste surprenant » entre « la magnificence de Versailles » et « le maintien simple mais fier, le langage libre et sans détour » de ces Américains transportés « tout à coup au milieu de la civilisation amollie et servile du XVIIIe siècle ». « Dans leurs maisons, dit encore Ségur, on voyait chaque jour accourir avec empressement les hommes les plus distingués de la capitale et de la Cour, ainsi que tous les philosophes, les savants et les littérateurs les plus célèbres. Ceux-ci attribuaient à leurs propres écrits et à leur influence le progrès et le succès des doctrines libérales dans un autre monde, et leur désir secret était de se voir un jour législateur en Europe, comme leurs émules l'étaient en Amérique. »

Franklin et les insurgés ont devancé leurs « maîtres » des Lumières européennes et sont devenus leurs modèles. Ils mettent en actes ce que leurs inspirateurs n'ont fait que mettre en mots, dans un laboratoire géant : l'Amérique. Cette contrée « innocente et primitive » qui va attirer les idéalistes, les aventuriers ou les francs-maçons (lesquels sont parfois les mêmes). « Les trois premiers Français, distingués par leur rang à la Cour, qui offrirent le secours de leur épée aux Américains furent le marquis de La Fayette, le vicomte de Noailles et moi », se vante aussi le comte de Ségur dans ses écrits. Ségur, Noailles, La Fayette. Trois francs-maçons compagnons de débauche du Palais-Royal, on s'en souvient, qui refaisaient le monde dans les cabarets enfumés autour des théories de Montesquieu ou de Rousseau, tous reliés par la grande « chaîne d'union », celle de la maçonnerie.

Un passeport pour le nouveau continent

La Fayette, certes, a « offert son épée » aux Américains. Mais il ne peut encore la dégainer. Et il enrage. Sans son beau-père, sans ce roi qui ne sait pas ce qu'il veut, sans ces ministres qui tergiversent, il serait déjà parti. Bien avant l'arrivée de Franklin à Paris, il ne pensait déjà qu'à ça. C'est un an plus tôt en 1775, alors qu'il se morfond à Metz, dans une garnison où il a été envoyé par son beau-père pour lui faire passer le goût des soûleries du Palais-Royal, qu'il entend parler pour la première fois de l'Amérique. Il participe alors à un dîner donné en l'honneur du duc de Gloucester (le frère du roi George III d'Angleterre) de passage dans la place forte.

Gloucester y raconte la colère qui gronde outre-Atlantique, les colons qui refusent de payer les taxes imposées par le Parlement anglais et qui enduisent les percepteurs de goudron et de plumes, la guérilla des « Bostoniens » (autre nom donné aux insurgés, puisque c'est à Boston que naît l'insurrection) contre les troupes britanniques, la répression sanglante... Le duc de Gloucester, qui désapprouve la politique menée par son frère en Amérique, en est sûr, la révolte conduira bientôt à l'indépendance. La Fayette, du haut de ses dix-huit ans, écoute, fasciné. Et mitraille le duc de questions. « Du premier moment où j'ai entendu prononcer le nom d'Amérique, je l'ai aimée, écrira-t-il plus tard. Dès l'instant où j'ai su qu'elle combattait pour la liberté, j'ai brûlé du désir de verser mon sang pour elle. »

Depuis ce dîner de Metz, son désir n'a fait que grandir. Surtout, l'événement inouï prévu par Gloucester a bien eu lieu : treize colonies ont proclamé unilatéralement leur indépendance le 4 juillet 1776 ; les rebelles sont en train de briser leurs attaches avec l'Ancien Monde. George Washington est à leur tête, guerroyant contre l'Empire britannique, l'un des plus puissants du monde. Gilbert brûle de le rejoindre. Mais son beau-père, le puissant duc d'Ayen, s'oppose à son départ. Le roi, en effet, n'a pas encore décidé de soutenir officiellement les indépendantistes américains. La France, qui a dû céder aux Anglais le Canada et la vallée du Mississippi en 1763, observe cependant de près les événements : une guerre civile en Amérique, voilà qui risque d'affaiblir l'Angleterre, d'écorner la puissance de la vieille rivale. La sympathie de la France royaliste pour les révolutionnaires du Nouveau Monde est évidemment très intéressée. Mais elle ne se concrétisera par l'envoi de troupes qu'en 1780.

Auparavant, on se contente de fournir une aide matérielle aux insurgés par l'intermédiaire de quelques agents secrets. Notamment Pierre-Augustin Caron de Beaumarchais. L'auteur du *Barbier de Séville*, aussi doué pour la dramaturgie que pour les affaires un peu louches, crée une société d'import-export fictive, baptisée société Rodrigue Hortalez. Pendant deux ans, c'est par cette filière que seront clandestinement acheminées les armes françaises à destination des armées de Washington. La Fayette se tourne vers un autre intrigant, le maréchal de Broglie, qu'il a connu en garnison à Metz, et qui a dirigé le « Secret du roi » ou « Cabinet noir », un service de renseignement (mis en place sous Louis XV). Le maréchal de Broglie, qui se voit diriger une avant-garde d'aristocrates français allant au secours de Washington, recrute.

La Fayette évidemment n'a pas été difficile à convaincre. Ségur et Noailles, les deux amis du petit marquis, non plus. Le maréchal de Broglie a aussi enrôlé Johan de Kalb, un officier prussien, franc-maçon comme les trois autres. Las, le roi a vent du projet. L'opération échoue. Mais, très vite, une autre occasion se présente. Silas Deane, un représentant clandestin du Congrès américain, vient d'arriver en France. Il précède Benjamin Franklin et cherche des volontaires pour aller combattre en Amérique. La Fayette et le baron de Kalb se précipitent. Le marquis propose de financer entièrement les frais de transport et l'équipement des gentilshommes qui feront le voyage. Enchanté, Deane les promeut généraux d'office ! Benjamin Franklin, qui rencontre La Fayette quelques mois plus tard, approuve. Le marquis fait acheter un bateau à Bordeaux nommé *La Victoire.* Il ne lui reste plus qu'à tromper la vigilance de son beau-père, qui tente de le faire embastiller pour l'empêcher de partir, et à prendre la mer. Le 26 avril 1777, accompagné du baron de Kalb et de treize officiers, il fait hisser les voiles vers sa chère Amérique.

L'idole de Mount Vernon

Mais qui est donc ce jeune rouquin qui le regarde comme s'il était Dieu le Père ? Ce 1er août 1777, George Washington voit s'avancer vers lui un godelureau de dix-neuf ans qui le fixe intensément, puis s'incline respectueusement. Gilbert Motier de La Fayette a enfin réussi à approcher son idole. Non sans difficulté. Il a débarqué trois mois plus tôt et s'est aussitôt présenté aux membres du Congrès. Il pensait être accueilli à bras ouverts. C'est la douche froide. Au mieux, on considère avec un sourire narquois ce petit marquis à peine sorti de l'adolescence, au pis, on se méfie. Mais La Fayette ne se démonte pas. « Après les sacrifices que j'ai faits pour l'indépendance, dit-il au Congrès, je crois avoir le droit de demander deux faveurs : celle de servir sans solde, à mes frais; celle de servir comme volontaire. » Il montre les lettres de recommandation de Benjamin Franklin et de Silas Deane. Le Congrès finit par lui octroyer le grade de major général, promis par Deane. Un titre honorifique pour l'invité d'honneur d'un pays ami !

Mais La Fayette veut plus. Il veut se battre. Voilà pourquoi il va plaider sa cause auprès du commandant en chef de l'armée américaine. Il lui raconte son équipée quasi clandestine depuis la France, ce voyage au péril de sa vie, contre la volonté du roi, payé sur ses propres deniers, et les espoirs qu'il met dans cette révolution américaine. George Washington écoute, un brin éberlué, et de plus en plus séduit. Dès lors, l'Américain prend le jeune Français sous son aile. Il l'installe à son quartier général et l'introduit auprès de ses lieutenants. « Je suis établi chez lui, dira La Fayette, nous vivons comme deux frères bien unis dans une intimité et une confiance réciproques. »

En septembre, Washington lui fait connaître, enfin, l'épreuve du feu. La Fayette y sera blessé la jambe. Et, en décembre, il lui confie le commandement d'une division, celle des Virginiens. En quelques mois, La Fayette est définitivement adoubé par Washington.

Les « loges militaires », creuset de l'armée américaine ?

Quand, à l'été 1777, George Washington amène son nouvel ami, La Fayette, inspecter une unité de « l'armée continentale » sur les bords de la rivière Delaware, il est presque gêné. Ça, une armée ? Cette bande dépenaillée, à moitié en guenilles ? Que va penser le Français, lui qui appartient à l'une des armées les plus puissantes du monde ? « Je ne suis pas là pour enseigner mais pour apprendre », répond, royal, La Fayette à son mentor. Plus tard, le marquis puisera dans sa cassette personnelle, encore, pour équiper sa division de Virginiens. Car, avant l'envoi de renforts par la France en 1780, les insurgés manquent de tout. D'uniformes, d'armement, de nourriture, de chaussures. Et de discipline.

L'aide d'officiers européens – dont une petite centaine de Français outre La Fayette – est donc la bienvenue pour mettre un peu d'ordre dans cette « armée de va-nu-pieds », qui est en réalité composée de milices recrutées à l'intérieur de chaque État. Les « grognards » de Washington sont en grande majorité des éleveurs, des trappeurs, des paysans, des travailleurs sous contrat, quelques Indiens aussi, racolés par les sergents recruteurs. Et douze pour cent de Noirs, affranchis ou non. Washington ne voulait pas d'esclaves en armes parmi ses troupes puis il a changé d'avis : près de cinq mille serviront dans ses régiments et seront libérés de leurs chaînes à la fin de la guerre. Les aristocrates, eux, ne se bousculent pas puisque les plus fortunés peuvent se faire remplacer moyennant paiement. Surtout, au début de l'insurrection, les plus riches colons d'Amérique restent fidèles à l'Angleterre. On a souvent comparé les troupes de Washington, aux volontaires de l'an II, sous la Révolution française.

Mais qu'est-ce qui unit ces insurgés si disparates ? Les États-Unis sont encore une mosaïque de colonies et de peuples, venus de toute l'Europe au gré de la misère ou des persécutions religieuses. Puritains, presbytériens, huguenots, catholiques, luthériens, quakers ou juifs. Anglais, Irlandais, ou Hollandais. Le nationalisme américain va se forger dans la lutte et les milices sont en quelque sorte comme des « écoles de civisme [1] ». Les « loges militaires » vont également jouer ce rôle, affirment les spécialistes de la franc-maçonnerie américaine. Ces loges, qui se déplacent au gré

1. Claude Fohlen, *Les Pères de la Révolution américaine*, Albin Michel, 1989.

des régiments, ont été amenées sur le nouveau continent par l'armée britannique. On en compte au moins dix dans l'armée continentale : « Washington incite ses hommes à y entrer, en particulier les officiers[1]. » Il espère ainsi former les cadres d'une armée plus professionnelle.

Car contrairement à ceux de l'armée britannique, la plupart de ses officiers ne doivent leur rang ni à leur fortune ni à leur titre de noblesse. Ils sont souvent aussi frustes que les hommes qu'ils commandent. Washington pense que les « lumières maçonniques » peuvent leur donner des rudiments d'éducation et de bonnes manières, que les rites et les cérémonies pratiqués en loge peuvent fédérer cette nouvelle armée démocratique. « Sur soixante et un généraux de l'armée continentale, trente-quatre appartenaient à des loges ou allaient y entrer avant la fin de la guerre[2]. » Ainsi, la franc-maçonnerie aurait été une sorte d'université populaire pour « soldats citoyens » ! Ce n'est pas sa seule contribution à l'édification de la nation américaine.

---

1. Christopher Hodapp, *Solomon's Builders : Freemasons, Founding Fathers and the Secrets of Washington*, Berkeley, Ulysses Press, 2007.
2. Brent Morris, *Is it true what they say about Freemansonry*, New York, M. Evans & Co., 2004.

7

Utopia

Sur le rôle de la franc-maçonnerie dans la révolution américaine, les théories abondent, parfois aussi insensées que celles qui ont proliféré à propos de 1789. Encore une fois, il faut trier, faire la part du vrai et du faux. Quelle influence ont eue les loges dans la diffusion d'idées qui conduiront à l'indépendance ? Ont-elles participé au déclenchement de l'insurrection ? Quelle part ont-elles prise dans la construction de la nouvelle nation ?

Les premiers maçons américains et la Nouvelle Atlantide

La franc-maçonnerie a été exportée sur le continent américain par des colons britanniques. À quelle date ? Comme toujours, sur le sujet des origines, les documents écrits font défaut. Pour certains érudits, le premier frère du Nouveau Monde est un certain John Skene, un émigré écossais initié à Aberdeen. D'autres penchent pour un dénommé Jonathan Belcher, né à Boston, qui aurait « vu la lumière » lors d'un voyage à Londres en 1704. Mais les premières loges, celles dont on a véritablement retrouvé la trace, apparaissent plus tard, notamment en Pennsylvanie en 1730. C'est dans la principale ville de cette colonie, à Philadelphie, que Benjamin Franklin rejoint la Fraternité, dès 1731, à la Saint John Lodge. Franklin a un rôle capital dans l'organisation de la franc-maçonnerie américaine, puisque c'est lui qui publie pour la première fois sur le continent les Constitutions d'Anderson.

La loge de Savannah en Géorgie, créée en 1734, est également l'une des plus anciennes d'Amérique. Elle a été fondée par un général anglais, James Oglethorpe, dont l'histoire mérite d'être narrée. Ce franc-maçon s'était mis en tête de construire une colonie modèle [1] pour les plus pauvres. Il voulait leur bâtir un pays de cocagne et leur offrir à chacun un lopin à cultiver. Le roi d'Angleterre finit par lui accorder des terres en Amérique. Lorsque la Géorgie, dernière-née des colonies britanniques, baptisée ainsi en l'honneur du monarque britannique, vit le jour, frère Oglethorpe y interdit l'esclavage. Il sera, hélas, rétabli quinze ans plus tard sous la pression des colons...

Les francs-maçons du nouveau continent ne sont pas pour autant des êtres à part, animés de pures intentions, guidés par le seul souci de justice et de vertu. Comme les autres colons, ils ont souvent traversé les mers au péril de leur vie, enduré les souffrances du climat ou les attaques des Indiens. Ils se battent pour survivre ou accroître leur fortune. S'ils entrent en loge, c'est souvent par conformisme ou pour consolider des liens sociaux, dans des contrées où il faut parfois faire des kilomètres avant de trouver un voisin. Mais ils y découvrent aussi tous les idéaux et tous les mythes qui ont façonné les valeurs maçonnes. Certains leur parlent plus que d'autres. C'est le cas de la « Nouvelle Atlantide » de Francis Bacon – un philosophe fondateur, on l'a vu, pour les premiers francs-maçons anglais – qui raconte l'histoire de navigateurs arrivant sur une terre inconnue. Ils y découvrent une société parfaite dirigée par la « Maison de Salomon »,

1. En 1682, William Penn, qui n'était pas maçon mais « quaker », voulut aussi faire de la Pennsylvanie une colonie modèle où la tolérance était garantie pour toutes les religions et toutes les sectes. Il fit construire Philadelphie, la « cité de l'amour fraternel », suivant un plan en forme d'échiquier – le premier en Amérique –, afin d' « assurer à chacun une part égale ». Une réalisation qui impressionnera fortement Benjamin Franklin.

un collège composé de scientifiques et de prêtres travaillant tous au bonheur de l'humanité. Une métaphore anticipatrice de l'Amérique ?

La *Nouvelle Atlantide* sera, selon les spécialistes de la franc-maçonnerie américaine, l'un des livres de chevet des bâtisseurs de la nouvelle capitale des États-Unis, Washington. Un siècle avant Bacon, en 1515, un autre philosophe anglais Thomas More, qui fut chancelier d'Henri VIII, avait imaginé, lui, une société démocratique, sans monarque, fondée sur la tolérance religieuse et la « loi naturelle » (ce qui ne l'empêcha pas de lutter férocement contre les thèses de Luther et de condamner au bûcher quelques « hérétiques » !). Thomas More avait baptisé sa société imaginaire « Utopia », ou utopie, mot passé depuis dans le langage courant, et formé à partir du grec *ou-topos* qui signifie à la fois « nulle part » et « lieu du bonheur ». S'inspirant de More ou de Bacon, des générations de philosophes et de francs-maçons ont théorisé à leur tour des modèles d'organisation sociale débarrassée du despotisme royal ou religieux. Montesquieu et son *Esprit des lois*, Rousseau et son *Contrat social*... Dans les loges américaines, certains frères se sont pris à espérer : et si les navigateurs de Francis Bacon étaient enfin arrivés à bon port, si la cité idéale de Thomas More avait enfin trouvé un lieu où se construire ? Les Pères Fondateurs – maçons ou non – verront dans le nouveau continent une terre vierge où ensemencer – non pas les « anciens mystères », comme le dit Dan Brown dans *Le Symbole perdu* (voir Glossaire p. 324) – mais les idées neuves des Lumières. En cette fin du XVIIIe siècle, l'Utopie n'est plus « nulle part ». L'Utopie, c'est l'Amérique !

Qui a « inventé » les États-Unis ?

L'Amérique puis les États-Unis ont fait rêver les maçons. Ce n'est pas pour autant qu'ils ont « inventé » la nation américaine ! D'abord, à l'orée de l'indépendance, la centaine de loges qui existent dans les colonies ne sont pas toutes, loin s'en faut, « noyautées » par les révolutionnaires. Comme dans la France d'avant 1789, elles sont traversées par les contradictions de leur temps. Beaucoup rassemblent des maires ou des gouverneurs qui doivent leurs positions à la couronne britannique, des riches commerçants qui font du commerce avec l'Angleterre ou tout simplement des « loyalistes », fidèles à la « mère patrie ». D'autres estiment – appliquant à la lettre les préceptes des Constitutions d'Anderson – qu'elles ne doivent pas se mêler de politique.

Ensuite, les francs-maçons ne sont évidemment pas les seuls à se révolter contre les Anglais. Nombre de leaders de la révolution ou de simples insurgés n'ont jamais mis les pieds dans une loge. Thomas Paine, par exemple, est certes un déiste farouche mais il n'adhère pas à la franc-maçonnerie, même s'il semble bien la connaître. Son pamphlet, *Common Sense*, publié en 1776, qui connaît un spectaculaire retentissement et rallie bien des hésitants, a pourtant joué un rôle considérable. *Le Sens Commun* est une véritable déclaration de guerre à l'Angleterre et à la monarchie. Paine est l'un des premiers à proposer aux Américains de fonder une république. Ses écrits (en particulier *Les Droits de l'homme*) influencent aussi les révolutionnaires français. Paine qui s'enthousiasme pour leur cause sera d'ailleurs élu à l'Assemblée nationale en 1792 – avant d'être emprisonné sous la Terreur ! Son dernier livre, *Le Siècle de la Raison*, une critique du christianisme, lui vaudra d'être traité de « sale petit athée » par Theodore Roosevelt et d'avoir été longtemps occulté au panthéon des héros de la révolution américaine.

Il y a une troisième et dernière raison qui ruine la thèse selon laquelle la révolution américaine aurait été planifiée dans les loges par une poignée de conspirateurs. Le désir d'indépendance, qui grandit peu à peu dans les colonies, ne prospère pas seulement sur les mythes et les idées diffusées par les francs-maçons ou les esprits éclairés de l'époque. Certes, la plupart des têtes pensantes du mouvement, membres de loges ou non, sont influencées par les philosophes des Lumières. Mais la contestation qui agite les colonies dès les années 1760 a d'abord des motivations économiques : les colons protestent contre les taxes de plus en plus lourdes imposées par l'Angleterre. Ils ne voient pas pourquoi ils paieraient autant d'impôts alors qu'ils ne sont pas représentés au Parlement de Westminster. La « Nouvelle Atlantide » est le cadet de leur souci. Ce qui les intéresse, c'est la prospérité de leurs colonies. Au fil des années, la querelle fiscale va se radicaliser. Des groupes d'« agitateurs » et de « patriotes » se créent. Ils organisent des campagnes de boycott, des émeutes urbaines, diffusent des pamphlets antibritanniques. L'un de ces groupes est à l'origine en 1773 de l'un des épisodes les plus marquants de la révolution. Sur lequel plane, encore une fois, l'ombre des francs-maçons.

Les Fils de la Liberté

Boston, 16 décembre 1773. Dans l'arrière-salle de la taverne du Green Dragon, des hommes se déguisent en Indiens. Ils se sont grimés ainsi pour ne pas attirer l'attention. Discrètement, ils montent sur les navires britanniques ancrés dans le port et, méthodiquement, ils balancent pardessus bord quarante-cinq tonnes de thé. Une marchandise emblématique, lourdement taxée et symbole de l'Empire britannique. Cet accostage, appelé depuis la *Boston Tea Party*, est entré dans la mythologie américaine, car il marque le début de l'insurrection. En représailles, le roi George III ordonne en effet la fermeture du port de Boston et prend une série de mesures, dites les « lois intolérables ». Celles-ci ulcèrent même les moins contestataires et la révolte gagne du terrain.

Résultat : en 1774, neuf colonies se réunissent pour leur premier Congrès et rédigent un cahier de doléances (*Declaration of Rights and Grievance*). En 1775, suite à un accrochage sanglant entre les troupes britanniques et les Bostoniens à Lexington, le Congrès, à nouveau convoqué, décide d'organiser des milices dans chaque colonie et de nommer George Washington à leur tête. Enfin, le 4 juillet 1776, il déclare l'indépendance. La *Boston Tea Party*, qui a eu lieu trois ans plus tôt, a provoqué une série de réactions en chaîne, jusqu'à la rupture.

Qui a organisé cette « partie de thé » ? Ce sont les Sons of Liberty, l'un de ces groupes de patriotes qui s'est constitué pour combattre contre les taxes et la « tyrannie » de l'empire. Ces Fils de la Liberté ont fait beaucoup fantasmer. S'agit-il d'une organisation secrète ? Ses principaux membres sont à peu près tous connus à l'époque. Parmi eux le philosophe et écrivain Samuel Adams, contestataire de la première heure, et plus tard l'une des plus illustres figures politiques des États-Unis. Autre question qui a fait couler beaucoup d'encre : les Fils de la Liberté sont-ils dirigés en sous-main par les francs-maçons ? Ce qui est sûr, c'est qu'à Boston le groupe a l'habitude de se retrouver au Green Dragon. Que cette taverne, la plus grande de la ville, accueille aussi les frères de la loge Saint Andrew. Et que certains de ces « Fils de la Veuve » sont également membres des Fils de la Liberté !

Quelques-uns de ces hommes, qui sont affiliés aux deux groupes, sont devenus des héros de la révolution américaine. Paul Revere, fils d'un immigré français et l'un des orfèvres les plus réputés de la Nouvelle-Angleterre, est célèbre pour avoir galopé à cheval toute une nuit afin de prévenir ses amis de l'arrivée des troupes britanniques à Lexington en 1775. Sa « chevauchée nocturne » a été immortalisée dans de nombreux tableaux. La légende raconte qu'il fut arrêté par une patrouille anglaise, mais aussitôt relâché par un soldat « frère » après avoir fait un signe maçonnique ! John Hancock, commerçant en vue de Boston, deviendra lui président du Congrès lors de la déclaration d'Indépendance en 1776 ; on dit qu'il signa son nom en lettres immenses sous le texte fondateur pour que le roi George puisse le lire sans lunettes. Le docteur Joseph Warren, major général de l'armée continentale, mourra à la fameuse bataille de Bunker Hill... La double appartenance de tous ces héros, à la loge Saint Andrew et aux Fils de la Liberté, a accrédité l'idée que le déclenchement de la révolution a été orchestré par les francs-maçons.

La déclaration d'Indépendance, création des loges ?

« Sur les cinquante-six signataires de la déclaration d'Indépendance, cinquante étaient des francs-maçons. » Voilà une autre affirmation aussi fausse que largement répandue. L'affiliation à une loge a été attestée pour seulement neuf d'entre eux dont Benjamin Franklin, et John Hancock [1]. Face à cette comptabilité, les tenants du complot maçon avancent un autre argument : avant la signature finale, le 4 juillet 1776, le Congrès a désigné une commission de cinq hommes pour préparer le texte : Benjamin Franklin, John Adams, Robert Livingston, Roger Sherman et Thomas Jefferson. Dans ce cercle restreint, le frère Franklin, le grand génie, a pu peser de toute son influence. Sauf que le véritable auteur de la déclaration d'Indépendance est un jeune avocat alors âgé de trente-trois ans, qui deviendra plus tard le troisième président des États-Unis : Thomas Jefferson. Pendant longtemps, on a pensé que ce texte était une œuvre collective. Mais des historiens ont démontré que Jefferson a travaillé sans relâche pendant trois semaines, presque seul. Soit, mais Jefferson n'est-il pas franc-maçon ? Eh bien, non, il ne l'est pas.

On lui a pourtant souvent collé cette étiquette. Sans doute parce qu'il a été membre, puis président de l'American Philosophical Society fondée par Benjamin Franklin. Sans doute aussi parce que, bien que considéré comme l'un des

1. Mais aussi William Ellery, Joseph Hewes, William Hooper, Robert Treat Paine, Richard Stockton, George Walton, William Whipple.

plus grands hommes de l'histoire des États-Unis – les Américains disent « vénérer Washington, aimer Lincoln et se rappeler Jefferson [1] » –, pour certains de ses compatriotes, il a aussi toujours un peu senti le soufre.

Brillant et cultivé, descendant par sa mère de la haute noblesse anglaise, Jefferson est un « pur produit » des Lumières. Passionné d'architecture, d'archéologie, de botanique mais aussi d'œnologie (sa cave est réputée), collectionneur d'objets d'art, bibliophile, il est aussi polyglotte : il parle le français, l'espagnol, l'italien, connaît le grec, le latin, les langues amérindiennes, et lit *La République* de Platon dans le texte. Il est incollable sur la pensée de Newton, Francis Bacon, Montesquieu, Thomas Hobbes ou John Locke et entretient les meilleures relations avec l'élite intellectuelle française dont Condorcet. C'est à Paris qu'il a rencontré le mathématicien philosophe, auteur d'une méthode qui porte son nom sur le système de votes. Jefferson est en effet, à partir de 1785, ambassadeur des États-Unis en France, succédant à Benjamin Franklin.

Il assiste aux premiers épisodes de la Révolution française. Plus tard, lors de la bataille pour la présidence des États-Unis (qu'il remportera deux fois en 1801 et 1805), ses ennemis l'accuseront d'être aussi « enragé » que ces « sanguinaires » de Français. Il est vrai que Jefferson professe une grande indulgence pour les « excès » de la Terreur. Plusieurs de ses amis, dont nombre de ceux qui étaient partis, quelques années auparavant, au secours des insurgés américains, ont pourtant été arrêtés, guillotinés ou assassinés : Condorcet est mort en prison, le duc de La Rochefoulcauld, le premier traducteur en France de la déclaration d'Indépendance, a été lapidé en pleine rue, Rochambeau, le commandant du corps expéditionnaire français en Amérique, condamné à mort, a échappé de peu à l'échafaud, Lauzun, frère d'armes de La Fayette sur l'*Hermione*, n'a pas eu cette

1. Claude Fohlen, *Thomas Jefferson*, Presses universitaires de Nancy, 1992.

chance et a fini décapité, le marquis lui-même a « déserté »... Malgré tout, à son retour de France, Jefferson chante les louanges de Robespierre, au grand dam de George Washington, qui portera le deuil de Louis XVI et qui conseille à son ami La Fayette d'employer « la plus grande modération ». Jefferson lui fait preuve de moins de tempérance. « L'arbre de la liberté doit être rafraîchi de temps en temps du sang des patriotes et des tyrans », a-t-il lancé un jour. Une faute de goût dans un pays qui se targue d'être passé de la monarchie à la république sans couper une tête et qui appelle ses Fondateurs les « gentlemen révolutionnaires ».

Thomas Jefferson, le faux « frère »

Si Jefferson est moins en « odeur de sainteté » que Washington, c'est aussi parce qu'il affiche clairement ses opinions déistes. Ami de Thomas Paine, qui ne fait pas mystère de ses vues radicales sur la religion, il se concocte même une sorte de bible personnelle, appelée depuis la « Bible de Jefferson » (elle ne sera publiée qu'après sa mort), supprimant dans le Nouveau Testament tous les passages surnaturels et sélectionnant les seuls extraits où Jésus, dont il nie la divinité, apparaît comme un maître moral. « Le jour viendra, assure-t-il, où la conception mystique de Jésus par l'Être suprême, l'enfantant dans les entrailles de la Vierge, sera classée au même rang que la fable de la naissance de Minerve dans le cerveau de Jupiter. » Jefferson professe un christianisme « raisonnable », compatible avec l'enseignement des Lumières. Il est partisan de la liberté de culte mais aussi d' « un mur de séparation » – le mot est de lui – entre l'Église et l'État. Bref pour tous ceux qui considèrent les francs-maçons comme des « impies » ou des « hérétiques », si Jefferson n'est pas membre d'une loge, il aurait pu l'être !

Voici ce qu'il écrit dans le préambule de la déclaration d'Indépendance : « Nous tenons pour évidentes pour elles-mêmes les vérités suivantes : tous les hommes sont créés égaux ; ils sont doués par le Créateur de certains droits inaliénables ; parmi ces droits se trouvent la vie, la liberté et la recherche du bonheur. » Le Créateur... Contrairement à ce que l'on croit souvent, la déclaration – pas plus que la Constitution américaine écrite onze ans plus tard – ne fait référence au Dieu de la Bible et encore moins au Christ. Et c'est bien plus tard, en 1863 pendant la guerre civile, qu'a été gravé sur la monnaie le *« In God we trust »* (« En Dieu nous croyons »). La mention *« under God »* (« Une nation sous Dieu ») du serment d'allégeance au drapeau est apparue elle en 1954, sous la pression des catholiques intégristes. L'acte fondateur des États-Unis n'institue donc pas une « nation chrétienne » – ce que continuent à penser malgré tout une majorité d'Américains. En évoquant le « Créateur », la Déclaration en appelle à ce « Dieu philosophe », ce Grand Horloger ou Architecte cher à Newton ou à Voltaire.

George Washington était lui aussi déiste. C'est du moins l'avis de la plupart des historiens car, contrairement à d'autres Pères Fondateurs américains, il s'est peu exprimé sur ses croyances. On sait qu'il a été baptisé dans la foi baptiste et qu'il ordonnait à ses soldats d'assister à l'office le dimanche. Lui-même allait de temps en temps à la messe mais partait toujours avant la communion. À sa mort, il n'a pas réclamé de prêtre. Et le livre de prières, qu'il apportait prétendument sur les champs de bataille, et que brandissent aujourd'hui certains conservateurs américains, est un faux.

Les droits de l'homme... blanc

La déclaration inscrit aussi les droits de l'homme dans les principes fondateurs d'un État. C'est une première dans l'histoire. Elle reflète la pensée de John Locke. C'est dans le *Traité de gouvernement* du philosophe de l'*Enlightenment* (les Lumières anglaises) que « Jefferson a puisé son inspiration [1] » quand il évoque les droits et l'ordre naturel ou « le

1. André Kaspi, *Les Américains*, Le Seuil.

juste pouvoir des gouvernements » qui doit « émaner du consentement des gouvernés ». « Toutes les fois qu'une forme de gouvernement devient destructive, écrit Jefferson, le peuple a le droit de la changer ou de l'abolir et d'établir un nouveau gouvernement. » Cependant, la déclaration – où n'apparaît jamais le mot « démocratie » – exclut de l'égalité politique les femmes, les Indiens et les Noirs.

Jefferson, qui possède lui-même une terre de dix mille acres cultivée par deux cents esclaves, n'a pas pu ou voulu – comme les autres Fondateurs – régler la question de l'esclavage. Pour éviter une rupture avec les États du Sud, disent ses biographes. Aujourd'hui, à Washington, au Jefferson Memorial, au pied de l'immense statue érigée en l'honneur du rédacteur de la déclaration, on peut lire quelques-unes de ses pensées gravées dans la pierre. Dont celle-ci à propos des esclaves : « Rien n'est plus certainement écrit dans le livre du destin que le fait que ces gens vont être libres. » Jefferson un visionnaire ? La citation est incomplète. Il faut en effet lire la suite, pudiquement passée sous silence par le Memorial, pour comprendre ce que pensait vraiment Jefferson : « Il n'est pas moins certain que les deux races, également libres, ne peuvent pas vivre dans le même gouvernement. La nature, les habitudes, l'opinion ont tracé des lignes de distinction indélébiles, entre elles. » Des « lignes » que Jefferson s'autorisera pourtant à franchir en privé, puisqu'il eut un enfant avec une de ses esclaves.

La déclaration est cependant un texte capital, qui institue, pour la première fois, le droit des peuples à choisir leur mode de gouvernement. Elle inspirera les révolutionnaires français de 1789. Jefferson annotera même de sa main le projet de son ami La Fayette. La Déclaration des droits de l'homme et du citoyen est finalement plus célèbre et plus universelle, que son ancêtre d'outre-Atlantique. Mais elle doit beaucoup aux « Américains ».

Les francs-maçons dans la guerre

Le flamboyant marquis, justement, que devient-il ? Nous l'avions laissé en décembre 1777, à la tête de sa division de Virginiens. En janvier 1778, le Congrès des États-Unis lui confie le commandement de l'armée du Nord. Mais les troupes de Washington sont toujours aussi démunies. À Valley Forge, elles passent l'hiver dans des conditions épouvantables. Il leur faut des renforts, ou leur défaite est assurée. La Fayette se targue de les obtenir auprès de Louis XVI. En janvier 1779, il retourne donc en France. À son arrivée, il est mis aux arrêts pendant huit jours. À l'hôtel de Noailles. On a vu des geôles plus inconfortables. La Fayette est puni pour être parti guerroyer en Amérique sans l'autorisation du roi. Une sanction pour la forme. Rapidement, il revient à la Cour où il est traité comme un héros. Sa célébrité déjà lui tourne la tête. C'est son principal défaut. Ses amis américains s'en sont aperçus. « Il a reçu plus d'applaudissements que peut en supporter un jeune homme de son âge », dit John Adams (futur deuxième président des États-Unis). « Son faible est une faim canine pour la popularité et la renommée », diagnostique son ami Jefferson.

En 1780, la France décide enfin l'envoi d'un corps expéditionnaire de six mille hommes. La Fayette intrigue pour en prendre la tête. En vain. On lui préfère un homme plus âgé et plus expérimenté : le vieux lieutenant général Rochambeau. La Fayette repart malgré tout au feu et traverse à nouveau l'Atlantique sur l'*Hermione* avec quatre régiments. Parmi les officiers qui l'accompagnent : Noailles, Ségur, Lameth, Lauzun, La Tour-Maubourg, Berthier (le futur maréchal d'Empire), tous francs-maçons. Sur l'*Hermione*, il y a également Fersen, le comte suédois célèbre pour sa supposée liaison avec Marie-Antoinette. Lui aussi « en serait ». Comme Rochambeau, vraisemblablement initié ou au moins visiteur de la loge Saint Jean d'Écosse du Contrat social, la même que le jeune Gilbert. À croire que les loges sont une sorte de brigade internationale avant l'heure !

Aujourd'hui à Washington, dans le petit parc situé près de la Maison-Blanche et baptisé « Lafayette Square », s'élèvent quatre statues. Celle des quatre généraux étrangers qui ont combattu avec les armées de Washington pendant la révolution. La Fayette bien sûr, le Français Rochambeau, le Polonais Thadeus Kosciusko et le Prussien von Steuben. Ils sont tous « frères ». Mais est-ce si étonnant ? Au XVIIIe siècle, la franc-maçonnerie « recrute » chez les aristocrates donc chez les officiers, nombreux dans le camp des insurgés mais tout autant dans celui des Britanniques. Ainsi en 1781, au siège de Yorktown – bataille décisive remportée par les Américains qui annonce la fin de la guerre et la victoire finale – les frères Washington, La Fayette, Rochambeau et Lauzun exigent du vaincu qu'il leur remette symboliquement son épée. Le lieutenant général des armées de Sa Majesté obtempère. Il s'appelle Charles Cornwallis et il est lui aussi franc-maçon.

La société de Cincinnatus

Quand la nouvelle de la capitulation anglaise arrive à Paris, toutes les églises de France sonnent leurs cloches pour fêter la victoire. « La cause de l'humanité est gagnée », s'exclame La Fayette, toujours emphatique. Le sage Washington ajoute : « Puissent ces événements apprendre, non seulement à l'Angleterre, mais encore à tous les tyrans du monde que la route la meilleure et la seule qui conduise sûrement à l'honneur, à la gloire, à la vraie dignité, c'est la justice. » Après la défaite des Anglais, l'Amérique est aux pieds du général. Toutes les capitales européennes scrutent ses faits et gestes. Que va faire le héros de Yorktown ? Profiter enfin de sa gloire et prendre le pouvoir ? Non. En 1783, après la signature du traité de Versailles, rétablissant la paix et reconnaissant officiellement l'indépendance des États-

Unis, Washington démissionne de son poste dans l'armée et fait savoir qu'il abandonne toute ambition politique. La nouvelle a un énorme retentissement. « Si c'est vrai, c'est le plus grand homme du monde ! » C'est le cri qu'aurait arraché cette extraordinaire modestie au roi George III. Washington se retire – pour un temps au moins – dans sa plantation de Mount Vernon. On le compare aussitôt à Cincinnatus, ce consul romain qui laissa sa ferme pour aller à la guerre, puis fondit son épée, après la victoire, pour la transformer en socle de charrue.

Cincinnatus... c'est aussi le nom d'un ordre, parfois confondu avec celui de la franc-maçonnerie. Il a été fondé en 1783 par deux compagnons d'armes – francs-maçons – de Washington, Henry Knox et le baron von Steuben. Les deux « grognards » veulent défendre l'intérêt des officiers sur le point d'être démobilisés après la signature du traité de Versailles. Ils pensent qu'en entretenant les liens d'amitié nés sur le champ de bataille, ils faciliteront l'union des treize nouveaux États au sein d'une même nation. Knox et von Steuben baptisent cet ordre la Société de Cincinnatus en l'honneur de George Washington. Ce dernier en sera le premier président jusqu'à sa mort. La société est implantée dans chaque ancienne colonie. Washington tient à ce qu'elle ait aussi une branche française, hommage au pays sans lequel la victoire n'aurait pas été possible : La Fayette et Rochambeau sont chargés de sélectionner ceux qui sont dignes d'en être membres. Seuls les officiers de l'armée continentale et leurs descendants peuvent y prétendre. Ainsi, la Society of Cincinnati compte aujourd'hui près de trois mille cinq cents membres dont deux cent cinquante français. Mais, au moment de sa création, cette distinction héréditaire heurte Benjamin Franklin ou Thomas Jefferson, qui s'insurgent au nom de l'égalité démocratique. Ils n'ont pas fait la révolution pour voir apparaître sur le sol américain un ordre de chevalerie qui réintroduit des charges nobiliaires ! Pourtant la querelle de Cincinnatus n'est que peu de chose face à la tâche immense qui attend les Pères Fondateurs après la guerre contre les Anglais.

L'« Union plus parfaite » de la Constitution américaine

Le conflit terminé, reste à « inventer une nation [1] ». Les États-Unis ne sont encore qu'une association d'anciennes colonies qui tiennent toutes à leurs lois et à leurs traditions. Il faut attendre 1787 pour que la Constitution des États-Unis voie le jour. Pendant tout l'été, cinquante-cinq délégués (appelés les *framers*, du verbe *to frame*, encadrer) se réunissent à Philadelphie pour rédiger le texte le plus « révolutionnaire » que le monde ait connu jusqu'alors. La Constitution américaine instaure un régime républicain fondé sur la souveraineté du peuple et la séparation des pouvoirs. L'utopie de Rousseau, celle du *Contrat social*, prend corps : des hommes venus de partout, n'ayant ni la même religion ni la même histoire, mais soudés par cette « volonté générale » que le philosophe appelait de ses vœux, s'associent pour créer un pays sur la base d'un pacte garantissant l'égalité et la liberté entre les citoyens.

Les Américains aiment dire que leur Constitution est la plus ancienne de l'histoire de l'humanité... C'est vrai, si l'on excepte celle du Corse Pasquale Paoli (1755), un franc-maçon soit dit en passant. Justement, le préambule du texte américain suscite bien des fantasmes. Il débute ainsi : « Nous, Peuple des États-Unis, en vue de former une Union plus parfaite ». Cette *Union plus parfaite* est-elle une allusion à la « parfaite union », la chaîne fraternelle, selon la terminologie des loges, qui relie entre eux les frères initiés ? Bien sûr, disent ceux qui voient dans la Constitution, comme dans la déclaration d'Indépendance, une apothéose maçonnique. Oubliant, comme toujours, qu'elle est l'aboutissement d'un combat politique et philosophique qui dépasse très large-

1. Gore Vidal, *Inventing a Nation*, New Haven, Yale University Press, 2004.

ment le « pavé mosaïque » des temples. James Madison – cette fois, c'est lui qui tient la plume pour rédiger le texte – potassera d'ailleurs des centaines de livres, de Voltaire à Diderot en passant par l'*Encyclopédie*, que Thomas Jefferson, alors ambassadeur en France, lui fait parvenir par bateau.

Et puis, encore une fois, on opposera la réalité des chiffres aux zélotes du complot « américano-maçonnique ». Sur les cinquante-cinq délégués réunis à Philadelphie, ce 10 septembre 1787, trente-neuf d'entre eux vont approuver la Constitution. Parmi ceux-là, on compte treize frères. Notons également que parmi les délégués qui se refusent à approuver le texte figurent cinq francs-maçons. Car les débats sont houleux lors de cette convention qui va durer près de trois mois. Les représentants s'affrontent selon des clivages qui n'ont rien à voir avec les loges : fédéralistes partisans d'un pouvoir fort contre décentralisateurs défenseurs des droits individuels, et surtout gros États contre petits États.

Pour apaiser les craintes de ces derniers, les *framers* sont finalement tombés d'accord sur un compromis : pour l'élection du président, désigné par un suffrage universel indirect, les États les moins peuplés ont proportionnellement plus de délégués. Deux siècles plus tard, ce système est encore en vigueur.

La Bible du président maçon

C'est le 4 mars 1789, quelques mois avant la prise de la Bastille, que la Constitution américaine connaît l'épreuve du feu : George Washington est élu président à l'unanimité. Ailleurs dans le monde, toutes les autres grandes puissances ont à leur tête des souverains, des rois de droit divin pour la plupart. Washington lui ne tient sa légitimité d'aucun Dieu. Il institue pourtant, lors de sa cérémonie d'investiture, un rituel suivi par tous les autres présidents américains jusqu'à aujourd'hui : il prête serment sur la Bible. Et il prononce cette phrase : « Je le jure et que Dieu m'assiste », révélatrice du rapport si particulier que l'Amérique entretient avec la religion malgré le « mur de séparation » que les Pères Fondateurs ont voulu instaurer dès l'origine entre l'Église et l'État. En France, cette « séparation » n'a pas le même sens : elle vise à protéger l'État d'une Église catholique longtemps envahissante. En Amérique, elle a pour but de mettre la religion, ou plutôt les religions – puisque les États-Unis connaissent, dès leur fondation, une multiplicité de confessions –, à l'abri du pouvoir temporel. Les Fondateurs n'ont pas oublié que les premiers immigrants ont souvent fui les persécutions religieuses qui ont ensanglanté l'Europe. Pour eux, le pouvoir corrompt la religion.

D'autre part, contrairement aux révolutionnaires français, Washington n'a pas eu à affronter une Église soutenant l'absolutisme d'une monarchie. Il a rallié à son combat catholiques et juifs, épiscopaliens et méthodistes, francs-maçons et déistes, croyants et athées. Ce serment sur la Bible, prêté par un homme qui n'est pas roi, se veut le symbole de cette synthèse, entre la tradition chrétienne de l'Amérique, celle des premiers puritains et des pèlerins du *Mayflower* [1], et la tradition des Lumières, celle de Jefferson ou de Franklin. Il est peut-être aussi une manière, pour la jeune République, d'invoquer une forme de transcendance. « C'est le despotisme qui peut se passer de la foi, mais non la liberté », affirme le Français Tocqueville dans *De la démocratie en Amérique.* « La religion est beaucoup plus nécessaire dans la république que dans la monarchie. (...) Que faire d'un peuple maître de lui-même, s'il n'est pas soumis à Dieu ? »

Pour certains, ce serment prêté sur la Bible aurait une autre signification. Les historiens de la franc-maçonnerie américaine racontent, en effet, qu'au moment de sa prestation de serment, George Washington n'a pas de bible sous la main. On cherche partout de quoi le dépanner. Las, impos-

1. Denis Lacorne, *De la religion en Amérique : Essai d'histoire politique,* Gallimard, 2007.

sible de trouver le Livre dans l'hôtel de ville de New York où se déroulent les festivités. Heureusement, un franc-maçon est dans les parages. Que fait-il ? Il se précipite dans la loge la plus proche et revient aussitôt avec le précieux objet. Washington aurait donc juré sur une bible qui servait aussi aux serments maçonniques [1]. Des esprits à l'imagination fertile y voient une « preuve » supplémentaire de l'existence de la « pieuvre maçonne ». Dès ses débuts, la présidence américaine serait tombée aux mains des loges !

---

1. Philippe Benhamou, *Les Grandes Énigmes de la franc-maçonnerie*, Éditions First, 2007.

8

Le plan « secret » de Washington

18 septembre 1793. Quatre ans se sont écoulés depuis l'élection du premier président américain. Ce jour-là, George Washington revêt son tablier de maçon, brodé dit la légende par l'épouse de La Fayette. Il saisit la truelle en argent que lui tend un frère et pose le ciment sur la première pierre de ce qui deviendra le Capitole, le siège du pouvoir législatif. Aujourd'hui la « pierre de Washington », gravée de symboles maçonniques, se trouve à l'entrée de l'ancienne chambre de la Cour suprême. Mais, il ne s'agit pas du caillou originel : la pierre a été déposée là en 1932 par les francs-maçons de la capitale fédérale, à l'occasion du bicentenaire de George Washington.

Le Capitole, le symbole de la démocratie américaine, reposerait donc sur une pierre « maçonnique ». Il y a là de quoi enflammer les imaginations. Et Dieu sait s'ils sont nombreux les romanciers, « historiens » ou internautes qui s'activent depuis des années sur le sujet. Selon eux, les monuments de la ville de Washington, ses statues, la disposition de ses rues, la capitale tout entière seraient une ode gigantesque et secrète à la franc-maçonnerie. Qu'en est-il exactement ?

La « prophétie de Pope »

Washington s'est d'abord appelée Rome. Ce n'est pas une légende. En 1663, un Anglais nommé Francis Pope (traduction de « pape » en anglais) arrive dans la région du Potomac – du nom du fleuve qui y coule – et aperçoit une colline. Il est saisi par une vision : un jour, au milieu de ces marécages infestés par les moustiques et encore peuplés d'Indiens, s'élèvera une capitale, prestigieuse et magnifique, connue du monde entier. En attendant, Pope décide de s'y installer et achète une propriété qu'il baptise « Rome ». Il va même jusqu'à appeler la rivière qui la traverse « Tiber » (Tibre). Et quand on lui demande de décliner son identité, il répond en toute simplicité : « Pope. Pope de Rome. » Les amateurs de conspirations en tout genre cherchent toujours la signification de ce « message crypté[1] ».

Voilà pour la « préhistoire ». Venons-en maintenant à la véritable fondation de Washington. Pourquoi et comment les Founding Fathers ont-ils décidé de créer, de toutes pièces, une capitale sur les rives du Potomac ? Rien ne les y obligeait, bien au contraire. Le coin est humide, il n'est pas central et il n'a même pas l'avantage d'être ouvert sur le monde, au bord de l'océan. Bref, Washington est « la capitale la plus improbable du monde[2] ». Il a d'ailleurs fallu près d'un quart de siècle après l'indépendance pour que se réalise la « prophétie de Pope ». Ce n'est en effet qu'en 1800 que le siège du gouvernement s'installe dans l'ancienne petite « Rome ». Auparavant, le débat va faire rage sur ce que l'on a appelé la « question de la résidence ». Elle divise au plus haut point les Fondateurs. Évidemment, chacun milite pour son propre État. Près de cinquante sites sont proposés. New York, Philadelphie, Annapolis, Williamsburg... Pendant ce temps, le Congrès se balade de ville en ville. Jusqu'en 1790 où une loi est enfin votée, établissant la

1. Voir Glossaire, « Rome ».
2. Gore Vidal, *Inventing...*, *op. cit.*

résidence dans la région du Potomac, et fixant un ultimatum : le gouvernement devra s'y réunir au plus tard fin 1800. Il ne reste plus qu'à construire de quoi l'accueillir dignement.

Le Petit Architecte

Peu de gens finalement le savent ou s'en souviennent mais c'est un Français, Pierre Charles L'Enfant, qui a dessiné les plans de la future capitale, baptisée Washington en l'honneur du Père de la nation. Fils d'un peintre de la cour de Louis XV, lui-même ancien élève de l'Académie royale de sculpture, L'Enfant n'est pas seulement un artiste. Il est aussi un « pur et dur » de la cause américaine, un converti de la première heure. À vingt-deux ans, il a rejoint les insurgés, dès décembre 1776, sur un bateau affrété par Beaumarchais. Il n'est plus jamais reparti des États-Unis, devenant l'un des membres éminents de la Société de Cincinnatus, mettant ses talents de dessinateur au service des premiers symboles de la nouvelle république, pièces de monnaie ou médailles honorifiques.

Avec de tels états de service – il a aussi été grièvement blessé au combat –, Washington ne pouvait pas lui refuser le titre d'architecte de la cité fédérale. « Aucune nation n'a jamais vu l'occasion se présenter devant elle de décider arbitrairement de l'endroit où elle installerait sa capitale », s'écrie L'Enfant qui se met immédiatement à la tâche. Il travaille avec deux géomètres, Andrew Ellicott, ancien quaker, et Benjamin Bannecker, un astronome et mathématicien surnommé « l'Éthiopien ». Bannecker, en effet, est noir, fils et petit-fils d'esclaves, ce qui ne manque pas de sel, quand on connaît la pusillanimité des Fondateurs sur la question de l'abolition ou de la différence entre les races. Pour convaincre Jefferson de l'inanité de ses positions sur le sujet, Bannecker lui fera d'ailleurs parvenir un exemplaire de son *Almanach*, écrit entre 1792 et 1797. Une manière de démontrer que les Noirs ont les mêmes capacités intellectuelles que les Blancs [1].

L'Enfant, aidé par Bannecker et Ellicott, met six mois à accoucher de son plan. Il veut faire de Washington une sorte de « Versailles républicaine », reflétant la grandeur de l'Amérique et ses idéaux démocratiques. Il découpe l'espace de manière à souligner la séparation des pouvoirs – présidence, Congrès, justice. Il prévoit de grands axes reliant les principales institutions, non pas à angle droit selon la mode de l'époque, mais en diagonale, ou en « patte d'oie ». Les principales avenues portent le nom de chaque État... L'Enfant a la foi des bâtisseurs et un enthousiasme qui confine à la naïveté. Car, tout à son projet grandiose, il se heurte vite aux promoteurs qui veulent rentabiliser les terrains de sa cité idéale et construire à tout va. Pas question de casser les « perspectives », s'offusque l'architecte. Washington, qui sait ce que coûtent les grands travaux, a besoin d'investisseurs privés. La mort dans l'âme, il désavoue L'Enfant qui disparaît, mortifié, avec ses plans.

Bannecker « l'Éthiopien » les reconstitue de mémoire. Le projet final reprend en partie seulement celui du Français, jugé trop ambitieux. Thomas Jefferson, qui se pique aussi d'architecture, y met son grain de sel. Il a visité plusieurs villes européennes et comme L'Enfant il admire l'architecture néoclassique inspirée de la Rome antique. La ville de Washington en porte la marque. La « prophétie de Pope » s'est finalement réalisée !

1. Jefferson lui répondit que « la nature a donné à nos frères noirs des talents égaux à ceux des autres couleurs et que l'apparence de manque de ceux-ci est simplement due à la dégradation de leurs conditions, aussi bien en Afrique qu'en Amérique ». Il n'apporta pas pour autant son soutien au combat pour l'abolition mené par Bannecker.

Les rues de Satan

Pierre Charles L'Enfant [1], lui, a quitté la capitale fédérale en refusant les 3 000 dollars que lui proposait George Washington. Plus tard, il réclamera son dû et surtout la reconnaissance de son travail auprès du Congrès. Il mourra en 1825 à l'âge de soixante et onze ans, seul et pauvre (depuis il a été réhabilité et une station de métro porte son nom). Comment aurait-il pu imaginer que deux siècles plus tard, passionnés d'ésotérisme, chercheurs de trésors ou conspirationnistes de tous poils scruteraient ses plans à la loupe ? La carte de la ville regorgerait, selon eux, de formes géométriques et de signes mystérieux [2]. Les principales avenues qui entourent la Maison-Blanche formeraient une étoile à cinq branches. Emblème des francs-maçons, disent les apprentis cartographes ! Les rues adjacentes dessineraient, elles, l'étoile à six branches, l'étoile de David, appelée aussi le Sceau de Salomon. Encore la marque des frères ! Le district de Washington, en forme de losange, ne serait rien d'autre qu'une équerre et un compas entrecroisés. Ou alors un tableau astral, truffé de signes du zodiaque [3], mettant Washington sous le signe de la Vierge. Normal, affirment ceux qui soutiennent cette thèse : Bannecker n'était-il pas astronome ? Donc un « occultiste » ou pis un cartomancien ou un mage ! Ils oublient qu'à l'époque l'astronomie est une « science dure », très utile par exemple aux navigateurs. Bannecker était tout sauf un « sorcier ».

Mais supposons un instant que tous ces exégètes aient raison, que tous ces signes se dissimulent réellement dans le plan de la ville. Pourquoi y voir forcément une signature

1. Voir Glossaire, p. 328.
2. Voir Glossaire, « Géométrie secrète ».
3. En 1999, David Ovason publie un livre qui connaît un certain succès : *The Secret Zodiacs of Washington, DC : Was the City of Stars Planned by Masons* ?, Londres, Random House UK Ltd, 1999. En 2006, Robert Lomas fait un nouveau thème astral de la capitale fédérale dans : « *Turning the Solomon Key : George Washington, the Bright Morning Star, and the Secrets of Masonic Astrology* ».

maçonne ? L'étoile à cinq branches, par exemple, est apparue il y a cinq mille ans en Mésopotamie. On la retrouve tout aussi bien chez les Babyloniens, les pythagoriciens, les premiers chrétiens et occasionnellement chez les francs-maçons qui, on le sait, ont « recyclé » des symboliques anciennes. Mais, en réalité, cette discussion est vaine. Car comme le fait remarquer Christopher Hodapp, membre de la Grande Loge d'Indiana et auteur d'un livre très documenté sur le sujet [1], on peut voir absolument tout ce que l'on veut dans le plan de Washington. Y compris les... Sephiroth, c'est-à-dire les dix puissances créatrices selon la kabbale. Pour les représenter, les kabbalistes dessinent un « arbre de vie », composé de dix sphères reliées par vingt-deux chemins (les lettres de l'alphabet hébreu). Eh bien, il paraît que le Mall de Washington, cette immense esplanade devant le Capitole, bordée de musées et de monuments, serait conçu – secrètement cela va de soi ! – selon l'ordonnancement des Sephiroth.

Ce n'est pas tout. En s'appliquant bien, selon Michael Baigent et Richard Leigh [2] – les deux auteurs anglais qui avaient déjà inspiré Dan Brown pour son *Da Vinci Code* –, on arriverait même à discerner la croix des Templiers (les faux ancêtres des francs-maçons) dans l'entrelacs des rues de Washington. Ou alors... une chouette. Et nul n'est censé ignorer que ce volatile est un oiseau de nuit, un oiseau qui se cache. Le symbole de la connaissance ésotérique. Voilà *la* preuve de la conspiration ! Les groupes religieux y vont eux aussi de leur interprétation. Il faudrait être aveugle, assurent-ils, pour ne pas déceler un pentagramme inversé (le signe du Diable !) entre la Maison-Blanche, Dupont Circle et Washington Circle. Ce n'est pas un hasard ; c'est pour faire entrer Lucifer au siège de la présidence que ces avenues ont été ainsi dessinées...

1. Christopher Hodapp, *Solomon's Builders, op. cit.*
2. Michael Baigent et Richard Leigh, *The Temple and The Lodge*, Londres, Cape, 1989.

Brent Morris, rédacteur en chef du *Scottish Rite Journal*, l'une des revues maçonniques les plus diffusées dans le monde, explique que certains petits malins ont aussi fait apparaître un chien en reliant des rues de Washington ! Une manière de démontrer par l'absurde l'inanité des « analyses » géométriques qui foisonnent depuis des années. Le filon est inépuisable. Brent Morris est lui-même concerné par ces projections fantasmagoriques. Il a ses bureaux dans la Maison du Temple (House of The Temple) qui abrite le « Conseil suprême du rite écossais » et qui est aussi l'un des lieux principaux du roman de Dan Brown *Le Symbole perdu*[1]. Ce bâtiment maçonnique fastueux, comme souvent en Amérique, a été construit sur le modèle du mausolée d'Halicarnasse, l'une des sept merveilles du monde ! Marbre, statues de sphinx, plafonds dorés... Selon les amateurs de conspirations, il serait l'un des points du « pentagramme » imaginé par L'Enfant en 1790. Ils oublient juste un détail : la Maison du Temple a été construite... entre 1885 et 1915, soit près d'un siècle après que les plans de Washington eurent été dessinés.

Pour terminer – si l'on peut dire, car aucun argument rationnel ne viendra jamais à bout de toutes ces croyances –, ni L'Enfant, ni Bannecker, ni Ellicott n'étaient francs-maçons, comme l'assurent aujourd'hui maints ouvrages, même parmi les moins fantaisistes. Et ils l'auraient été que cela ne changerait rien. La géométrie ou les pentagrammes ne sont pas l'apanage des frères. Tous les architectes, initiés ou non, et en particulier au XVIIIe siècle, sont à la recherche de la forme parfaite.

Le secret le mieux gardé du Capitole

Benjamin Latrobe, l'architecte principal du Capitole[2], ne fait pas exception à la règle. Lui est bien franc-maçon. Quant à savoir qui du frère ou du bâtisseur a influencé

1. Voir Glossaire, « Maison du Temple ».
2. Voir Glossaire, « Capitole ».

l'autre... Latrobe a « mis » partout dans le Capitole des colonnes, ioniques, doriques ou corinthiennes. Plus qu'une allusion évidente à la symbolique des Enfants de la Veuve et aux piliers de leur temple, il faut y voir le goût de l'époque pour l'architecture néoclassique.

Mais ne désespérons pas les « traqueurs » de signes maçons. Ils trouveront malgré tout leur bonheur en se promenant dans le Capitole. Cette gigantesque bâtisse de plus de deux kilomètres de long abrite les deux chambres qui forment le Congrès – le Sénat dans l'aile nord et la Chambre des représentants dans l'aile sud –, mais aussi des centaines de statues, de peintures, de fresques. Et elle raconte, tel un immense livre de pierre, l'histoire des États-Unis et donc de ses francs-maçons.

Il serait fastidieux d'en énumérer tous les exemples. Arrêtons-nous simplement sur *L'Apothéose de Washington* [1], une peinture de l'Italien Constantino Brumidi dans la rotonde du Capitole. On y voit le Père de la nation, montant au ciel. Il est assis sur un nuage, encadré par deux femmes, l'une représentant la liberté, l'autre la Victoire et par treize jeunes filles symbolisant les treize colonies qui se sont battues pour l'Indépendance. Tout autour on peut voir, dans un deuxième cercle, des allégories. Dont celle de la Science : la déesse Minerve montre un générateur électrique et une imprimerie. Elle est entourée par un professeur qui tient à la main un compas – dont il est inutile de rappeler la connotation maçonne – et par trois fameux savants du siècle : Benjamin Franklin, Robert Fulton, ingénieur et constructeur du premier bateau à vapeur américain, Samuel Morse, inventeur du télégraphe. Les deux premiers étaient maçons, le troisième... un farouche ennemi des loges ! Décidément, rien n'est jamais simple au pays des signes.

Quand le Capitole a été inauguré, le 17 novembre 1800, il était le plus grand bâtiment des États-Unis même s'il n'avait pas encore son dôme. Construit cinquante ans plus tard, sur

1. Voir Glossaire, « Apothéose de Washington ».

le modèle du Panthéon de Paris, il monte jusqu'à quatre-vingt-dix-huit mètres. Aujourd'hui encore, aucun autre bâtiment de la capitale fédérale – excepté l'obélisque (voir p. 117) – ne doit s'élever plus haut que lui. Situé sur Jenkin's Hill, comme l'avait voulu L'Enfant, le Capitole domine la ville et en occupe le cœur. Il a été construit au centre exact de Washington, qui est divisé en quatre à partir de ce point. Aujourd'hui, dans la crypte située sous le dôme et la peinture de Brumidi, une rose symbolise ce centre et indique les « quadrants » de la ville.

Cette crypte [1] devait être la dernière demeure de George Washington. Le président franc-maçon dans le cœur symbolique (celui du pouvoir) et géographique de la capitale des États-Unis... Comment illustrer de manière plus éclatante l'emprise des loges sur tout un pays ? Las. Washington a rendu l'âme avant que le Capitole soit achevé et a été enterré, comme il le souhaitait, dans sa propriété de Mount Vernon. Sa famille a refusé par la suite de transférer sa dépouille, honorant ainsi jusqu'au bout la légendaire modestie du grand homme. Aujourd'hui la crypte abrite des statues et des maquettes du Capitole mais aucune sépulture.

Finalement, le secret le mieux gardé de Washington n'est pas celui que l'on croit. Les influences maçonnes s'affichent ici au grand jour. Il existe un autre secret, une autre vérité longtemps cachée ou plutôt refoulée. Le Capitole, ce phare du nouveau monde, cette ode à la liberté et à la fraternité, a été en grande partie construit par des centaines d'esclaves et de travailleurs forcés [2]. Et c'est seulement en décembre 2007 que le Congrès a voté une résolution pour rendre hommage à leur contribution et baptiser le hall d'accès du nouveau « centre de visiteurs » – ouvert sous le Capitole depuis 2008 – Emancipation Hall. Au Sénat, l'homme qui a introduit ce projet de résolution s'appelait Barack Obama.

---

1. Voir Glossaire, « Crypte ».
2. Sur le Mall s'est aussi tenu l'un des plus importants marché aux esclaves de la région.

Des Templiers à la Maison-Blanche

Le même Obama, qui occupe aujourd'hui la Maison-Blanche, a-t-il conscience de vivre dans une demeure « templière » ? Sans doute non, et heureusement pour lui, car cette histoire n'est qu'une faribole de plus ! Pour comprendre sur quels fantasmes elle repose, il faut d'abord brièvement raconter comment est née la résidence officielle des présidents des États-Unis.

Ses travaux de construction ont commencé en 1792, mais ne se sont achevés qu'en 1800. C'est pour cette raison que George Washington n'y habitera jamais. John Adams, le deuxième président des États-Unis, et sa femme Abigail en seront les premiers « locataires ». À l'époque, on ne parle pas encore de Maison-Blanche. La résidence n'héritera de ce nom qu'en 1814. Elle vient alors d'être repeinte, après avoir été incendiée par les Anglais, lors de ce que l'on a appelé la « deuxième guerre d'indépendance [1] ». Auparavant, c'est un jeune architecte du nom de James Hoban qui avait remporté le concours pour dessiner les plans de la « President's House ».

Il se serait inspiré du château de Rastignac, sis en Dordogne, mais aussi d'un palais de Dublin construit en 1745, Leinster House (aujourd'hui siège du Parlement irlandais). Jusqu'à présent, le lien avec les Templiers ne saute pas aux yeux. Patience. Car il se trouve que le duc de Leinster, propriétaire du palais du même nom, était grand maître de la Grande Loge d'Irlande. Un franc-maçon donc, tout comme James Hoban, l'architecte de la Maison-Blanche. Oui mais les chevaliers ? On y vient. Certains fanatiques des Templiers refusent de croire que l'ordre a disparu au XIVe siècle, comme le disent tous les historiens. Prenant au premier degré les légendes maçonnes (voir partie II), ils confondent histoire et mythologie. Ils affirment dans toute une série d'ouvrages qu'une poignée de chevaliers, rescapés du

1. Elle fait suite au blocus britannique le long des côtes américaines, le Royaume-Uni voulant interdire le commerce entre les États-Unis et la France.

bûcher et des arrestations ordonnées par le roi de France Philippe le Bel, se seraient réfugiés en Écosse ou en Irlande. Ils y auraient perpétué leur ordre, sous un autre nom, la franc-maçonnerie. Conclusion ? Le duc de Leinster et James Hoban sont des descendants des Templiers !

Vous n'êtes pas convaincu ? Attendez la suite. La construction de la Maison-Blanche a débuté très exactement un 13 octobre, en 1792, comme par hasard, le même jour que la rafle des Templiers, le 13 octobre 1307 [1] ! Ajoutez à cela que, pour inaugurer les travaux, des francs-maçons ont défilé en procession – une tradition à l'époque – jusqu'au chantier. Songez enfin qu'en 1948, lors d'un vaste programme de rénovation lancé par le président Truman, lui-même initié, on a trouvé la première pierre du bâtiment, couverte de signes maçonniques... Et la boucle est bouclée : la Maison-Blanche est un hommage déguisé aux Templiers. Peut-être même que leur trésor y est enfoui !

La pyramide, l'aigle et le billet d'un dollar

Bien avant qu'architectes et ouvriers du bâtiment s'activent pour ériger le Capitole et la Maison-Blanche, le Congrès a lancé un autre chantier, moins onéreux sans doute mais ô combien symbolique. Il s'agit de doter la toute jeune nation américaine d'un blason que l'on apposera comme signature officielle sur les traités ou les lois : *The Great Seal of the United States of America*, le Grand Sceau des États-Unis d'Amérique [2], toujours en vigueur, et imprimé notamment sur le billet de 1 dollar. On y voit une pyramide surmontée d'un œil encadré dans un triangle rayonnant de lumière, l'« œil de la Providence »... Inutile de dire que ce sceau est devenu l'un des sujets favoris des complot-maniaques. Citons juste, pour exemple, Robert Langdon, le

1. Ce serait l'une des explications de la superstition attachée au chiffre 13, un nombre porte-malheur, ou pour certains, bonheur.
2. Voir Glossaire, « Grand Sceau des États-Unis ».

héros récurrent des romans de Dan Brown. Dans *Anges et Démons*, il explique tranquillement que le billet de 1 dollar est « couvert de symboles créés par les *Illuminati* ». Et encore cette affirmation n'est-elle que l'une des versions les plus « soft » des thèses folles, et souvent nauséabondes, suscitées par cet énigmatique *Great Seal*. Revenons à l'histoire.

Dès 1776, le Congrès désigne un comité chargé d'imaginer l'emblème des États-Unis. Il est composé de quatre hommes : Benjamin Franklin, John Adams, Thomas Jefferson et Pierre du Simitière, un Suisse naturalisé américain. Il est le seul artiste – renommé à l'époque – de la bande. Le lecteur, qui suit maintenant depuis un moment les aventures des Fondateurs, aura sans doute noté de lui-même que le comité compte un unique maçon : Franklin. Voilà donc nos quatre hommes qui planchent et qui se disputent. Car chacun a son idée. Franklin, bien que déiste, regarde du côté de l'Ancien Testament. Il propose une scène de l'Exode, Moïse séparant les eaux de la mer Rouge, et un « slogan » radical : *Rebellion to Tyrants is Obedience to God*. Jefferson le rationaliste suggère lui aussi un thème biblique, les enfants d'Israël en route vers la Terre promise. John Adams préfère les Grecs : il verrait bien un fier Hercule. Pierre du Simitière, plus sobre, imagine le fameux « Œil de la Providence » et une date en chiffres romains MDCCLXXVI, 1776, année de l'indépendance américaine. Ces deux propositions seront les seules retenues à l'arrivée. Exit Moïse ou Hercule. Mais avant la décision finale en 1782, deux autres comités – qui ne comptent cette fois aucun franc-maçon – vont se réunir.

On leur doit la pyramide, symbole, selon ses concepteurs, « de force et de durée », et les deux devises latines qui l'encadrent en haut et en bas. La première *Annuit Coeptis* (littéralement : « Approuve les choses qui ont été commencées ») est souvent traduite sur les sites Internet par une phrase ambiguë : « Notre entreprise a été couronnée de succès ». La deuxième devise, *Novus Ordo Seclorum*, est l'objet d'encore plus de contresens ou de déformations. Elle signifie « nouvel ordre des siècles », c'est-à-dire le début d'une ère nouvelle pour l'Amérique. Faisant fi du latin, les conspirationnistes préfèrent comprendre « nouvel ordre mondial ». Les intégristes chrétiens (mais aussi le professeur Langdon dans *Anges et Démons*) brandissent une autre traduction qui, jouant subtilement sur le mot *seclorum*, pourrait presque faire illusion : « nouvel ordre séculier », donc areligieux, donc païen. Tous soutiennent que l'« œil de la Providence » prouve le complot des Fils d'Hiram. Il est vrai que dans l'iconographie maçonne le Grand Architecte est souvent représenté par le « delta lumineux », un triangle équilatéral, ornementé de flammes ou de traits de lumière, et contenant le plus souvent en son centre un œil ou parfois le nom de Dieu en hébreu. Mais on trouve aussi cet œil dans la mythologie égyptienne (l'œil d'Horus) et plus encore dans le symbolisme chrétien (le triangle de la Trinité). Un « détail » qui n'arrange pas, on s'en doute, les « chasseurs de maçons ».

Le revers du Grand Sceau, qui figure également sur le billet de 1 dollar, montre lui un aigle aux ailes déployées, surmonté d'une bannière portant l'inscription *E Pluribus Unum* (« De plusieurs, un ») et de treize étoiles, représentant les treize colonies qui ont déclaré l'indépendance. Ce verso suscite autant d'affabulations que le recto toujours fondées sur le même mode de pensée et les mêmes fantasmes. Il faut cependant revenir sur l'une d'elles, tant elle est révélatrice. Les conspirationnistes croient voir, en effet, en filigrane, dans l'ordonnancement des treize étoiles, l'Étoile de David [1]. Pour appuyer leur démonstration, ils se contentent de relier certaines d'entre elles. En en choisissant d'autres, n'importe quelle autre forme pourrait surgir. Mais, c'est l'Étoile à six branches, encore appelée le Sceau de Salomon, qui les intéresse au plus haut point. Et encore, ils n'en retiennent que ses origines juives, jetant par-dessus bord, comme pour l'œil de la Providence, ses attaches tout aussi fortes avec le symbolisme chrétien ou islamique.

1. D'autres la font surgir sur le verso du Sceau en reliant entre elles certaines lettres qui forment le mot « MASON » (maçon).

Ce tour de passe-passe leur permet d'échafauder un autre délire : l'Amérique est non seulement le fruit d'une conspiration maçonne mais aussi juive. Pour apporter de l'eau à leur sinistre moulin, ils pointent de leur doigt accusateur et paranoïaque Haym Salomon. Ce banquier juif de Philadelphie, d'origine polonaise, est l'un des héros les plus extraordinaires de la lutte pour l'indépendance. Pendant la guerre contre l'Empire britannique, il a puisé dans sa fortune personnelle pour payer l'équipement des soldats de l'armée continentale. Il a aussi réussi à obtenir des prêts auprès des Hollandais, des Français ou des Espagnols. Arrêté par les Anglais, condamné à mort, il parvint à s'échapper. Ami de Washington, Haym Salomon était aussi membre de la loge de Philadelphie... Juif, franc-maçon, banquier. Bref, il est une proie idéale pour les obsédés du « complot judéo-maçonnique » et la preuve que si les fantaisies conspirationnistes portent parfois à rire, elles peuvent aussi sécréter les plus terribles poisons.

L'obélisque du Washington Monument

La pyramide du *Great Seal* surmonte également le bâtiment le plus haut de la capitale américaine et même – jusqu'à la construction de la tour Eiffel en 1889 – le plus haut du monde. Le Washington Monument, cet obélisque [1] de cent soixante-neuf mètres situé à l'extrémité ouest du Mall, est le seul autorisé à dépasser le Capitole, parce qu'il honore l'idole de la nation. Ce monument, sans doute le plus célèbre des États-Unis, a une histoire plus que mouvementée. Il célèbre un héros qui fait l'unanimité dans tout le pays. Et, pourtant, il a fallu presque cent ans pour qu'il sorte de terre, en 1884.

Un siècle plus tôt, en effet, dès la fin de la guerre de l'Indépendance, les élus du Congrès ont voulu ériger une statue en l'honneur du commandant en chef de l'armee

1. Voir Glossaire, « Obélisque ».

américaine. Un bronze équestre, réalisé par les meilleurs artistes européens, le représentant en costume romain, couronne de laurier au front. Problème : où l'installer ? La « question de la résidence » n'a été tranchée, on l'a vu, qu'en 1790 et le Capitole inauguré en 1800. Entre-temps, certains élus ont même imaginé une statue « itinérante », errant de ville en ville, au gré des réunions du Congrès. Bref, le projet est fumeux et il reste longtemps dans les cartons.

Quand Washington meurt en décembre 1799, les élus se mettent enfin d'accord sur un « mausolée ». Un comité, un de plus, est désigné qui propose une énorme pyramide à l'image de celle du Sceau, agrémentée d'un phare, tel l'œil de la Providence, éclairant les générations futures. Et faisant du sage Washington une sorte de pharaon moderne ! Le projet s'enlise une fois de plus. En 1833, des citoyens désireux d'en finir créent une fondation privée, la Washington National Monument Society, pour récolter des donations. Robert Pills, architecte – et franc-maçon – appointé par le Congrès, trace les premiers plans en 1838. Il a renoncé à la pyramide. Mais son projet est tout aussi pharaonique : un immense temple circulaire soutenant une gigantesque colonne ornée d'une statue de Washington en Zeus. Esthétiquement, c'est hideux. Financièrement, c'est un gouffre.

Les travaux commencent pourtant en 1848. Un grand maître « baptise » la première pierre avec la truelle d'argent de George Washington, celle qui a servi pour le Capitole. Il porte aussi son tablier, offert par La Fayette. Pour financer la construction, la Monument Society lance une souscription : États américains, nations étrangères mais aussi clubs, associations, syndicats ou simples particuliers peuvent se porter acquéreurs d'une pierre. Les loges maçonniques en achètent une vingtaine. D'autres dons affluent de tout le pays. Malgré tout l'argent vient vite à manquer, puis la guerre de Sécession éclate. Pendant vingt ans, le chantier s'arrête. Il repart en 1876 [1] accumulant, après les

1. D'où la différence de couleur de pierre à partir du premier quart de l'obélisque, encore visible aujourd'hui.

difficultés financières, les difficultés techniques : le monument est trop lourd, trop haut, sa base commence à s'effriter. On le révise à la baisse. Finalement, on se « contentera » d'un seul obélisque, terminé comme il se doit par un pyramidion. Ce sommet en pointe, fabriqué en aluminium aussi rare que l'or à l'époque, satisfait ceux qui voulaient un mausolée triangulaire en harmonie avec le Grand Sceau. Quant à la statue de Washington, torse nu, tel un dieu de l'Olympe, sculptée par un artiste du nom de Horatio Greenough, elle ne surmontera jamais l'édifice. On peut la voir aujourd'hui à Washington au musée de l'Histoire américaine.

Si les concepteurs du Washington Monument ont finalement choisi de construire un obélisque, ce n'est pas pour rendre hommage à l'Égypte antique et à ses cultes – comme le dit par exemple Dan Brown dans *Le Symbole perdu* – mais parce que cette forme architecturale fait fureur à l'époque. En 1836, Louis-Philippe en a fait ériger un, vrai celui-là, venu de Louxor, sur la place de la Concorde. On trouve d'autres obélisques millénaires – dédiés à Râ, le dieu du Soleil – ou modernes dans toutes les villes européennes. Y compris en face du Vatican. Ainsi, même le Saint-Siège a voulu apporter sa contribution à l'érection de la colonne « païenne » de Washington. Rassuré sans doute par la profession de foi inscrite sur sa pointe métallique : *Laús Deo* (« Louons Dieu »). En 1854, en effet, le pape Pie IX offre aux Américains un bloc de marbre, venu du temple de la Concorde de Rome. Mais le geste provoque un scandale. Car à cette époque se développe aux États-Unis un mouvement appelé « nativiste ».

Les nativistes, Américains d'origine anglo-saxonne et protestante, partent en guerre contre les immigrés catholiques, qui, dans ces années, arrivent massivement d'Irlande. Sous prétexte de préserver la « pureté originelle » de l'Amérique, sa « suprématie » protestante, les plus extrémistes, qui iront même jusqu'à détruire des églises catholiques, se sont regroupés dans une société secrète le Know-Nothing Party

(« Je ne sais rien », la réponse de ses membres quand on les interrogeait sur l'existence de leur mouvement). Pour eux, le cadeau de Pie IX est une véritable provocation. Une nuit, ils pénètrent dans le chantier et volent la « pierre du pape ». On dit qu'ils l'ont jetée dans le Potomac où elle n'a jamais été retrouvée. On dit aussi que le Know-Nothing comptait de nombreux maçons dans ses rangs, dont le célèbre Albert Pike (voir p. 129).

Les reliques du Mémorial

À quelques kilomètres de l'obélisque, sur la rive ouest du Potomac, s'élève un autre monument à la gloire de Washington : le George Washington Masonic National Memorial [1]. Celui-là est ouvertement maçonnique et beaucoup plus récent. Cette tour composée de trois étages de colonnades, et surmontée d'une pyramide où brûle une flamme éternelle, est inspirée du phare d'Alexandrie (qui éclaira les marins jusqu'au XIVe siècle). Sans doute autant à cause de l'engouement des maçons et des architectes de l'époque pour les merveilles de l'Antiquité que parce qu'elle a été construite entre 1923 et 1932 dans la ville d'Alexandria, dans la « banlieue » de la capitale fédérale. Ce temple a été entièrement financé par l'ensemble des loges américaines. Les outils maçonniques de George Washington y sont conservés comme des reliques. Derrière une vitrine sont notamment exposés sa truelle ou le fameux tablier brodé par Adrienne de La Fayette (en réalité, il s'agit une réplique – si tant est que ce tablier ait jamais existé). On peut y voir également l'horloge qui trônait sur la cheminée de sa chambre à Mount Vernon. Depuis plus de deux siècles, ses aiguilles sont arrêtées. À 10 h 20, très précisément, l'heure à laquelle le frère vénéré a rendu son dernier soupir.

1. Voir Glossaire, « Alexandria ».

9

Des loges et de la maçonnerie en Amérique

Un meurtre maçon ?

Dans le cimetière de Batavia (État de New York), il existe un autre monument étrange mais méconnu. Une grande colonne érigée en l'honneur d'un certain William Morgan, sur laquelle on peut lire l'inscription suivante : « En souvenir d'un martyr, mort pour la liberté d'écrire, d'imprimer et de dire la vérité, enlevé par les francs-maçons et assassiné parce qu'il voulait révéler les secrets de l'Ordre. » Un meurtre franc-maçon ? Diantre. Le monument a été construit en 1882 par la National Christian Association afin que nul n'oublie le « terrible événement » qui secoua l'Amérique un demi-siècle plus tôt.

L'histoire commence en 1826. Cette année-là, un frère dénommé William Morgan, furieux que la loge maçonnique de Batavia lui ait fermé ses portes – on le dit porté sur la boisson et sur le jeu –, annonce qu'il va publier un livre, *Illustrations of Masonry*, mettant à nu tous les rites des frères et dévoilant leurs impostures. Le « félon » a déjà trouvé un éditeur et touché une confortable avance. Outrés, les maçons de Batavia lui envoient une mise en demeure. Coïncidence ? Dans les jours qui suivent, les bureaux de l'éditeur manquent de brûler dans un incendie. Les Enfants de la Veuve sont soupçonnés, sans preuve. Quoi qu'il en soit, Morgan ne renonce pas à son projet. Les maçons décident alors de le poursuivre en justice : le « traître » leur doit de l'argent. Morgan est arrêté, emprisonné. Jusqu'à ce qu'un homme, se prétendant son ami, se présente pour payer ses dettes. Morgan, libéré, monte dans une voiture qui l'attend à la sortie de la prison. On ne le reverra plus jamais.

Que s'est-il passé ? Les versions divergent. Pour les uns Morgan s'est noyé dans le Niagara ou le lac Ontario (on y retrouvera un corps). Pour d'autres, il est allé recommencer une nouvelle vie, sous une autre identité, avec ses à-valoir d'écrivain. Car le livre promis paraît bien, malgré la disparition de son auteur, et il a un immense succès, renforçant un peu plus la rumeur qui commence à se répandre : Morgan a été assassiné par les francs-maçons. Trois frères sont finalement arrêtés, accusés de kidnapping, jugés. Mais leur faible condamnation déclenche des émeutes dans toute la région. Un politicien de New York, Thurlow Weed, en profite pour créer le Anti-Masonic Political Party, le premier parti anti-maçonnique de l'histoire américaine.

Le retour au temple

Le « mystère Morgan » ne sera jamais résolu. Mais il ternit durablement l'image de la Fraternité. Des centaines de loges ferment. Des leaders religieux s'emparent du scandale [1], reprochant aux francs-maçons de détourner les hommes de la prière et du travail, de dénaturer les enseignements de la Bible, de pratiquer la « religion de la nature », voire celle du Diable. Des « conventions antimaçonniques » se tiennent un peu partout et exigent des lois pour interdire les loges, accusées d'avoir été contaminées par les Français. La Fayette devient suspect. En 1828, le Parti antimaçonnique fait campagne contre le frère Andrew Jackson (qui sera malgré tout élu, puis réélu en 1832). John Quincy Adams, sixième président américain de 1825 à 1829 (et fils de John qui l'a précédé à ce poste en 1797), militera dans

1. L'affaire intervient en plein *Second Great Awakening*, expression qui désigne le réveil religieux protestant.

les rangs de ce parti. On lui doit un ouvrage hostile aux loges qui fait encore les délices des complotistes américains *Letters on the Masonic Institution*[1].

Les obédiences sont sévèrement ébranlées par cette vague antimaçonnique qui dure une vingtaine d'années. Pour couper court aux accusations, elles minimisent leurs origines européennes. Après avoir participé à la grande aventure de l'indépendance, elles se détournent des débats philosophiques et politiques et se concentrent sur la recherche du *self improvement* (le perfectionnement individuel) et sur l'action caritative. Elles prônent la neutralité, la transparence, la visibilité. Encore aujourd'hui, c'est ce qui les différencie de la plupart de leurs homologues français (voir partie IV). Mais la ténébreuse affaire Morgan n'explique pas à elle seule l'évolution des loges américaines. Cette évolution tient aussi à des raisons historiques profondes.

Maçonnerie américaine et maçonnerie française sont toutes deux nées sous les Lumières et ont grandi sous deux révolutions. Mais la comparaison s'arrête là. Aux États-Unis, point de religion en situation de monopole et alliée à la monarchie ou au régime en place, et donc point de conflit entre les loges et l'Église. Les États-Unis n'ont pas connu non plus d'instabilité politique ou institutionnelle, hormis pendant la guerre de Sécession. Une fois que les Américains ont voté leur Constitution, ils l'ont gardée pour toujours. Pendant ce temps la France, elle, a connu trois révolutions, cinq républiques, un consulat, un empire et deux retours à la monarchie ! Entre la prise de la Bastille et l'installation définitive de la république, il s'est écoulé près d'un siècle. Sans compter les combats ultérieurs pour l'instauration de la laïcité et de la séparation de l'Église et de l'État. Les maçons français ont été emportés dans ce tourbillon pendant que leurs homologues américains goûtaient à la sérénité de leurs temples.

1. Voir Glossaire, « Adams ».

L'explosion des fraternelles

Les frères américains se veulent « apolitiques » mais ils ne se désintéressent pas pour autant des affaires « profanes ». Tout au long du XIXe siècle naissent une kyrielle d'organisations « paramaçonniques » – c'est une autre des spécificités de la maçonnerie d'outre-Atlantique. Ces associations sont liées à l'Ordre mais ne pratiquent pas d'initiation. Certaines jouent un rôle important dans la construction et l'organisation du pays. Dans *De la démocratie en Amérique*, Tocqueville raconte combien il a été frappé, au cours de son périple de 1831 dans le « nouveau monde », par cette aptitude des Américains à se regrouper autour de buts ou d'intérêts communs. « L'Amérique est le pays du monde où l'on a tiré le plus parti de l'association et où l'on a appliqué ce puissant moyen d'action à une grande diversité d'objets. » Inhérent à l'histoire d'une jeune nation en construction, cet *art of association* n'est pas l'apanage des francs-maçons, bien sûr. Mais les frères vont y exceller.

On ne compte plus les associations qu'ils ont créées. Ou qu'ils ont inspirées, car souvent des non-maçons se sont emparés des symboles et des principes des loges pour fonder leurs propres organisations. Dans *Biography of a Nation of Joiners*, l'historien Arthur Schlesinger cite le commentaire ironique d'un contemporain : « On ne peut même plus sortir boire un verre, corriger ses enfants ou embrasser sa femme sans demander la permission à une société morale. » Ces « sociétés » interviennent dans les domaines les plus divers, de la lutte contre l'alcoolisme à la défense des cordonniers, en passant par la promotion de la lecture. Au moment de l'industrialisation, entre 1870 et 1900, ce sont les fraternelles d'ouvriers qui commencent à éclore, reprenant souvent les rituels de la franc-maçonnerie [1] et se dotant de noms plus mystérieux les uns que les autres : The Royal Arcanum, The

1. On verra aussi un Tribe of Ben Hur, association d'agents d'assurances qui fonde ses rites d'initiation sur les aventures du héros antique narrées par un best-seller de l'époque !

Knights of the Maccabees, The Improved Order of Heptasophs... Certaines de ces unions fraternelles se transformeront en sociétés de secours mutuels, procurant assurances santé et décès, ou en syndicats. Le Noble Order of Knights of Labor of America, par exemple, fondé en 1869 par le maçon Uriah S. Stephens et fort de sept cent mille membres, milite pour la journée de huit heures ou la fin du travail des enfants.

La parade des shriners

La franc-maçonnerie, proprement dite, s'organise elle autour de deux rites dominants aux États-Unis, le Rite d'York, qui s'appuie principalement sur la Bible, et le Rite Écossais Ancien et Accepté (REAA). Elle n'est pas centralisée comme en France. Chaque État a sa propre Grande Loge. Toutes, ou presque, sont « régulières », c'est-à-dire reconnues par la Grande Loge unie d'Angleterre. Elles exigent donc de leurs membres la croyance en Dieu – autre différence capitale avec la France. La maçonnerie d'outre-Atlantique ignore tout ou presque du concept de laïcité à la française, puisqu'il est quasiment inconcevable pour un Américain de ne pas s'identifier à une communauté religieuse et encore plus de s'affirmer athée. Le maçon américain conjugue donc la plupart du temps pratique religieuse et fréquentation d'une loge. Et il ne se cache généralement pas de son appartenance maçonnique. Toutes les obédiences ont pignon sur rue. Elles ont construit des temples gigantesques à New York, Philadelphie, Boston ou Baltimore. Ces bâtiments impressionnants surprennent encore aujourd'hui le touriste français habitué à la discrétion des loges de l'hexagone. Les francs-maçons américains, eux, se sont toujours montrés. Au XIXe siècle, ils montent des pièces de théâtres racontant les « mystères du temple de Salomon » ou autres mythes maçons. Au siècle suivant, ils organisent des campagnes publicitaires ou des fêtes.

Certaines confréries paramaçonniques ont une visibilité spectaculaire. Parmi les plus connues, l'AAONMS, l'Ancient

Arabic Order of the Nobles of the Mystic Shrine (Ordre des nobles arabes anciens du sanctuaire mystique !) dont le rite fait référence aux *Mille et Une Nuits* et à la mystique soufie. Cet ordre [1], qui revendique aujourd'hui près de quatre cent mille membres à travers le monde, n'a pourtant rien à voir avec l'islam. Il a été inventé de toutes pièces en 1870, par son fondateur, un certain Flemming, vivement impressionné par le récit d'un ami : ce dernier avait assisté à une fête donnée à Marseille par un diplomate arabe ! Les shriners alignent nombre de célébrités : les acteurs Clark Gable ou Ernest Borgnine, le cosmonaute Buzz Aldrin, le créateur du FBI J. Edgar Hoover, les présidents Franklin D. Roosevelt ou Gerald Ford... Ils financent aujourd'hui près d'une vingtaine d'hôpitaux, suppléant à l'absence de système public de santé, participent à l'organisation des Oscars ou à des banquets en l'honneur des vedettes d'Hollywood. Ils défilent aussi dans de joyeuses parades, coiffés de leurs drôles de chapeau à la mode orientale. Aux États-Unis, on appelle cet ordre, parfaitement exotique pour un esprit français, *the playground for masons* (le terrain de jeu des maçons). Sa devise ? *« Mirth is King »* (l'hilarité est reine).

Skull and Bones, et compagnie

Cette passion américaine pour les fraternelles permet de mieux comprendre ce que sont les Skull and Bones (Crâne et Os). Cette association étudiante de l'université Yale, parfois confondue avec la franc-maçonnerie, a notamment compté parmi ses membres George Bush Junior, lequel a finement déclaré : « Lors de ma dernière année d'études, j'ai rejoint la société secrète Skull and Bones, une société tellement secrète que je ne peux en dire plus. » Il y a dans cette simple phrase de quoi occuper des générations de para-

1. Jusqu'en 2000, tous ses membres devaient obligatoirement avoir obtenu le 32e degré du Rite Écossais Ancien et Accepté ou le 14e degré du Rite d'York. Depuis la règle s'est assouplie.

noïaques. À entendre ceux qui ont déjà commencé à mouliner sur le sujet, plusieurs hommes politiques, patrons de journaux ou de multinationales ont fréquenté la confrérie. Rien ne sert de leur faire remarquer qu'étant donné le recrutement et l'enseignement de Yale, cela n'a rien de renversant. Ils sont persuadés que les « skullboniens » sont l'un des réseaux secrets les plus puissants de la planète ! Et qu'en outre, ils pratiquent lors de leurs cérémonies des rites effrayants.

Skull and Bones a été fondée en 1832 à Yale. C'est une fraternité étudiante comme il en existe des dizaines d'autres dans les universités américaines, discutant littérature ou politique, lors de réunions parfois très arrosées. Leurs cérémonies d'initiation peuvent être vaguement inspirées de la franc-maçonnerie. Elles se limitent parfois à des bizutages morbides ou potaches. Le « profil » des « skullboniens » est évidemment à l'image de l'université Yale, l'une des facultés les plus prestigieuses du monde. L'une des plus élitistes aussi : lors de sa fondation en 1701, les élèves n'étaient pas classés en fonction de leurs capacités ou de leurs résultats mais de la position sociale de leurs parents. Le règlement a changé bien sûr. Mais les critères de sélection de Skull and Bones sont toujours très exigeants. Chaque année quinze nouveaux étudiants sont cooptés par les anciens. Aujourd'hui, la « société secrète » occupe très officiellement un bâtiment, baptisé « le Tombeau », situé au milieu du campus de Yale.

Les fraternelles ou les ordres paramaçonniques épousent les contradictions de l'Amérique. Ils sont l'un des ciments de l'« Union », mais souvent ils cloisonnent par catégories ou communautés. Ils excluent aussi. Ainsi, les Noirs ont été longtemps tenus à « l'écart », c'est un euphémisme, par les obédiences maçonnes.

La franc-maçonnerie noire

Les maçons américains se gargarisaient de fraternité et d'égalité. Mais de là à accepter que les esclaves ou leurs descendants puissent « voir la lumière »... Dès 1775, pourtant, d'anciens esclaves, dont un dénommé Prince Hall, créent une loge pour les Noirs libres. Les maçons blancs les autorisent à se réunir, à organiser des processions ou des funérailles maçonniques mais leur refusent le droit d'initier : les apprentis maçons noirs doivent « recevoir leurs degrés » dans d'autres loges blanches. La loge Prince Hall – du nom de son fondateur – prend cependant son autonomie au fil des années. D'autres loges noires apparaissent, instaurant leurs propres légendes originelles. « Nier aux hommes noirs le privilège de la maçonnerie est comme nier à un enfant l'héritage de ses parents. D'où vient la maçonnerie si ce n'est d'Éthiopie, d'Égypte et d'Assyrie, occupées et peuplées par les enfants d'Hiram ? » explique par exemple Martin Delaney, médecin, major de l'armée américaine pendant la guerre de Sécession et « Père du nationalisme noir », dans son traité de franc-maçonnerie publié en 1853.

Pendant des années, les Grandes Loges traditionnelles ont trouvé mille prétextes pseudojuridiques pour nier la « régularité » de la maçonnerie noire. Entre 1905 et 1929, elles lui ont même intenté des procès. Ce n'est que dans les années 1990 qu'elles ont fini par la reconnaître. Aujourd'hui, frères noirs et frères blancs s'invitent mutuellement dans leurs réunions mais maçonnerie noire et maçonnerie blanche restent toujours séparées.

Le Ku Klux Klan sous le signe des Trois Points ?

Pendant la guerre civile américaine (1861-1865), qui oppose les États-Unis (« l'Union ») et les onze États esclavagistes du Sud (les « Confédérés ») qui ont fait sécession, les francs-maçons se retrouvent autant du côté des partisans de l'abolition que du côté de ses opposants. Parmi ces derniers, on trouve en particulier Albert Pike, l'un des penseurs les plus importants de la franc-maçonnerie américaine et une personnalité haute en couleur. Il vécut parmi les Peaux-Rouges et apprit leur langue, devint avocat, entra dans l'armée des confédérés. À la fin de la guerre, il s'installa à Washington et devint le Souverain Grand Commandeur du Rite Écossais dont il récrivit une version américaine. D'une érudition sans limites, il est l'auteur d'un livre touffu et controversé *(Morals and Dogma)*, comparant religions et civilisations du monde entier. Dans cet ouvrage de huit cents pages, Pike – souvent accusé, à tort, d'être un « luciférien » – assure que la franc-maçonnerie est née des anciens cultes païens. Son cosmopolitisme ne va pas pour autant jusqu'au combat contre la ségrégation. En avril 1868, alors que la guerre est terminée depuis trois ans et que l'esclavage est définitivement aboli, Pike lance un appel dans le journal dont il est propriétaire : « Nous voudrions réunir tout homme blanc du Sud qui est opposé au suffrage noir, dans un grand Ordre de la Fraternité Sudiste, avec une organisation complète, active, vigoureuse dans laquelle quelques-uns exécuteraient la volonté de tous, et dont l'existence même devrait être cachée à tous sauf à ses membres. »

Parce qu'il a tenu ces propos, Albert Pike est soupçonné d'avoir été l'un des fondateurs du sinistre Ku Klux Klan, créé en 1865 à la fin de la guerre de Sécession. Certains croient même reconnaître dans le sigle de l'organisation secrète, KKK, le terme *Kadosh*, un haut grade de chevalerie du Rite Écossais. Cette thèse comme les accusations portées contre Pike sont contestées par la plupart des historiens [1]. Le Klan a sans doute recruté des frères, puisqu'il avait des adeptes dans toutes les couches de la société. Mais

1. Plus généralement, on admet que le nom « Ku Klux Klan » vient du mot grec *kuklos*, qui signifie « cercle. » L'un des fondateurs de l'organisation, d'origine écossaise, aurait proposé ensuite de rajouter le mot *clan*, en remplaçant le *C* par un *K*.

il n'est en aucun cas une émanation des loges. De nombreux francs-maçons lui ont d'ailleurs mené une guerre sans merci.

Dissous en 1869, après avoir semé la terreur chez les Noirs libérés, le Klan a continué dans la clandestinité. Il est réapparu officiellement en 1915, ajoutant à sa liste d'ennemis les juifs et l'immigration « non nord-européenne », donc tout ce qui n'est pas protestant, donc le catholicisme, mais aussi l'athéisme, la libéralisation des mœurs, le féminisme, le communisme, le socialisme, le syndicalisme... Parmi ces WASP *(white anglo-saxon protestant)* remplis de haine, on trouve aussi des maçons dont Hugo Black qui deviendra plus tard sénateur de l'Alabama, puis juge à la Cour suprême.

Femmes de maçons

Si les Noirs ont dû se battre pour imposer leurs obédiences, la franc-maçonnerie féminine reste encore à inventer aux États-Unis. Le « sexe faible » n'a droit de cité qu'au sein des organisations paramaçonniques. Et encore leurs adhérentes doivent-elles être épouses, filles, sœurs ou veuves de francs-maçons. La plus ancienne de ces organisations est l'Easten Star (« Étoile d'Orient ») créée en 1850 à Boston. Elle se place sous le patronage des cinq héroïnes de la Bible et enseigne des vertus telles que l'obéissance, la dévotion, la fidélité, la foi, la charité. Tout un programme auquel il faut ajouter des œuvres philanthropiques. L'Order of the Amaranth (« l'ordre de l'Amarante ») a à peu près la même philosophie, mais un recrutement encore plus sélectif : pour y entrer, il faut avoir non seulement un lien de parenté avec un maçon mâle mais avoir aussi été membre d'un mouvement de jeunesse paramaçonnique (les Filles de Job par exemple qui accueille les demoiselles de dix jusqu'à vingt ans).

Malgré tout, le Droit humain, obédience mixte, s'est implanté dans quelques villes américaines. De même que d'autres obédiences « libérales » (le Grand Orient des États-Unis d'Amérique par exemple en 2007), mais elles ne sont toujours pas reconnues par la maçonnerie « régulière ».

Les « Visibles »

« Au début du XXe, la plupart des citoyens importants – présidents, sénateurs, juges, membres du clergé, businessmen, professeurs, artistes sont maçons », affirme l'historien Mark A. Tabert [1], lui-même initié. « Appartenir à une loge est presque une condition préalable à la respectabilité. » Le nombre de présidents francs-maçons est cependant bien moins important qu'on ne le croit. Quatorze présidents sur quarante-quatre ont appartenu à une loge : George Washington (1789-1797), James Monroe (1817-1825), Andrew Jackson (1829-1837), James K. Polk (1845-1849), James Buchanan (1857-1861), Andrew Johnson (1865-1869), James A. Garfield (1881), William McKingley (1897-1901), Theodore Roosevelt (1901-1909), William Howard Taft (1909-1913), Warren G. Harding (1921-1923), Franklin D. Roosevelt (1933-1945), Harry S. Truman (1945-1953) et Gerald Ford (1974-1977). Dans la période contemporaine donc, deux maçons se sont succédé sur seize années, enchaînant chacun deux mandats : Franklin D. Roosevelt de 1933 à 1945 et Harry S. Truman de 1945 à 1953. Depuis Gerald Ford (1974), aucun autre président n'est « passé sous le bandeau ». Mais la Chambre des représentants comme le Sénat comptent toujours des francs-maçons.

En loge, les discussions politiques restent bannies. Cette absence de tout débat sur le monde profane explique, selon certains francs-maçons, la baisse des adhésions et l'absentéisme qui sévit dans les loges. Depuis l'après-guerre en effet ces dernières ont commencé à désemplir. En partie victimes de leur visibilité. Souvent décriées pour leur « matéria-

1. Mark A. Tabert, *American Freemasons. Three Centuries of Building Communities*, New York University Press, 2005.

lisme », certaines ont fait de l'initiation un business. Pour accueillir les nouveaux membres, elles ont organisé des cérémonies collectives, où les candidats se pressent par dizaines, « décrochant » leurs hauts grades (du 4e au 32e) en trois jours. « La quantité a remplacé la qualité [1]. » Ces loges sont devenues des sortes de clubs, au même titre que le Rotary ou les Lions, une marche nécessaire vers l'ascension sociale. Et encore. Dans les années 1950 et 1960, la franc-maçonnerie, démodée par le nouveau *American way of life*, n'est plus le passage obligé de la sociabilité. Au cours des dernières années, ses effectifs sur le sol américain ont été divisés par deux. Ils seraient passés de quatre millions de membres à deux millions. Une influence inversement proportionnelle à la profusion d'ouvrages littéraires ou pseudoscientifiques qui continuent à leur prêter un rôle déterminant.

1. *Ibid.*

Deuxième partie

Les mythes fondateurs

10

Le temple de Salomon

Dès sa fondation, la franc-maçonnerie moderne s'est inventée une histoire des origines qui s'est enrichie tout au long du XVIIIe siècle. Cette mythologie se rapporte, principalement, au temple de Salomon, à l'ordre des Templiers et à la confrérie des Rose-Croix. Autant de récits légendaires qui ont profondément influencé les symboles et les rites francs-maçons. En puisant à des sources très diverses, la franc-maçonnerie s'est ainsi dotée d'une filiation mythique par laquelle elle se rattache à une tradition multiséculaire. Il n'en fallait pas moins pour asseoir la légitimité, et la profondeur historique, de cette héritière, selon les Constitutions d'Anderson, d'une « très ancienne et très vénérable Confrérie ». Confrérie dont le premier grand maître aurait été le roi Salomon.

Un Temple de légende

En 1723, en effet, le pasteur James Anderson, chargé par la Grande Loge d'Angleterre de graver dans le marbre les règles de la franc-maçonnerie, inscrit dans ses constitutions, encore en vigueur aujourd'hui, une sorte de légende dorée de la franc-maçonnerie. Un très long exposé mythologique la fait remonter à Adam auquel le Grand Architecte de l'Univers aurait transmis, entre autres savoirs, la géométrie, science majeure des bâtisseurs. Ce savoir serait parvenu aux guildes de maçons bâtisseurs de cathédrales, en passant par toutes sortes de personnages comme Noé, les mages chaldéens, Pythagore, Ptolémée et encore les rois d'Écosse. Mais c'est l'épisode consacré au temple de Salomon qui a laissé l'empreinte la plus profonde dans le légendaire maçonnique.

Le Temple fut construit à une époque où « la Maçonnerie était sous le soin et la direction immédiate du Ciel », écrit Anderson. Dans le même passage, il présente le « sage roi Salomon » comme le « Grand Maître de la Loge de Jérusalem ». Quant au Temple lui-même, Anderson le décrit comme un « édifice somptueux », d'une perfection inégalée. Depuis des siècles, ce mythe né des récits bibliques contant la construction du temple de Salomon à Jérusalem a excité l'imaginaire. Même son édification relève du merveilleux, comme le souligne ce passage du Ier Livre des Rois, selon lequel « on n'entendit ni marteaux, ni pics, ni aucun outil de fer dans le Temple durant sa construction... » D'où l'on peut imaginer qu'il n'y a pas eu besoin d'ajuster ses éléments, au moment de les assembler, tant ils avaient été façonnés avec un art sans pareil.

Une autre source a inspiré Anderson. Elle a pour origine les récits légendaires de bâtisseurs transmis au sein des guildes des maçons du Moyen Âge auxquelles se rattache symboliquement la franc-maçonnerie moderne. On en trouve trace dans le manuscrit Cooke (début du XVe siècle), l'un des plus anciens documents connus de cette tradition des « Old Charges » (Anciens Devoirs). Selon ce récit, « à la construction du Temple sous le règne de Salomon, il est dit dans la Bible (...) que Salomon avait quatre milliers de maçons à son service. (...) Salomon en personne leur enseigna leurs usages, qui n'étaient guère différents des usages actuels. Puis cette puissante science fut introduite en de nombreux pays... » Et, toujours selon cette mythologie, elle s'est perpétuée tout au long des siècles au sein des guildes de maçons perfectionnant leur art tout en préservant ses secrets qui ne sont dévoilés qu'aux seuls initiés.

Le meurtre d'Hiram

Idéal des bâtisseurs de cathédrales, le temple de Salomon est ainsi devenu, de manière symbolique, comme nous le verrons plus loin, celui des francs-maçons modernes. Mais il fallait un maître d'œuvre à la hauteur de cette construction tout aussi monumentale que parfaite. C'est ici qu'entre en scène le personnage biblique d'Hiram. « Le maçon le plus accompli de la terre », selon les Constitutions d'Anderson de 1723, est bientôt attaché au grade de maître qui, après ceux d'apprenti et de maçon, couronne l'initiation maçonnique (voir chapitre 14). Surtout, il devient, au fil des récits et des rituels produits par l'imaginaire franc-maçon du XVIIIe siècle, l'architecte mythique du temple de Salomon.

Cette légende maçonnique d'Hiram est un mythe en partie inspiré de la Bible où l'on trouve plusieurs personnages du même nom, tous en rapport avec la construction du temple de Salomon (Ier Livre des Rois, notamment le chapitre 7, et IIe Livre des Chroniques, chapitre 2). Il y a ainsi un Hiram, roi de Tyr (Liban actuel), qui fournit à Salomon des ouvriers et des matériaux rares, dont le bois de cèdre indispensable pour la charpente de l'édifice. Hiram est aussi le nom d'un artisan polyvalent, spécialiste du bois et des métaux précieux, lui aussi envoyé par le roi de Tyr pour la construction du Temple. Il y a, enfin, Hiram-Abi, artisan du bronze, fils d'un Tyrien et d'une veuve de la tribu israélite de Nephtali. De là viendra l'expression désignant les francs-maçons comme les « enfants de la Veuve ».

Ces deux dernières figures d'Hiram, celles d'artisans émérites, ont été confondues dans le mythe des origines de la franc-maçonnerie. L'histoire que raconte cette légende est pourtant très éloignée de sa source biblique. Elle fait d'Hiram le grand architecte du Temple et son maître d'œuvre qui a organisé les ouvriers en trois grades (apprentis, compagnons et maîtres maçons). Chacun d'eux a son propre mot de passe qui permet, notamment, de percevoir le salaire en rapport avec sa qualification. Un jour, trois compagnons projettent d'extorquer à Hiram le mot de passe correspondant au grade de maître maçon. Au cours d'une inspection nocturne, Hiram se heurte à chacun d'eux qui le frappe – car il refuse de révéler son secret –, avec l'outil symbolisant son travail (marteau, ciseau, compas). Les assassins enterrent ensuite son corps, à distance du Temple. L'un d'eux fiche, dans la terre retournée, une branche morte d'acacia. Mais elle va reverdir et permettre ainsi aux maîtres maçons, chargés par Salomon de rechercher son architecte, de trouver la tombe d'Hiram. Sa dépouille est alors transportée à l'intérieur du Temple lors d'une cérémonie de funérailles en grande pompe.

Ce récit mythique fait d'Hiram l'incarnation du maçon accompli. Il souligne son intégrité morale et son courage puisqu'il préfère mourir plutôt que de révéler les secrets initiatiques dont il est le dépositaire. C'est ce psychodrame, en forme de mort et de renaissance, qui est rejoué, de manière symbolique, dans les rituels maçons lors de l'accession au grade de maître. Pour les francs-maçons du XVIIIe siècle, et pour nombre d'entre eux encore aujourd'hui, le destin d'Hiram évoque celui du Jésus crucifié des chrétiens. Pour d'autres, il s'apparente à celui d'Osiris dans la mythologie égyptienne. Le sacrifice d'Hiram exprime ainsi la dimension sacrée des origines de la franc-maçonnerie telles qu'elles ont été forgées au XVIIIe siècle. Une sacralité qui s'applique en premier lieu à la loge maçonnique où se tiennent les réunions appelées tenues.

Du Temple à la loge

Couramment appelée temple, la loge est une copie du temple de Salomon. À l'origine de la franc-maçonnerie, les frères en crayonnaient l'architecture symbolique sur le sol de la salle où ils se réunissaient. Cette tradition s'est perpétuée dans le « tapis de loge » toujours exposé lors des tenues.

Y sont notamment représentées les deux colonnes encadrant l'entrée du temple mythique. « Cette représentation du temple de Salomon, au cœur de la loge, montre le désir de faire savoir aux nouveaux adeptes que cette maçonnerie qui les initie à ses mystères se situe dans la continuité de celle censée avoir bâti le premier temple à la gloire de l'Éternel », souligne l'historien André Combes.

Les loges maçonniques ont ainsi été construites en reprenant cette symbolique inspirée par les éléments architecturaux du temple de Salomon décrits dans la Bible. De forme rectangulaire, elles sont toujours orientées sur un axe est-ouest. Située à l'occident, l'entrée est encadrée par deux colonnes décorées, comme le rapporte la Bible à propos des deux colonnes de bronze du temple de Salomon, par les lettres « J » *(Jachin)* et « B » *(Boaz)*, deux mots hébreux dont l'association signifie « il établira dans la force ». Au sol, un plancher en damier est censé représenter le saint des saints du temple de Salomon. À l'orient, d'où vient la lumière, siège, sur une estrade comme le roi, le vénérable maître qui préside la tenue. Quant aux trois surveillants, chargés de son bon déroulement, leur position dans la salle de loge correspond aux trois entrées du temple biblique.

Tout fait sens dans le temple maçonnique. Ses deux colonnes sont surmontées de grenades ouvertes, ou de globes terrestres, symbolisant la fraternité universelle des maçons. Le plafond est décoré d'une voûte étoilée inscrivant le temple maçonnique dans un cadre cosmique, celui de l'unité de la terre et du ciel. Sur le mur situé à gauche de l'entrée, une étoile à cinq branches symbolise l'homme accompli. En son centre figure la lettre « G » signifiant, selon les interprétations, Dieu *(God)*, la connaissance *(gnose)* ou encore la géométrie, science majeure des bâtisseurs. À l'orient, souvent de forme circulaire, est représenté, au-dessus de la chaire du vénérable maître, le « delta lumineux » : un triangle où figure, au centre, l'œil représentant la conscience, ou, selon l'obédience, le tétragramme biblique du nom de Dieu, YHVH (Yeovah). Ce symbole est souvent encadré par une représentation du soleil et de la lune. Sur une petite table, appelée parfois l'« autel des serments », peuvent être disposés la Bible, ouverte au Livre des Rois de l'Ancien Testament, ou à l'Évangile de Jean du Nouveau Testament, mais aussi le Coran, ou d'autres livres sacrés, ou seulement, au sein d'une obédience résolument laïque, le livre de ses Constitutions ouvert sur ses principes fondamentaux.

L'ensemble de ces symboles concourt à faire du temple maçonnique un espace sacré, comme peut parfois le rappeler le vénérable maître en déclarant, lors de l'ouverture des travaux : « Mes frères, nous ne sommes plus dans le monde profane... » Si le temple n'est pas un lieu de culte, il relève incontestablement du religieux. Tout y est symbolique, mais aussi ritualisé : l'ouverture et la clôture des travaux, les cérémonies d'initiation et de réception aux différents degrés, les déplacements dans le temple... Ou encore la « chaîne d'union », un des moments forts du cérémonial maçonnique au cours duquel les assistants, formant une chaîne, écoutent le vénérable maître lire ce texte : « Mes frères, n'oublions jamais que l'amour fraternel est la base, la pierre angulaire, le ciment et la gloire de notre vieille confrérie. Que nos cœurs se rapprochent en même temps que nos mains, que l'amour fraternel unisse tous les maillons de cette chaîne formée librement par nous. (...) Cette chaîne nous lie dans le temps comme dans l'espace ; elle nous vient du passé et tend vers l'avenir. (...) Enrichissons-la de nombreux et solides anneaux de pur métal et, élevant nos esprits vers l'idéal de notre ordre, efforçons-nous de rapprocher tous les hommes par la fraternité. » Le temple est, en lui-même, le symbole de cet idéal maçonnique. Il ne s'agit pas de reconstruire le mythique édifice de Salomon mais son « temple intérieur » en travaillant à sa transformation personnelle par l'initiation maçonnique et de participer ainsi à l'édification du « temple extérieur », celui d'une humanité plus juste et plus éclairée...

11

Les Templiers

La chevalerie prend place, dès les années 1730, dans la légende des origines de la franc-maçonnerie. Le thème connaît un rapide succès, notamment en France. L'un des principaux artisans de cette construction mythologique est, on l'a vu, le chevalier André Michel de Ramsay (1686-1743). Issu d'une noble famille écossaise, et diplômé maître ès arts de l'université d'Édimbourg, le jeune Ramsay est venu en France en 1709. Attiré par la mystique, il se fait le disciple de Fénelon, évêque de Cambrai, séduit par son catholicisme piétiste. Il devient, pour un temps, le précepteur de quelques têtes princières, en France puis en Italie. Au cours d'un séjour à Londres, Ramsay est reçu membre de la Royal Society, en 1729, et probablement initié à la loge Horn en 1730. À son retour en France, il fréquente les cercles francs-maçons parisiens.

Promu grand orateur de l'Ordre maçonnique en France, Ramsay est l'auteur d'un fameux *Discours* qu'il n'a sans doute jamais prononcé, mais dont la publication, en 1737, a eu un grand retentissement dans les milieux maçonniques. Ce texte se présente comme un discours de bienvenue à l'intention des nouveaux initiés. Il récapitule les qualités nécessaires à celui qui veut devenir franc-maçon, les buts et l'idéal de la franc-maçonnerie. Sa deuxième partie en expose les origines et l'histoire, faisant remonter les loges maçonniques aux croisades en les rattachant à la chevalerie.

En voici l'extrait le plus significatif. « Du temps des guerres saintes dans la Palestine, plusieurs princes, seigneurs et artistes entrèrent en société, firent vœu de rétablir les temples chrétiens dans la Terre sainte, s'engagèrent par serment à employer leur science et leurs biens pour ramener l'architecture à la primitive institution. Ils convinrent de plusieurs signes anciens, de mots symboliques tirés du fond de la religion, pour se distinguer des infidèles (...). On ne communiquait ces signes et ces paroles qu'à ceux qui promettaient solennellement, et souvent au pied des autels, de ne jamais les révéler. (...) Quelque temps après, notre ordre s'unit intimement avec les chevaliers de Saint-Jean de Jérusalem. Dès lors et depuis nos loges portèrent le nom de loges de Saint-Jean dans tous les pays. Cette union se fit en imitation des Israélites, lorsqu'ils rebâtirent le second Temple, pendant qu'ils maniaient d'une main la truelle et le mortier, ils portaient de l'autre l'épée et le bouclier. »

De la Terre sainte à l'Écosse

Plus loin, Ramsay explique comment l'ordre maçonnique est passé de la Terre sainte à l'Europe. « Les rois, les princes et les seigneurs, en revenant de la Palestine en leurs pays, y établirent des loges différentes. Du temps des dernières croisades, on voit déjà plusieurs loges érigées en Allemagne, en Italie, en Espagne, en France et de là en Écosse, à cause de l'intime alliance qu'il y eut alors entre ces deux nations. Jacques Lord Stewart d'Écosse fut grand maître d'une loge établie à Kilwinnen, dans l'ouest de l'Écosse, en l'an 1286, peu de temps après la mort d'Alexandre III roi d'Écosse et un an avant que Jean Baliol monte sur le trône. Ce seigneur écossais reçut comme *Free-Maçons* dans sa loge les comtes de Gloucester et d'Ulster, seigneurs anglais et irlandais... » Suit une dégénérescence de l'ordre qui explique, toujours selon Ramsay, le silence des historiens à ce sujet pendant plusieurs siècles. Jusqu'à la renaissance de la franc-maçonnerie, dans sa version moderne, au tournant des XVIIe et XVIIIe siècles.

Mais ce sont d'autres prolongements de la mythologie chevaleresque de la franc-maçonnerie qui l'ont rattachée aux Templiers. Notamment celui apparu en Silésie avec l'ordre de la Stricte Observance templière que fonde, en 1751, le baron Karl Gotthelf. Selon le récit de ses origines, cette obédience maçonnique s'affirme en effet comme l'héritière des chevaliers de l'Ordre du Temple. Après sa destruction et le supplice de son grand maître Jacques de Molay, cette légende raconte que le grand maître provincial d'Auvergne, Pierre d'Aumont, se serait « enfuit avec deux commandeurs et cinq chevaliers. Pour ne pas être reconnus, ils se déguisèrent en maçons ». Au terme de leur fuite, ils auraient abordé « sur l'île écossaise Mull » et y auraient retrouvé d'autres frères avec lesquels « ils résolurent d'y constituer l'Ordre ». Ce qui aurait été fait à la Saint-Jean 1312 – alors que Jacques de Molay a été brûlé à Paris en 1314... Toujours selon ce récit légendaire, « Aumont fut nommé grand Maître ». Puis, « pour se soustraire aux persécutions, ils [Aumont et les chevaliers] adoptèrent des signes et des mots, à la manière des maçons, et se nommèrent *maçons libres et acceptés*, pour indiquer qu'ils s'étaient mis en liberté et avaient accepté d'autres usages ». Enfin, la résidence du grand maître aurait été transplantée à Aberdeen en 1631. « C'est de cette manière que l'Ordre a été conservé et répandu », est-il encore précisé.

La Stricte Observance templière connaît un grand succès en Europe, notamment en Allemagne où l'ordre tente de s'imposer aux autres obédiences maçonniques. Mais de nombreuses divisions, et l'incapacité du baron Gotthelf à apporter les preuves irréfutables de la filiation avec les Templiers, ont entraîné son éclatement et sa disparition. Il a toutefois en partie survécu par l'intermédiaire de Jean-Baptiste Willermoz (déjà évoqué p. 59) qui s'en est inspiré pour créer l'Ordre des Chevaliers Bienfaisants de la Cité Sainte dirigé par des Grands Prieurés. Négociant lyonnais en soierie et figure de la maçonnerie chrétienne mystique,

Willermoz a aussi été influencé par deux personnages clés de la maçonnerie ésotérique : Martinès de Pasqually et Louis Claude de Saint Martin (voir chapitre 15). Il a renoncé aux divagations templières de la Stricte Observance tout en conservant, de son idéal templier, la dimension mystique et christique.

L'œuvre de Jean-Baptiste Willermoz a directement inspiré le Rite Écossais Rectifié (RER) adopté par le convent des Gaules tenu à Lyon en 1778. Quant au chevalier de Ramsay, si rien ne démontre, d'un point de vue historique, qu'il en est l'inventeur, il est néanmoins considéré comme le père spirituel du Rite Écossais Ancien et Accepté (REAA) qui s'ébauche en France à partir de 1740 avant d'être formalisé en 1804, après un détour par les Amériques. Ces rites trouvent leur origine dans la prolifération des systèmes de hauts grades développés au sein de la franc-maçonnerie du XVIIIe siècle durant la vogue chevaleresque. Les systèmes de hauts grades viennent s'ajouter aux trois grades (apprenti, compagnon, maître) communs à tous les rites maçonniques. Ils sont aujourd'hui considérés comme une voie de perfectionnement du grade de maître maçon, sans qu'ils confèrent une supériorité hiérarchique. Ce qui n'a pas été le cas au XVIIIe siècle, les hauts grades introduisant une forme d'inégalité contraire à la lettre et à l'esprit de la franc-maçonnerie originelle. La raison la plus souvent invoquée de cette innovation est la volonté d'opérer une sélection, car trop de frères se montraient davantage intéressés par les banquets que par l'initiation maçonnique. Mais le succès des hauts grades vient encore probablement de ce qu'ils flattaient autant une aristocratie, toujours soucieuse de distinctions, que des roturiers auxquels ils conféraient en quelque sorte leurs lettres de noblesse. S'y ajoute le fait que les hauts grades ont été aussi une voie d'expression largement investie par les courants ésotériques et mystiques de la franc-maçonnerie, en opposition aux excès rationalistes et déistes du siècle des Lumières.

Aux côtés du temple de Salomon et de son architecte Hiram, la greffe de la chevalerie et des Templiers a ainsi définitivement pris place sur l'arbre mythique de la généalogie franc-maçonne. En témoignent, encore aujourd'hui, les titres de hauts grades comme ceux, dans le REAA, Sublime Chevalier élu, Chevalier d'Orient et d'Occident, Grand Commandeur du temple, Grand Élu Chevalier Kadosch (« saint » en hébreu), 30e haut grade du REAA dont la symbolique fait référence au bûcher de Jacques de Molay. Au-delà de leur engagement chevaleresque, plusieurs raisons peuvent en partie expliquer la fascination exercée par les Templiers. Ils furent aussi un ordre de grands bâtisseurs et ont pratiqué le secret, cher à la franc-maçonnerie. Cette filiation légendaire pourrait aussi venir d'une identification au sort des Templiers devenus, à la suite de toute une littérature apparue au XVIIe siècle, incarnation parfaite des victimes de l'arbitraire royal et de celui de l'Église romaine. Quant à leur prétendu refuge en Écosse, cette légende était d'une certaine façon obligatoire. Avec, cette fois, une part de fondement historique, compte tenu de la contribution des maçons écossais à la filiation, elle aussi mythologique, de la franc-maçonnerie spéculative avec la franc-maçonnerie opérative du Moyen Âge. Ainsi, ces origines prestigieuses relèvent essentiellement de la légende et du symbole.

Les Templiers, il faut le dire, n'ont pas enflammé que l'imaginaire des francs-maçons. « Pape Clément ! Chevalier Guillaume de Nogaret ! Roi Philippe ! Avant un an, je vous cite à paraître au tribunal de Dieu pour y recevoir votre juste châtiment. Maudits ! Maudits ! Soyez tous maudits jusqu'à la treizième génération de votre race [1]. » Qui ne connaît pas cette célèbre tirade que Maurice Druon, l'auteur des *Rois maudits*, prêta au maître de l'ordre du Temple alors en passe d'être occis sur le bûcher... Mais Jacques de Molay a-t-il vrai-

1. Maurice Druon, *Les Rois maudits* : *Le Roi de fer* (vol. 1), Éditions Del Duca, 1955.

ment proféré cette terrifiante malédiction ? Une constatation s'impose en effet : peu d'ordres religieux ont nourri autant de légendes et de fantasmes que celui des Templiers. Possesseurs du Graal, découvreurs de l'Amérique, propriétaires d'un fabuleux trésor que certains s'échinent encore à mettre au jour, les chevaliers du Temple continuent d'inspirer les amateurs de mystères en tout genre. Dans son *Da Vinci Code*, Dan Brown accréditait déjà la théorie selon laquelle le véritable objectif – caché, bien sûr – de ces moines-soldats était de « retrouver les fameux documents ensevelis dans les ruines du temple de Jérusalem ». Au risque de décevoir les amateurs d'ésotérisme, essayons de voir qui étaient réellement les Templiers, en nous en tenant strictement à ce que les témoignages historiques rapportent à leur sujet.

La vraie histoire des Templiers

Pour comprendre la création en Terre sainte, au début du XIIe siècle, de l'ordre du Temple, il faut remonter un peu plus dans le temps, à une époque où le monde est en passe de connaître un nouveau visage. Ce bouleversement, c'est une religion qui va le provoquer : l'islam. Née au VIIe siècle en Arabie, la foi nouvelle transmise par le prophète Mohammed connaît une diffusion spectaculaire – foudroyante, même ! – de la Perse au bassin méditerranéen en passant par l'Asie centrale... et même par l'Europe, puisque la péninsule Ibérique est conquise en 711, avant que Charles Martel ne parvienne à mettre en échec les armées musulmanes devant Poitiers (732). En quelques siècles, les conquêtes arabes instaurent un « nouvel ordre mondial ».

Jérusalem, cité ô combien sacrée pour les juifs et les chrétiens, tombe aux mains des Arabes en 638. Les Lieux saints chrétiens de Palestine – le tombeau du Christ dans la basilique du Saint-Sépulcre, le mont des Oliviers, l'église de la Dormition de la Vierge à Jérusalem, mais aussi la grotte de la Nativité à Bethléem, le tombeau des Patriarches à Hébron, le Jourdain où Jésus avait été baptisé –, tous ces sites sanctifiés par la Bible deviennent dès lors plus difficilement accessibles aux pèlerins. Comble d'infamie, les musulmans détruisent, en 1009, le Saint-Sépulcre.

La première croisade (1096-1099) et la naissance des États latins d'Orient

À une époque où la société occidentale – la chrétienté – est en totale symbiose avec l'Église, qui modèle et rythme la vie quotidienne, cette situation est insupportable. En novembre 1095, le pape Urbain II décide de riposter. Développant la notion de « guerre juste », il légitime la lutte contre l'infidèle musulman et promet l'indulgence plénière (c'est-à-dire la remise de la pénitence imposée pour le pardon des péchés) aux croisés qui iront combattre en Terre sainte. Dans un prêche enflammé prononcé à Clermont, il galvanise la foule. Et ils sont nombreux les pèlerins en armes qui répondront à cet appel : « Dieu le veut ! » s'exclament-ils.

Mal équipés, désorganisés, les croisés parviennent pourtant, en 1097, à s'emparer d'Édesse (aujourd'hui Urfa en Turquie). En 1098, c'est au tour d'Antioche (actuelle Turquie) et, le 15 juillet 1099, Jérusalem retombe dans le giron chrétien. Les musulmans qui peuplent la Ville sainte sont passés au fil de l'épée. Dans la foulée, les croisés créent les quatre États latins d'Orient : le royaume de Jérusalem (qui s'étend des montagnes du Liban au désert du Sinaï, et sera quelques années plus tard enrichi des cités d'Arsouf, Césarée, Acre, Beyrouth et Sidon), le comté de Tripoli (Liban actuel), la principauté d'Antioche et le comté d'Édesse.

Si le rapport des forces a changé, la partie n'est pas pour autant gagnée du côté des Latins : peu nombreux en ces territoires lointains, leur sécurité est précaire et les pèlerins qui effectuent le fameux « voyage à Jérusalem » – le terme de « croisade » n'existe pas encore – se font régulièrement détrousser, voire massacrer par les musulmans. Assurer leur sécurité, de même que la pérennité des États latins d'Orient, devient urgent. C'est dans ce contexte que va naître l'ordre du Temple.

Des moines-soldats au service des pèlerins

Quelques seigneurs décident en effet de rester en Terre sainte afin de protéger les fragiles conquêtes et les « paumiers », ainsi que l'on nommait les pèlerins au Moyen Âge (en raison de la palme qu'ils arboraient, équivalent de la célèbre coquille des voyageurs de Compostelle). Parmi ces chevaliers, deux sont passés à la postérité : Hugues de Payns et Godefroy de Saint-Omer. Ils parviennent à rallier à leur cause des nobles qui se donnent, vraisemblablement en 1119, le nom de « Pauvres Chevaliers du Christ ». L'ordre du Temple est en gestation : pour le moment, il ne s'agit que d'une milice rattachée aux chanoines du Saint-Sépulcre. Hugues de Payns en sera le premier maître. Personnage éminemment charismatique, ce seigneur originaire de Champagne où il serait né vers 1070 incarne l'esprit chevaleresque par excellence. Marié et père de trois enfants, il avait déjà effectué un premier voyage en Terre sainte avant d'y retourner pour s'y installer, sans son épouse, en 1114.

Étrange initiative que celle de cet homme qui souhaite associer vie militaire et vie religieuse, puisque les Chevaliers du Christ prononcent les trois vœux de pauvreté, de chasteté et d'obéissance des religieux. Si cette conception de la vie religieuse peut paraître pour le moins originale – voire choquante – aux yeux de nombreux clercs, elle n'est pas pour déplaire au roi de Jérusalem, Baudouin II, désespérément en quête de volontaires pour sécuriser les Lieux saints. Aussi approuve-t-il volontiers, lors du concile de Naplouse en 1120, le projet d'Hugues de Payns et, avec l'accord du patriarche du royaume, la milice des Pauvres Chevaliers est affranchie de la tutelle du Saint-Sépulcre. Baudouin II les installe dans son palais situé sur l'esplanade du Temple, ce qui leur vaudra le nom de Templiers.

Ce temple auquel on les identifie n'est autre que celui qui aurait été bâti par le roi Salomon au Xe siècle avant notre ère sur le mont Moriah (connu également de nos jours sous le nom d'esplanade des Mosquées). La construction de ce monument somptueux, lieu essentiel de la vie religieuse juive, est évoquée notamment dans le Ier Livre des Rois (chapitres 6 à 8). « Tout le Temple, il le revêtit d'or, absolument tout le Temple » (I Rois 6, 22). Selon la tradition juive, l'Arche d'Alliance contenant les Tables de la Loi s'y trouvait. Saccagé en 587 avant notre ère par le belliqueux Nabuchodonosor II de Babylone, le temple de Jérusalem fut reconstruit à partir de 538 avant notre ère sous la conduite du prêtre Esdras. Ce monument, appelé « second Temple », a été considérablement agrandi par Hérode le Grand, au tournant de notre ère... avant d'être détruit par les Romains en 70, à la suite d'une révolte du peuple juif. Et c'est sur ce site emblématique que fut élevé, à la fin du VIIe siècle, un joyau de l'architecture musulmane, la Coupole du Rocher, cette dernière étant transformée à l'époque des croisés en une église dite *Templum Domini*, le temple du Seigneur. Ou comment les trois religions monothéistes investirent un même lieu de la sacralité la plus absolue... De fait, le lieu qui avait été dévolu aux Templiers n'était pas situé sur le lieu de l'antique temple de Salomon, mais sur le palais de ce roi (actuelle mosquée al-Aqsa). Qu'à cela ne tienne : les Templiers associeront volontiers leur ordre au prestigieux Temple, et c'est d'ailleurs la Coupole du Rocher – autrement dit, le *Templum Domini* – qu'ils représenteront sur leur sceau, même s'ils ne possèdent pas ce site.

Mais revenons à la genèse de l'ordre du Temple. Force est de constater qu'à cette époque rien ne laissait présager du succès qu'allaient connaître les Templiers quelques décennies plus tard. Car les débuts sont difficiles. Les recrues se font rares : quelques dizaines de chevaliers, tout au plus.

Huit ans après la création de la milice, le constat est clair pour Hugues de Payns et ses proches compagnons : s'ils veulent assurer la pérennité de l'Ordre, il leur faut retourner en Europe afin d'y chercher l'appui du pape. Et de prendre la mer en 1127, direction l'Occident...

Le coup de pouce de saint Bernard

C'est à l'automne de la même année que le maître et ses acolytes – Godefroy de Saint-Omer, Payen de Montdidier, Archambaud de Saint-Amand, Geoffroy Bisol et un dénommé Roland – parviennent à leur destination. Dès lors, une véritable « tournée des popotes » commence. Son objectif est triple : attirer les dons et les vocations ; doter la milice d'une règle et, ce faisant, l'instituer officiellement en ordre ; justifier leur double mission, à la fois militaire et religieuse pour faire taire les critiques de ceux qui voient là une aberration. La réussite sera éclatante sur tous les points. Les Chevaliers du Christ, par la sincérité de leur démarche, par la force de leur foi, rallient à leur cause moult seigneurs : les donations affluent, tandis que de prestigieux candidats au départ se manifestent (notamment le puissant comte Foulques V, grand prince d'Occident, auquel le roi de Jérusalem a promis la main de sa fille Mélisende). Et Hugues de Payns ne se cantonne pas au royaume de France : il ratisse large, de la Flandre à l'Écosse et à l'Angleterre où il trouve un allié de poids en la personne du souverain Henri Ier.

Mais un coup de pouce véritablement providentiel allait lui être donné par le déjà très célèbre Bernard de Clairvaux (futur saint Bernard), figure de proue du puissant ordre de Cîteaux. Sollicité par Hugues de Payns pour trouver une légitimation aux actes de violence que ces religieux atypiques peuvent être amenés à commettre, l'abbé de Clairvaux va se livrer à une véritable apologie de la milice. « En tuant un malfaiteur, explique-t-il dans son *De laude novae militiae* (Éloge de la nouvelle milice), [le templier] ne se comporte pas en homicide, mais, si j'ose dire, en "malicide". Il est tenu pour "justifier du Christ à l'égard de ceux qui font le mal", et pour défenseur des chrétiens. Vient-il lui-même à se faire tuer ; on sait bien en cela qu'il n'est pas allé à sa perte mais qu'il est parvenu au but. La mort qu'il inflige est donc un bien pour le Christ ; et celle qu'il reçoit, un gain pour lui-même. »

Non content de leur fournir ces arguments imparables, Bernard de Clairvaux va être l'inspirateur de la règle du nouvel ordre, approuvée lors d'un concile réuni à Troyes en janvier 1129. Les prestigieux personnages qui y participent n'ont pas mis longtemps à comprendre que l'action des moines-soldats aurait aussi tout son sens en Espagne, où la Reconquête – *Reconquista* – sur l'infidèle est menée tambour battant, même si elle ne s'achèvera qu'en 1492 ; les renforts des Templiers seront assurément les bienvenus. Dotée d'une règle dans laquelle l'influence cistercienne est très forte, la milice des Pauvres Chevaliers est désormais, à proprement parler, un ordre.

Une communauté fortement structurée

C'est une organisation toute militaire qui régit l'Ordre, comme le montre la terminologie employée pour décrire la hiérarchie de l'Ordre : au sommet, le maître – plus tard appelé grand maître – lequel réside en Terre sainte. Si son autorité est incontestable, il ne dispose pas pour autant de pouvoirs illimités ; il est secondé par le sénéchal, son lieutenant, qui assume ses responsabilités en cas d'absence. Viennent ensuite le maréchal, qui incarne l'autorité militaire de l'Ordre ; le commandeur de la terre et royaume de Jérusalem, qui dirige la première province, mais qui remplit aussi le rôle de trésorier ; le commandeur de la cité de Jérusalem, qui s'occupe de protéger les pèlerins ; et enfin les commandeurs des autres provinces de Terre sainte et d'Europe.

Signe particulier des Templiers : la fringante robe blanche parée de la croix vermeille. Toutefois, seuls les chevaliers sont habilités à la porter, les autres membres de l'Ordre devant se contenter d'une robe de bure sombre. Que l'on ne se méprenne pas, en effet : tous les membres de l'ordre du Temple ne sont pas des chevaliers, loin s'en faut. L'élite qu'ils constituent est entourée d'une multitude de frères occupant des fonctions diverses : sergents, gestionnaires de domaines, porchers, agriculteurs, forgerons... Tous les Templiers, en outre, ne sont pas des nobles : l'ordre recrute dans toutes les couches de la société. Bien qu'en principe interdits, des enfants, et même des femmes, ces agentes bien malgré elles du démon (« car le diable ancien, en compagnie de femmes, a détourné plusieurs du droit sentier du paradis », nous dit la règle du Temple), sont rattachés de près ou de loin à la communauté...

Un engagement religieux manifeste

« Jamais soignés, rarement lavés, la tignasse et la barbe négligemment hirsutes, ils sont couverts de poussière, et noircis par le haubert et par la chaleur » : tel est le portrait que saint Bernard dresse des frères Templiers. On est à mille lieues de l'image traditionnelle des moines, que l'on imagine plus volontiers tonsurés, reclus derrière le cloître de quelque abbaye où ils s'adonnent à des prières interminables. Et pourtant, les Templiers sont bel et bien des religieux. Leur journée est tout entière rythmée par la prière : ils disent matines (vers minuit), prime (vers six heures), tierce (neuf heures), sexte (midi), none (quinze heures), vêpres (dix-sept heures) et complies (au coucher du soleil). S'ils ne peuvent assister à un office – parce qu'ils sont en train de croiser le fer, notamment – il leur faudra réciter plusieurs *Pater noster* en compensation. Hommes de leur temps, ils vouent un culte particulier aux reliques. C'est cependant la Vierge qui est la patronne de l'Ordre et qui se place au centre de la dévotion des frères.

Les repas sont pris en silence, animés seulement par la lecture des textes sacrés. Si les frères mangent à deux dans la même écuelle, l'ascèse est toute relative : il ne faut pas en effet que ces hommes d'armes soient affaiblis physiquement, aussi ont-ils droit à de la viande trois fois par semaine, à des légumes et à des féculents. Mais ils doivent jeûner le vendredi. Comme les autres ordres religieux, les Templiers doivent pratiquer l'aumône et l'hospitalité. En revanche, la chasse, divertissement par excellence des chevaliers, leur est interdite – hormis celle du lion !

Pour s'assurer de la bonne conduite des religieux, une réunion de l'ensemble des frères – appelée chapitre – a lieu chaque semaine. Si elle permet de traiter les affaires courantes, son rôle est surtout de sanctionner les éventuels manquements à la règle commis : les moines pécheurs doivent « crier merci », demander pardon. Le fautif se retire alors et l'assemblée décide de la pénitence à appliquer. Il était interdit de « découvrir le chapitre », c'est-à-dire de révéler qui dans l'assemblée a proposé telle ou telle sanction : c'est ce que l'on appelle le « secret du chapitre ». Ce secret, pourtant loin d'être spécifique à l'ordre du Temple, allait alimenter les rumeurs les plus folles : les Templiers ne se réunissaient-ils pas, nuitamment, en secret ? C'est donc qu'ils avaient des choses à cacher !

De valeureux guerriers

Néanmoins, ces religieux ne sont pas des moines à proprement parler : ils ne mènent pas une vie de contemplation. À cette dernière, les Templiers préfèrent de loin l'action. Toujours à l'avant sur les champs de bataille, en Terre sainte comme en Espagne, leur bravoure n'a d'égale que leur aisance dans le maniement des armes, suscitant même l'admiration de leurs ennemis musulmans. Et ce courage hors du commun ne manque pas d'enflammer leur parrain de cœur, Bernard de Clairvaux : « À l'approche du combat, ils s'arment de foi au-dedans et de fer au-dehors (...), ils chargent vigoureusement l'ennemi sans craindre le nombre et la fureur des barbares, se confiant non en leur force, mais en la puissance du dieu des armées, ainsi ils joignent ensemble la douceur des moines et le courage des soldats... » Un des secrets de leur détermination au combat réside sans doute dans la discipline de fer qui règne au sein de leurs rangs : tout, de l'organisation du campement à l'ordre de route, en passant par la conduite à tenir en cas de difficulté, est planifié ; aucune place n'est laissée à l'imprévu. Avant chaque combat, les chevaliers sont briefés dans les moindres détails. Ils assoient également leur force sur le puissant réseau de forteresses qu'ils ont érigées aux quatre coins de la Terre sainte, et qui fonctionnent comme autant de points de défense ou de ralliement : Baghras, Roche-Guillaume, le Chastel-Blanc, Saphet et surtout Château-Pèlerin (Atlit), pour ne citer qu'eux.

Pourtant, s'ils s'illustrent sans difficulté dans les actions de protection des pèlerins, il n'en va clairement pas de même sur les champs de bataille : pas facile pour les chevaliers chrétiens de « transformer l'essai » face à des musulmans rompus à des techniques de guerre très différentes. Les premières opérations guerrières peuvent même être qualifiées de désastres : entre 1129 et 1139, sur les quatre batailles qui les opposent aux « infidèles », les Templiers connaissent... quatre défaites ! Et s'ils brillent par leur bravoure lors de la deuxième croisade (1147-1149) – sans doute motivés par saint Bernard, qui l'avait appelée de ses vœux –, ils ne parviennent pas à éviter aux croisés une sévère déconfiture... Plusieurs prises d'armes ont même tourné au carnage : ainsi en 1153, lors du siège d'Ascalon en Palestine, les Templiers sont exterminés jusqu'au dernier, maître inclus. Confrontés au redoutable Saladin qui leur voue une haine viscérale, les Chevaliers du Christ peuvent trembler : le puissant maître de l'Égypte n'a-t-il pas déclaré vouloir « purifier la terre de ces deux ordres immondes » (ceux du Temple et de l'Hôpital, créé en 1113, qui a également une vocation militaire) ? De fait, c'est dans un bain de sang que se termine la catastrophique bataille de Hattin (juillet 1187), près du lac de Tibériade. « Le sultan fit amener les Templiers et hospitaliers captifs (...). Il ordonna de les décapiter et assista lui-même aux exécutions ; son visage était riant », raconte le secrétaire de Saladin. Très étrangement, seul le maître de l'ordre du Temple – le funeste Gérard de Ridefort – fut épargné... On comprend que de forts soupçons de trahison pesèrent sur ce templier , que l'on accusera plus tard d'avoir « crié la Loi », c'est-à-dire embrassé la foi musulmane ! D'autant que le désastre de Hattin se solde par la perte de Jérusalem, dont chaque habitant peut être racheté comme esclave ; le Saint-Sépulcre est fermé, tandis que la Coupole du Rocher et la mosquée al-Aqsa, qui avaient été « converties » par les chrétiens, redeviennent des lieux de culte musulmans.

Mais soyons réalistes : sans la présence des ordres militaires (Templiers, Hospitaliers, et, plus tard, chevaliers Teutoniques) en Terre sainte, les États latins d'Orient n'auraient sans doute pas fait long feu. Dans un environnement aussi hostile, leur maintien de 1099 à 1291 tient presque du miracle... Et, en réalité, les ordres militaires y règnent en maîtres. L'influence politique des Templiers est considérable, et leur ténacité au combat les pare d'une aura de gloire : ainsi, par exemple, lors de la victoire de Montgisard en 1177, où ils mettent en déroute plus de trente mille Mamelouks. Après la perte de la Ville sainte, ce sont encore les Chevaliers du Christ que l'on appelle à la rescousse lors de la troisième croisade (1189-1192). « Toujours les premiers à l'attaque, les derniers à la retraite, lorsqu'ils allaient à la bataille, ils ne demandaient jamais quel était le nombre des ennemis, mais où ils se trouvaient [1]. » Cela est payant : les croisés parviennent à récupérer Saint-Jean-d'Acre, puis Arsouf et Jaffa. Mais la « cité de David » ne sera, elle, jamais

1. Selon l'évêque d'Acre Jacques de Vitry (début du XIIIe siècle).

récupérée de manière durable (mis à part un court intermède entre 1229 et 1244), en dépit des quatre autres croisades qui se succéderont en Terre sainte. Pis, ses Lieux saints seront détruits.

De puissants propriétaires terriens

Les Templiers déploient des trésors d'énergie en Terre sainte. Oui, mais tout cela a un coût. Comment les « Pauvres Chevaliers du Christ » parviennent-ils à financer de telles opérations ? Il faut chercher la réponse à cette question... en Occident, où l'ordre est tout aussi présent qu'en Orient. Mais d'une manière fort différente. Ici, la figure du moine-chevalier cède la place à celle du moine-paysan. Non pas de modestes agriculteurs, mais de puissants exploitants qui gèrent des domaines parfois très vastes – le plateau du Larzac, par exemple, leur appartient dans sa quasi-totalité ! Ces terres, les Chevaliers du Christ les ont tout d'abord reçues en dons ; puis, à force d'achats, d'échanges, de nouvelles donations, les terrains qu'ils possèdent s'agrandissent, faisant de l'ordre du Temple un des plus riches propriétaires fonciers d'Europe au début du XIIIe siècle.

D'autant que les frères savent faire fructifier ce qu'ils possèdent. Les troupeaux de chevaux côtoient les élevages de bovins, d'ovins et de porcs ; les cultures des champs se frottent aux vignobles ; arbres fruitiers et plantations de légumes résonnent du bourdonnement des ruches... Moulins, salines et même des mines alimentent l'escarcelle du Temple. Au cœur de leur richesse foncière, le réseau des « maisons du Temple » qu'ils ont tissé à travers l'Europe, et qui sont appelées « commanderies ». Le terme désigne à la fois un couvent, une maison forte et une exploitation agricole ; un commandeur en assure la direction, d'où leur nom. Leur superficie varie évidemment, selon les régions et les époques, de quelques dizaines à des milliers d'hectares. Outre les frères eux-mêmes s'y activent de nombreux domestiques ou serviteurs : bouviers, bergers, vachers, maçons et tant d'autres. Le nombre exact des commanderies en Occident est difficile à déterminer, les chroniqueurs ayant eu, du temps même des Templiers, tendance à l'exagérer : ainsi l'Anglais (comme son patronyme ne l'indique pas) Matthieu Paris écrit-il, vers 1250, que l'ordre possède « neuf mille manoirs dans la chrétienté ». Plus réalistement, il faudrait en imaginer un bon millier disséminés de la France à l'Angleterre, de la péninsule Ibérique à l'Allemagne, en passant par l'Italie et la Croatie... Parmi les plus célèbres : la commanderie de Payns (Champagne), peut-être la plus ancienne, créée à partir de la donation de terre que fit Hugues de Payns lui-même; celle de Coulommiers (Seine-et-Marne), remarquablement restaurée (un jardin médiéval y est notamment reconstitué); celle de Richerenches (Provence); celle de Sainte-Eulalie dans le Larzac, véritable « royaume » templier...

L'avantage est que ces terres, qui fournissent déjà des biens en nature considérables, représentent aussi une manne financière. Car si elles permettent aux frères de vivre en quasi-autarcie, les surplus qu'elles dégagent sont aussitôt vendus; les Chevaliers du Christ, en plus de participer à de très nombreux marchés, prennent part aux très lucratives foires de Provins où la mise en vente de leurs produits (laine, animaux de boucherie, peaux...) leur assure de confortables revenus. Et si les Templiers sont des religieux, ils ne sont pas pour autant philanthropes : seigneurs autoritaires, ils prélèvent sans scrupules aux paysans qui vivent sur leurs terres de multiples droits et coutumes : péages, droits d'usage des fours, moulins et pressoirs (les banalités), tailles et dîmes.

Forts de ces possessions et des géniales qualités de gestionnaires qu'il faut leur reconnaître, les soldats du Christ savent alimenter de constants profits qui permettent de soutenir l'effort de guerre en Terre sainte, très coûteux.

Des acteurs de la Reconquista

Des navires chargés de vivres, d'armes, de vêtements et de montures quittent ainsi régulièrement les ports de la Méditerranée pour rejoindre les frères d'Orient... mais aussi de péninsule Ibérique. Il ne faut en effet pas oublier qu'une partie de cette région est encore dominée par la présence musulmane et qu'elle se démène pour s'en affranchir. Les seigneurs et roitelets chrétiens y encouragent la venue des Chevaliers du Christ, qui ne manqueront pas de leur fournir un coup de main efficace. Ils se montrent donc particulièrement généreux dans leurs donations : en 1131, Alphonse Ier, roi d'Aragon et de Navarre, lègue la totalité de son royaume aux ordres du Temple, de l'Hôpital et du Saint-Sépulcre. Mais de ce cadeau empoisonné les Templiers ne voudront point : ils ont déjà suffisamment à faire outre-mer. Il n'empêche : leurs talents militaires rendront grandement service aux pourfendeurs des Maures et ils joueront un rôle non négligeable à de multiples occasions : citons, entre autres, la prise de Tortosa (1148), celle de Lérida (1149), de Miravet (1152), et, plus modestement, lors de la bataille victorieuse de Las Navas de Tolosa (1212).

Si leur engagement y fut plus discret qu'en Terre sainte, les Templiers possèdent une myriade de châteaux en Espagne (au moins soixante-dix-huit), ainsi qu'au Portugal. Parmi les plus connus, ceux de Tomar, d'Almourol, de Miravet ou de Peñiscola. De ces places fortes, les frères s'attachent à défendre les frontières et à développer le peuplement chrétien des territoires ibériques, ce qui ne fut pas chose facile. Plusieurs siècles furent nécessaires, et, du reste, la Reconquête ne s'acheva que bien après la disparition de l'ordre du Temple.

Des moines-banquiers influents auprès des puissants

À l'apogée de leur puissance, au XIIIe siècle, qui aurait auguré que les Chevaliers du Christ, quelques décennies plus tard, allaient être traqués par le roi de France, et leur ordre aboli dans des circonstances tragiques ? La confiance du souverain, ils l'avaient pourtant. Car en plus de se distinguer par leur bravoure sur les champs de bataille, en plus d'être d'éminents propriétaires fonciers, les Templiers sont aussi... des banquiers particulièrement avisés. Par quel paradoxe ces hommes de Dieu ayant fait vœu de pauvreté se sont-ils retrouvés à manipuler des quantités d'espèces sonnantes et trébuchantes ? Ce qui paraît quelque peu choquant de nos jours est pourtant monnaie courante – si l'on ose dire – au Moyen Âge, et l'ordre du Temple ne fait pas figure d'exception en la matière : il est fréquent, à une époque où l'insécurité est encore prégnante, que les gens confient leurs biens aux ecclésiastiques afin de les mettre en sûreté dans leurs couvents, en principe inviolables.

Mais il est vrai que, chez les Templiers, l'activité financière a connu un développement considérable, à tel point qu'on les a souvent qualifiés – de façon fort excessive, d'ailleurs – de « banquiers de l'Occident ». L'ordre du Temple ne se contente pas de faire office de coffre-fort en accueillant biens et argent en dépôt – ce qui, remarquons-le au passage, fait perdre la tête à certains : en 1263, le prince Édouard, futur Édouard Ier d'Angleterre, attaque le Temple de Londres pour y forcer les coffres des particuliers ! L'Ordre prête également de l'argent : aux particuliers (pèlerins, notamment) comme aux puissants. Pour rendre un tel service, les frères exigent de recevoir en gage des biens du bénéficiaire ; si ce dernier est dans l'incapacité d'honorer sa dette, les Templiers les conserveront. Plus étonnant, ils pratiquent, de manière souvent cachée, le prêt à intérêt pourtant interdit par l'Église... Leur implication aux côtés des croisés et des pèlerins les a conduits à innover, en mettant en germe la lettre de change et le chèque tiré sur dépôt. Son principe est le suivant : l'individu, avant de prendre la mer, confie à une maison du Temple un certain montant, en échange de quoi on lui remet une attestation ; une fois arrivé à destination, il peut obtenir auprès des frères présents sur place la somme en question. Ainsi, on ne transporte pas de liquidités : bien pratique en cas de mauvaise rencontre pendant le trajet ! Et l'ordre du Temple, qui dispose de ses propres navires, se charge aussi du transport des fonds de l'Occident à la Terre sainte !

Forts de cette expertise, les « Pauvres » Chevaliers du Christ vont avoir de prestigieux clients. Le roi Louis VII reconnaît leur devoir une fière chandelle : « Nous ne pouvons pas imaginer comment nous aurions pu subsister dans ces pays [l'Orient] sans les Templiers (...). Ils nous prêtèrent une somme considérable. Elle doit leur être rendue. Nous vous supplions donc de leur rembourser sans retard deux mille marcs d'argent », demande-t-il à son fidèle conseiller, Suger. Le Trésor royal (la caisse centrale de l'État) sera par la suite régulièrement déposé au temple de Paris (sous Louis VII, Philippe Auguste et pendant tout le XIIIe siècle). Il y est en sécurité, au cœur du Marais – que les Templiers s'étaient employés à assécher –, dans cette fameuse tour du Temple où sera d'ailleurs emprisonnée la famille royale en 1792-1793 et dont il ne reste plus rien aujourd'hui. Le souverain anglais ne va pas tarder à imiter son homologue français en déposant au temple de Londres une partie du Trésor royal... Gardons-nous toutefois de toute extrapolation : les souverains n'ont jamais eu l'intention de se dessaisir du contrôle de leurs finances au profit des seuls Templiers, et des officiers royaux en assurent un suivi régulier. Il n'en demeure pas moins que cette confiance manifestée par les rois témoigne de la puissance des Templiers.

Rancœurs et convoitises

Cette puissance, justement, va en agacer plus d'un. Les Templiers ne sont-ils pas immensément riches ? Ne jouissent-ils pas d'une forte influence dans la sphère politique, à travers, entre autres, leur réseau d'ambassades et de diplomates ? Ne toisent-ils pas le clergé séculier (prêtres et évêques), dont ils contournent l'autorité grâce aux privilèges que leur a accordés la papauté ? Par la bulle *Omne datum optimum* (1139), Innocent III avait en effet placé les Chevaliers du Christ sous l'autorité directe du souverain pontife, ce qui leur permet d'être soustraits à l'autorité des évêques, d'avoir leurs propres prêtres et d'êtres exemptés du paiement de la dîme. Pis, la bulle *Militia Dei* (1145) autorisait le Temple à avoir ses propres églises... donc à percevoir dons, aumônes et impôts. Le clergé séculier voit ces avantages d'un très mauvais œil et n'aura de cesse d'alimenter la polémique à l'égard des moines-soldats. On les accuse de frivolité dans leur foi, d'inefficacité dans la défense de la Terre sainte, voire pis (« Ils ont quelques trahisons du loup sous leur habit de mouton (...), car sinon il y a longtemps que les Sarrasins auraient été battus », écrira le bénédictin Matthieu Paris). On les taxe d'orgueil, de fierté, d'arrogance, de cupidité, comme le décrit le célèbre *Roman de Fauvel* : « Les frères, les maîtres du Temple, qui estoient rempli et ample d'or et d'argent et de richesse, tozjors achetoient sans vendre. »

Tant que les frères du Temple sont parvenus à assurer la pérennité des États latins d'Orient, ces critiques n'étaient pas bien graves : en lisant entre les lignes, on y décelait bien quelques relents de jalousie... Mais la situation dégénère au Proche-Orient. Malgré l'implication extrême du roi de France Louis IX (futur Saint Louis) aux côtés des ordres militaires, lors des septième et huitième croisades, le fiasco est total. Le souverain est même fait prisonnier en 1250 et ne sera libéré qu'après le paiement d'une rançon très conséquente ! Les villes des Latins tombent les unes après les autres aux mains des armées arabes. En dépit de leur courage héroïque lors du siège de Saint-Jean-d'Acre (mai 1291), les Templiers ne parviennent pas à endiguer l'avancée musulmane. Le maître de l'ordre, Guillaume de Beaujeu, y trouve la mort : « Quand il se sentit frappé, il se retira et l'on crut qu'il se sauvait ; quelques croisés de Spolète l'arrêtèrent en criant : "Pour Dieu, seigneur, ne nous abandonnez pas ou la ville est perdue !" et il leur répondit : "Je ne m'enfuis pas, je suis mort, voyez le coup !", et nous vîmes le trait fiché dans son côté. » En août 1291, les croisés doivent évacuer l'ultime possession du Temple, Château-Pèlerin, près d'Acre, et se réfugier à Chypre. C'en est fini des États latins d'Orient...

Dès lors, comment justifier le maintien des Templiers ? Le nouveau maître de l'ordre, Jacques de Molay, a beau essayer de mettre au point des contre-offensives, rien n'y fait et le pape suggère de faire fusionner l'ordre du Temple avec celui de l'Hôpital, ce qui n'enthousiasme guère les membres du premier. Les Templiers agacent, et pas seulement le clergé. Aux yeux des seigneurs, les commanderies templières rivalisent avec leurs propres châteaux et génèrent un manque à gagner pour eux. D'autant que les donations dont les moines-soldats se disent bénéficiaires manquent parfois un peu de spontanéité... Ainsi, vers 1290, un noble écossais, Guillaume de Halkeston, lègue son patrimoine aux Templiers, étant entendu que sa femme et ses enfants en conserveront l'usufruit ; mais les Templiers font fi de cette condition et veulent expulser la gente dame, qui se rebiffe. Accrochée à la porte de sa demeure, elle se fait trancher le doigt par un homme du Temple, tandis que son fils sera assassiné sur ordre du maître du Temple écossais ! L'affaire se terminera devant les tribunaux. Pour exceptionnelle qu'elle soit, elle montre que certains abus étaient effectivement commis... Et le pape Clément IV avait eu le nez fin en rappelant aux fiers Templiers que, sans son appui, l'ordre ne survivrait pas à l'animosité publique qui se déchaînerait contre lui. L'histoire allait lui donner raison.

L'acharnement de Philippe le Bel contre le Temple

Car, au début du XIVe siècle, un allié particulièrement important des Templiers va leur tourner le dos. Pis, il va littéralement s'acharner contre l'ordre. Cet allié, c'est le roi de France Philippe IV le Bel en personne. Certes, lorsqu'il accède au trône en 1285, il ne rompt pas avec les habitudes de ses prédécesseurs et laisse aux Templiers la gestion du Trésor royal. Certes, lors de la révolte du peuple de Paris en 1306 – causée par un renchérissement des prix –, le souverain a été bien content de pouvoir se réfugier dans la puissante tour du Temple. Qui plus est, il a une dette morale à l'égard des Chevaliers du Christ, qui ont pris fait et cause pour lui dans le conflit d'autorité qui l'oppose au pape Boniface VIII. Pourtant, comme un coup de tonnerre dans un ciel sans nuages, Philippe le Bel adresse, le 14 septembre 1307, une lettre à tous les baillis et sénéchaux du royaume, leur intimant l'ordre d'arrêter tous les Templiers, sans exception... Et c'est un vendredi 13, celui d'octobre 1307, qu'est prévu ce gigantesque « coup de filet » qui va mobiliser simultanément les hommes du souverain dans tout le royaume... Dire que la veille encore, le roi assistait aux funérailles de sa belle-sœur accompagné de Jacques de Molay ! Quelle mouche l'a donc piqué ?

Pour le comprendre, il faut analyser ce retournement de situation à l'aune des problèmes rencontrés au cours de ce règne. Problèmes financiers, en premier lieu : Philippe le Bel est constamment en manque de liquidités et se voit contraint de recourir régulièrement à des moyens artificiels (emprunts, dévaluations...) pour éviter la banqueroute. Déjà endetté au moment même de son arrivée au pouvoir, le roi va mener une politique coûteuse en vue d'asseoir la monarchie : opérations militaires (Guyenne, Flandre), travaux titanesques au palais de la Cité, sa résidence... Mettre la main sur l'argent des Templiers lui permettrait sans doute de desserrer un peu les cordons de la bourse. N'a-t-il pas, à cette fin, ordonné l'expulsion des juifs de France en 1306, en s'emparant au passage de leurs biens ? N'allait-il pas faire de même avec les banquiers lombards ? En outre, Philippe le Bel est irrité par les Templiers. La puissance de l'Ordre lui apparaît comme un insolent contre-pouvoir. Alors, quand un bourgeois de Béziers, Esquieu de Floyran, vient lui faire part d'odieuses pratiques auxquelles se livreraient les Templiers (sodomie, hérésie, blasphème, idolâtrie...), « scoop » qu'il avait auparavant tenté en vain de vendre au roi d'Aragon Jacques II, lequel ne l'avait pas pris au sérieux... –, le Roi Très-Chrétien ne peut souffrir pareil scandale. Il faut dire que Philippe le Bel voue une admiration sans bornes à son grand-père Saint Louis ; d'une piété sincère, il est sans doute scandalisé, dans sa foi de chrétien, par ces révélations. Mais il est aussi, et surtout, trop heureux d'avoir enfin des arguments pour rabattre le caquet des Templiers. D'autant que Jacques de Molay s'obstine à ne pas vouloir entendre parler d'une fusion avec l'ordre de l'Hôpital, laquelle arrangerait pourtant le souverain qui a prévu de placer le tout sous sa houlette. Philippe le Bel informe donc le pape Clément V des rumeurs dont il a eu vent. Incrédulité du pontife. Le monarque décide alors de faire cavalier seul et programme l'arrestation des Templiers avec l'aide de Guillaume de Nogaret, son principal conseiller. Le 13 octobre 1307, les officiers royaux se pressent aux portes des commanderies. Les Chevaliers du Christ, naguère si révérés, sont arrêtés comme de vulgaires malfrats, jetés dans des cachots. Et Philippe le Bel de déclarer solennellement : « C'est une chose amère, une chose déplorable, une chose assurément horrible à penser, terrible à entendre, un crime détestable, un forfait exécrable... Naguère, sur le rapport de personnes dignes de foi qui nous fut fait, il nous est revenu que les frères de l'ordre de la milice du Temple, cachant le loup sous l'apparence de l'agneau, (...) insultant misérablement la religion de notre foi, crucifient de nos jours à nouveau Notre-Seigneur Jésus-Christ... »

Un procès à charge

Un simulacre de procès va alors s'ouvrir. Disons-le tout de suite, c'est un véritable imbroglio juridique dans lequel les intérêts du roi de France vont entrer en conflit avec ceux du pape, pour le malheur de l'ordre du Temple. Les moines-soldats, interrogés par Guillaume de Paris, inquisiteur et aussi confesseur du roi Philippe, en toute illégalité – puisqu'ils n'ont en principe de comptes à rendre qu'au pape –, ne tardent pas à passer aux aveux. Même le maître de l'ordre, Jacques de Molay, cède à la pression et reconnaît qu'avec ses congénères il s'est livré à des actes de reniement du Christ et de blasphème ; pis, il enjoint les frères à tout avouer... Mais peut-on réellement qualifier d'« aveux » ces déclarations faites sous la torture, au point d'ailleurs que plusieurs dizaines d'entre eux en succomberont ? Clément V s'en émeut et proteste fermement devant le roi. Par la bulle *Pastoralis praeminentiae* (novembre 1307), le pontife tente de reprendre l'avantage ; en ordonnant aux souverains européens d'arrêter les Templiers et de mettre leurs biens sous la tutelle de l'Église, il cherche en fait à placer l'ordre sous sa protection. Il envoie deux cardinaux pour interroger Jacques de Molay et plusieurs dignitaires de l'ordre. Tous reviennent sur leurs aveux en dénonçant les supplices atroces qu'ils ont été contraints d'endurer. Outré, le pape suspend les pouvoirs des inquisiteurs.

Mais Philippe le Bel est têtu. Il est prêt à tout pour parvenir à ses fins. Et il va véritablement se livrer à une entreprise de harcèlement moral sur Clément V, doublée de l'usage de propos diffamatoires, voire de menaces, pour le faire plier. « Tel le roseau, écrit l'historien Alain Demurger, Clément V plie mais ne rompt pas [1]. »

Las. Contre toute attente, les dignitaires du Temple qu'il fait à nouveau interroger par ses cardinaux, à l'été 1308,

1. Alain Demurger, *Les Templiers. Une chevalerie chrétienne au Moyen Âge*, Paris, Le Seuil, coll. « Points Histoire », 2005.

reviennent sur leur rétractation et avouent leurs fautes ! Ce retournement de situation – qu'il est difficile d'expliquer – a tout de même l'avantage, pour les « pécheurs » qui ont demandé le pardon de l'Église, d'être absous ; néanmoins, ils sont aussi engagés par leur déposition et ne peuvent plus revenir dessus. Et surtout, compte tenu de ces aveux, un procès contre les Templiers doit réellement être conduit, ainsi que l'ordonne le pape par sa bulle *Faciens misericodiam* (août 1308), tandis qu'un concile devra statuer, ultérieurement, à Vienne, sur le sort de l'Ordre.

C'est essentiellement un procès à charge qui est mené : le pape, de guerre lasse, se décide à répondre aux exigences de Philippe le Bel. Car un autre contentieux, sur lequel il ne veut en revanche pas céder, empoisonne leurs relations. Pour résumer, Philippe le Bel avait eu un grave différend avec Boniface VIII – un prédécesseur de Clément au trône de saint Pierre – qui avait osé affirmer la supériorité du pontife sur les autres pouvoirs. Le monarque, fort contrit, avait suggéré de déposer l'arrogant pape, lequel réagit en excommuniant le roi et sa famille. L'affaire se corse encore en septembre 1303, lorsque Boniface VIII, se reposant dans son palais d'Anagni, est pris en otage par Guillaume de Nogaret et ses hommes. Il en mourra d'émotion.

Si Clément V est prêt à certaines concessions pour apaiser les tensions liées à cette affaire – la bulle *Rex gloriae* (1311) annulera tous les actes de son prédécesseur sur Philippe le Bel –, il refuse de conduire un procès pour faire condamner la mémoire de Boniface VIII, comme le lui demande le puissant souverain. Or Clément V ne peut s'offrir le luxe de s'opposer systématiquement à lui. Il se résout donc à se ranger à son avis sur la question des Templiers, allant même jusqu'à ordonner l'usage de la torture sur les frères, lui qui s'était opposé avec tant de véhémence à cette pratique. Le procès avance lentement, au gré des aveux et des rétractations des accusés. Jacques de Molay, plutôt que de défendre l'Ordre auquel il se dévoue corps et âme depuis quarante-cinq ans – il y était entré vers 1265 –, se mure dans le silence, alors même que de nombreux frères se disent prêts à résister. Et, de fait, ce sont plus de cinq cent cinquante Templiers, qui, en mars 1310, affichent leur détermination à ne pas laisser l'ordre être ainsi diffamé. Voilà qui est bien fâcheux pour le roi. Un acte fort s'impose pour briser cette rébellion inattendue. C'est ainsi qu'en mai 1310 plusieurs dizaines de frères qui avaient avoué leurs péchés puis s'étaient rétractés sont condamnés au bûcher...

Coupables ou non coupables ?

Aveux, rétractations, puis nouveaux aveux... Les Templiers ont-ils réellement commis les actes dont on les accuse ? En raison des « techniques » employées pour les faire parler, il est difficile de démêler le vrai du faux dans cette affaire ! Le rituel d'entrée dans l'Ordre, qui était tenu secret, a attisé les pires commérages. Plusieurs Templiers en ont fait une description précise lors du procès : l'impétrant prononce les trois vœux de chasteté, de pauvreté et d'obéissance ; on lui remet alors le manteau, et les membres de l'assemblée l'embrassent sur la bouche – ce qui, à l'époque, est une pratique courante. Désormais frère du Temple, il est soumis à son règlement. C'est alors qu'aurait lieu une sorte de cérémonie parallèle : un membre de l'assemblée demande, en privé, à la nouvelle recrue de renier le Christ et de cracher sur la croix. Stupeur de l'intéressé, qui s'insurge mais finit généralement par s'exécuter. Enfin, le frère lui demande parfois de l'embrasser sur le bas des reins, voire sur l'anus ou le sexe, et lui conseille éventuellement, en cas de « crise libidineuse », de s'unir charnellement avec un moine plutôt qu'avec une femme... Bien étrange cérémonie ! Info ou intox ? En faisant des statistiques à partir des procès-verbaux des accusés, les historiens ont été forcés de constater, non sans un certain embarras, que de nombreux Templiers admirent avoir renié le Christ et craché sur la croix relativement – facilement, sans même avoir été soumis à la torture. Peut-on en déduire pour autant qu'ils étaient hérétiques, quand le reste de leur conduite témoigne d'un engagement sincère dans leur foi ? L'historienne Barbara Frale voit dans ces pratiques une sorte d'épreuve du feu à laquelle on soumet le postulant pour tester ses capacités de résistance, mais aussi d'obéissance – cette dernière étant fondamentale dans un ordre où, on l'a vu, la discipline est extrême. Du reste, ceux qui ont admis s'être livrés à ce « bizutage » affirment l'avoir fait « de bouche mais pas de cœur ».

Les moines-soldats, des homosexuels ? L'immense majorité a réfuté cette accusation, même sous la torture. D'accord, il y a peut-être eu quelques Templiers tentés par la luxure. Mais c'était aussi le cas dans les autres ordres religieux. On prête également aux soldats du Christ des sympathies pour l'islam – religion à laquelle certains se seraient secrètement convertis ! Là encore, il convient de réfuter catégoriquement ces accusations : si conversion il y a eu, pourquoi Saladin et ses comparses ont-ils tant de fois ordonné le massacre des chevaliers ? Quant aux actes idolâtriques qu'on leur prête – ils adoreraient une idole, tête initiatique parfois appelée *Baphomet*, nom qui dériverait de Mahomet –, la plus grande prudence s'impose : hors de France, seul pays où la torture est utilisée de manière massive, aucun témoignage de Templiers ne permet d'appuyer cette accusation...

Alors oui, certains Templiers sont sans doute corrompus – ne dit-on pas « boire comme un Templier », « jurer comme un Templier ». Oui, des abus dans l'ordre étaient manifestes. Oui enfin, une réforme s'imposait sans doute. Mais non, l'ordre est bel et bien resté orthodoxe, sincère dans sa foi, jusqu'à la fin. C'est ce que finira par crier haut et fort Jacques de Molay en 1313.

Pas de happy end

Malheureusement, quand le grand maître se décide enfin à réagir et à assumer son rôle de défenseur du Temple, il est déjà beaucoup trop tard. Entre-temps, en effet, le concile de Vienne (1311-1312) a décidé du sort de l'ordre. Le pape veut aller au plus vite : il en a assez de subir les pressions de Philippe le Bel. Aussi, le 22 mars 1312, promulgue-t-il l'abolition de l'ordre du Temple (bulle *Vox in excelso*) : « Considérant la mauvaise réputation des Templiers (...); considérant la manière et la façon mystérieuse dont on est reçu dans cet ordre, la conduite mauvaise et antichrétienne de beaucoup de ses membres, (...) nous abolissons le susdit ordre des Templiers. » Rideau. Les biens du Temple sont confiés – non sans difficulté, les souverains européens ne s'en étant pas séparés de bonne grâce ! – à l'ordre de l'Hôpital. Quant aux Templiers eux-mêmes, deux cas de figure se présentent : ceux qui ont avoué et ont été absous peuvent rester vivre dans les anciennes maisons de l'Ordre – une pension leur est même versée ! – ; ceux qui ont nié ou se sont rétractés seront poursuivis. Étrange justice que celle qui punit les innocents et les courageux...

Jacques de Molay allait d'ailleurs en faire la sinistre expérience. Fin 1313, Clément V réunit une commission composée de trois cardinaux qui doivent juger les dignitaires du Temple : le maître, donc, ainsi que Hugues de Pairaud (visiteur de France, c'est-à-dire chargé du contrôle de la province au nom du grand maître), Geoffroy de Charnay (précepteur du Temple en Normandie), Geoffroy de Gonneville (précepteur en Poitou-Aquitaine). Tous réitèrent leurs aveux. La sentence leur est communiquée : ce sera la prison à vie... Mais là, coup de théâtre, et pas des moindres : Jacques de Molay et Geoffroy de Charnay se révoltent. Leur avait-on fait croire que la peine serait plus clémente ? Toujours est-il qu'ils reviennent sur tout ce qu'ils ont avoué et clament l'innocence de l'Ordre... Ce faisant, ils se condamnent – ils ne le savent que trop – à être jugés comme relaps. Or le châtiment de ceux qui retournent à leur « hérésie » après l'avoir abjurée est terrible : c'est le bûcher. Si on peut considérer que Jacques de Molay a manqué de courage tout au long du procès ou, du moins, n'a pas été à la hauteur de l'enjeu, il affronte pourtant son supplice dans la plus grande dignité :

> « Le maître, qui vit le feu prêt,
> S'est dépouillé sans aucune peur.
> Et ainsi, comme je le vis, se mit
> Tout nu en sa chemise librement et à bon semblant;
> Jamais il ne fut tremblant (...)
> Et si doucement la mort le prit que chacun s'en émerveilla »,

raconte Geoffroy de Paris, un témoin oculaire. C'était en mars 1314. L'histoire du Temple s'achève. Le mythe va prendre la relève.

Une littérature abracadabrante

L'épopée chevaleresque du Temple n'aura duré que deux siècles à peine. Pourtant, que d'imagination elle a déchaînée ! Seulement voilà, quel crédit faut-il donner à tous les mythes et légendes concernant l'ordre du Temple ? À commencer par la célèbre malédiction qu'avait proférée Jacques de Molay au moment de son martyre... Il est vrai que les faits sont troublants : un mois après cet événement, le pape Clément V s'éteint, sans doute des suites d'un cancer. La même année, c'est Philippe le Bel qui trouve la mort, dans des circonstances non élucidées. Ses trois fils décéderont jeunes et sans descendance masculine, engendrant une crise majeure dans la monarchie, puisqu'il n'y a plus d'héritiers capétiens en ligne directe. En apparence, la terrible prophétie qui a fait la fortune de l'écrivain Maurice Druon semble s'être réalisée. En apparence seulement. Car si l'on en croit le romancier, Molay annonçait le même sort à Nogaret... Or celui-ci était décédé plusieurs mois avant le supplice du maître ! Quelles ont donc été ses dernières *vraies* paroles ? C'est encore une fois Geoffroy de Paris qui nous les rapporte :

> « Dieu sait qui a tort et qui a péché
> Il arrivera d'ici peu malheur
> À ceux qui me condamnent
> Dieu vengera ma mort. »

Aucun nom n'est cité. La légende autour de la malédiction de Jacques de Molay s'est en fait développée sous la plume de Paul-Émile en 1548 : dans son *De rebus gestis francorum*, ouvrage historique que lui avait commandé François Ier, c'est lui qui prête au maître du Temple l'effrayante diatribe qui sera exploitée par les historiens et écrivains des siècles suivants avec la fortune que l'on sait...

Autre mythe qui a la vie dure : le « trésor » des Templiers. Ces derniers, au moment de leur arrestation, auraient réussi à évacuer le « fabuleux trésor » qu'ils avaient en leur possession et à le dissimuler en un lieu tenu secret. D'aucuns aimeraient beaucoup percer ce mystère, et on les comprend, si tant est qu'un tel trésor ait réellement existé. Au moment où Philippe le Bel s'empara de la célèbre tour du Temple à Paris, il manifesta d'ailleurs quelque désappointement : il pensait y trouver plus d'argent ! Les textes racontent cependant que le visiteur de France, Hugues de Pairaud, avait effectivement essayé de cacher un coffre renfermant des pièces d'or et d'argent. Il le confia au précepteur de la commanderie de Beauvoir (Seine-et-Marne) qui le remit à un pêcheur de Moret-sur-Loing en septembre 1307. Craignant de s'attirer des ennuis, l'homme donna finalement le trésor au bailli, et il atterrit de ce fait... dans le Trésor royal ! Malgré cela, des imaginations fertiles poursuivent leur quête éperdue : citons le cas de Roger Lhommoy, qui, dans les années 1940, avait été garde du château de Gisors – lieu où furent emprisonnés Molay et ses compagnons. Il y mena par la suite des fouilles officieuses, et affirma avoir découvert le trésor des Templiers ! L'affaire fit grand bruit et André Malraux lui-même, alors ministre des Affaires culturelles, ordonna que des recherches y soient menées. Sans résultat... Notons que pour d'autres, le trésor des Templiers ne serait pas monétaire. Il s'agirait carrément du Saint Graal, cette coupe qui aurait servi à recueillir un peu de sang du Christ au moment de la crucifixion. La légende est d'ailleurs née à l'époque même du Temple : c'est le troubadour Wolfram von Eschenbach, qui, dans son *Parsifal* (vers 1200), présenta les Chevaliers du Christ comme les gardiens du saint calice. Certains diront que le château de Montségur lui aurait servi d'écrin... On n'y a rien trouvé non plus. D'aucuns, enfin, croient que les Templiers possédaient l'arche d'Alliance disparue depuis des siècles. Et voici nos Templiers transformés, bien malgré eux, en sorte d'aventuriers de l'Arche perdue, qu'ils auraient retrouvée sous le temple de Salomon à Jérusalem. Soyons honnêtes : s'il est permis à tout le monde de rêver, aucune preuve historique sérieuse ne vient appuyer ces dires. Ce à quoi on nous répondra sans doute que « absence de preuve n'est pas preuve d'absence... ».

Tous ces mythes et légendes ont connu un développement considérable à partir du XVIIIe siècle, époque où naissent les mouvements se présentant comme les héritiers du Temple, en particulier dans le cadre de la franc-maçonnerie, comme nous l'avons évoqué au début de ce chapitre. Par la suite, d'autres groupes néo-Templiers vont fleurir en dehors du cadre de la franc-maçonnerie : ainsi, et pour ne citer qu'eux, l'ordre du Temple rénové, de l'écrivain occultiste René Guénon (1909), à ne pas confondre avec l'ordre rénové du Temple, créé en 1970 par l'ésotériste Raymond Bernard. Premier mouvement du genre à connaître un développement relativement important (environ deux mille membres), il se divisa plus tard en de nombreuses branches secondaires. Citons notamment le tristement célèbre ordre du Temple solaire (OTS), véritable secte dont de nombreux membres se donnèrent la mort et assassinèrent d'autres adeptes, dans les années 1990.

Dans la réalité, il existe bel et bien des organisations pouvant se considérer comme héritières du feu ordre des

Templiers : l'ordre de l'Hôpital – aujourd'hui plus communément appelé ordre de Malte – dans une certaine mesure ; mais surtout l'ordre de Montesa en Espagne et celui du Christ au Portugal, créés à la suite de la dissolution du Temple, dont ils accueillirent de nombreux membres. C'est d'ailleurs les vaisseaux de l'ordre du Christ qui navigueront sur l'Atlantique au XVe siècle, parvenant à conquérir l'île de Madère. Les Templiers n'ont pas découvert l'Amérique, mais leurs héritiers ont contribué à faire avancer la connaissance du monde !

Aujourd'hui encore, les Templiers continuent d'inspirer historiens, écrivains et même cinéastes : en 2004, le film *Benjamin Gates et le trésor des Templiers* de Jon Turteltaub, dépeint les aventures d'un prétendu descendant de la lignée templière, à la recherche du mythique pactole. La série de bandes dessinées *I.N.R.I.*, par Didier Convard et Denis Falque, présente quant à elle les Templiers comme les détenteurs... du corps du Christ et du secret de l'immortalité ! Mais, même sans trésor extraordinaire à la clef, l'histoire du Temple se suffit à elle-même. Elle est tout simplement remarquable, et à plus d'un titre : remarquable, par la vaillance de ses hommes au combat ; remarquable, par le rayonnement de l'ordre de par le monde ; mais remarquable, aussi, par sa fin tragique et inattendue. Rien n'est jamais acquis, tel est l'enseignement que l'on pourrait tirer de cette épopée haute en couleur.

12

La Rose-Croix

Autre mythe fondateur des francs-maçons : la Rose-Croix. Le mythe de la fraternité de la Rose-Croix remonte au début du XVIIe siècle. Il s'est propagé dans toute l'Europe occidentale après la publication, en Allemagne entre 1614 et 1616, de trois opuscules : la *Fama Fraternitatis* (*Échos de la Fraternité*), *Confessio Fraternitatis* (*Profession de foi de la Fraternité*) et *Les Noces chimiques de Christian Rosenkreutz*. Le premier de ces petits ouvrages a tout d'un manifeste politique et religieux. Le deuxième détaille la doctrine de la Fraternité, comme l'annonçait la *Fama*. Aucun de ces textes ne comporte de nom d'auteur. Quant au troisième, il se présente comme un récit autobiographique du fameux Christian Rosenkreutz, dont la *Fama* avait brièvement conté l'histoire.

En voici un court résumé. Christian Rose-Croix, né en 1378 dans une famille pauvre de la noblesse allemande, a reçu l'essentiel de son éducation dans un monastère. Vers l'âge de seize ans, il prend le chemin de la Terre sainte, et de Jérusalem où il ne mettra finalement pas les pieds. Car son périple se transforme en voyage initiatique. Dans cet Orient mystérieux, Christian rencontre nombre de savants qui lui apprennent l'arabe, la mathématique et la physique, la philosophie et l'alchimie. De retour en Allemagne, il réunit autour de lui quelques frères, connus au couvent. C'est le premier noyau de la Fraternité. Son emblème est une croix rouge au centre de laquelle figure une rose rouge. Les frères élaborent un langage cryptographique, réservé aux seuls initiés. Après avoir rédigé un exposé complet de leur philosophie révélée et secrète, ils décident de se disperser à travers le monde. Leur ordre obéit à des règles, dont celles de ne pas porter d'habits distinctifs et de se conformer aux usages des pays où ils séjournent, d'utiliser comme sceau les lettres R.C., de se consacrer bénévolement à la guérison des malades et de tenir secrète, pendant un siècle, l'existence de la Fraternité.

De ce qui ressort de l'ensemble des trois livrets, les mystérieux membres de la confrérie de la Rose-Croix sont devenus des êtres immortels et invisibles. Détenteurs de secrets divins, concernant la création du monde et le sens de l'histoire, ils vont bientôt se manifester dans le cadre de l'avènement d'un monde nouveau : celui du Royaume de Dieu associé à la victoire du protestantisme sur le catholicisme. Résolument antipapistes, ces écrits en appellent ainsi à un achèvement de la Réforme protestante dans une perspective plus luthérienne que calviniste. Ce manifeste en trois volets a une dimension clairement politique et religieuse. Mais ces écrits sont aussi pétris de mystères, multipliant les références à la kabbale, à la tradition alchimique influencée par Paracelse, aux gnostiques et à l'hermétisme, dans la lignée d'un ésotérisme très en vogue, depuis la Renaissance, au sein des cercles savants européens.

Un succès foudroyant

La révélation de l'existence de cette mystérieuse confrérie suscite un engouement exceptionnel. Entre 1614 et 1620, rien qu'en Allemagne, plus de deux cents écrits lui sont consacrés. Ses laudateurs en rajoutent encore sur le savoir et les pouvoirs surnaturels des frères de la Rose-Croix : guérisons miraculeuses, connaissance de l'avenir, contrôle des phénomènes naturels, etc. Quant à ses détracteurs, ils dénoncent des adeptes de la magie noire, ou des hérétiques œuvrant dans l'ombre contre les autorités civiles et religieuses. En terre catholique, on y voit un complot de la secte luthérienne et, en terre protestante, un complot catholique téléguidé par les jésuites. Quelques-uns des esprits les plus brillants du siècle s'intéressent au phénomène. C'est le cas, notamment, de Newton, Leibniz et, en France, du philosophe René Descartes qui, au cours d'un voyage en Allemagne, cherche vainement à rencontrer l'un de ces mystérieux frères de la Rose-Croix.

Anecdote révélatrice de l'air rosicrucien du temps : à Paris, pour expliquer l'absence de Descartes depuis un an, le bruit court qu'il en est devenu l'un des membres, et serait donc désormais invisible... Elle donne une idée de l'impact socioculturel de ce qui s'avère n'être qu'un canular littéraire, finement ciselé par un groupe de jeunes étudiants dont le chef de file se nomme Johann Valentin Andreae, apprenti théologien à Tübingen. Ce futur pasteur, dont l'œuvre littéraire continuera de montrer un goût prononcé pour la satire, a reconnu clairement la paternité des *Noces chimiques* dans son autobiographie, seulement rendue publique en 1799. Entre-temps, il a pris très vite ses distances avec un canular qu'il explique comme un simple amusement de jeunesse. Mais qui n'est pas sans rapport avec certaines de ses plus profondes convictions. En tant que pasteur, comme en tant qu'écrivain, Johann Valentin Andreae n'a cessé d'œuvrer pour une véritable fraternité chrétienne, dans une perspective toute luthérienne, afin d'améliorer la vie sociale et morale d'une Europe déchirée par les conflits politiques et religieux. Mais la Société chrétienne au sein de laquelle il a essayé de réunir, dans ce but, des Européens de bonne volonté n'a rien eu en commun avec la mythique fraternité de Christian Rosenkrutz.

Une étonnante postérité

Canular éventé, la confrérie de la Rose-Croix va connaître pourtant de multiples avatars, autres que livresques ceux-là, mais un peu plus tard, durant la seconde moitié du XVIIIe siècle. Entre-temps le mythe a généré toute une nébuleuse fascinée par ce subtil alliage entre religion, philosophie et ésotérisme. En Angleterre, cette mouvance rosicrucienne n'est pas sans rapport avec l'émergence de la franc-maçonnerie spéculative. Car il n'y a pas que Newton pour s'être intéressé aux manifestes rosicruciens. C'est aussi le cas d'Elias Ashmole, favori du roi Charles Ier. Ce collectionneur, passionné d'alchimie, est aussi un franc-maçon de la première heure, reçu en loge le 16 octobre 1646, si l'on en croit son journal. Il y a encore l'Écossais Robert Moray, également féru d'alchimie, reçu dans la loge d'Édimbourg le 20 mai 1641.

Elias Ashmole et Robert Moray ont été des fondateurs de la Royal Society, en 1660. Mais, si certains des membres de l'Invisible Collège (voir p. 35) qui a préparé cette Académie des sciences ont pu être, comme eux, attirés par le phénomène rosicrucien, aucun n'a appartenu à une confrérie de la Rose-Croix qui n'existait pas. L'influence que la fraternité Rose-Croix a pu exercer sur les premiers francs-maçons est restée d'ordre intellectuel. Ce qui n'a rien d'étonnant pour l'époque, car la philosophie naturelle, dans laquelle baignent la Royal Society et la franc-maçonnerie naissante, n'exclut pas les sciences ésotériques, à l'image d'un Newton, physicien le jour et alchimiste la nuit. Mais, en dépit des spéculations qui veulent, depuis la fin du XVIIe siècle, étroitement les apparenter, la franc-maçonnerie ne peut en rien être considérée comme une création des légendaires frères de la Rose-Croix.

De fait, ce n'est pas avant la seconde partie du XVIIIe siècle que des frères maçons vont s'inspirer, dans les systèmes des hauts grades, des éléments de la légende et de la symbolique rosicruciennes. Cela dans le contexte d'une floraison, en Allemagne en particulier, de cercles rosicruciens, plus ou moins liés à l'ordre franc-maçon. Ainsi l'ordre des Rose-Croix d'Or, créé en Allemagne vers 1750, qui se rattache, dans sa légende de ses origines, à l'œuvre du pasteur Samuel Richter, auteur, en 1714, sous le pseudonyme de *Sincerus Renatus*, d'un livre au titre évocateur : *Vraie et parfaite préparation de la pierre philosophale par la fraternité de la Rose-Croix*. Traité dans la plus pure veine alchimiste, l'ouvrage est aussi fortement teinté de mystique chrétienne. Quant à la Rose-Croix d'Or, c'est une société secrète, et très conservatrice, dont l'organisation s'est inspirée de la franc-maçonnerie. Elle essaime dans de nombreuses villes allemandes, attirant des francs-maçons imprégnés de mystique et de piétisme chrétiens, et dans la noblesse, jusqu'à des têtes princières dont Stanislas II, roi de Pologne.

Une autre des sociétés engendrées par cette résurgence de la vogue rosicrucienne a été, en revanche, plus proche de la franc-maçonnerie : la Rose-Croix d'Or d'Ancien Système, créée en 1770. Issue de la loge des Trois Globes à Berlin, elle ne recrute que des francs-maçons. Selon la légende de ses origines, ses mystérieux maîtres fondateurs, inscrits dans une lignée savante remontant aux origines de la création, sont en possession de tous les savoirs occultes et divins. Les neuf hauts grades de son système comportent ainsi une initiation aux secrets de la kabbale et de l'alchimie. Les Rose-Croix d'Or d'Ancien Régime tentent de faire de leur ordre la seule franc-maçonnerie authentique. Mais ses deux initiateurs avaient d'autres ambitions. Ils l'ont montré en recourant aux services d'un magicien illusionniste pour convaincre de leurs pouvoirs surnaturels le prince héritier Frédéric-Guillaume. Une fois devenu roi de Prusse, ce dernier les fait ministres, l'un des Cultes, l'autre de la Guerre. Bien récompensés, et soucieux de conserver leur situation, les deux mystificateurs s'empressent alors de suspendre les activités de la Rose-Croix d'Ancien système...

Ces deux organisations rosicruciennes, comme leurs semblables du XVIIIe et des siècles suivants, n'ont pas de filiation directe avec la Rose-Croix inventée cent cinquante ans auparavant par Johann Valentin Andreae et ses complices en canular. Elles s'en sont tout au plus inspirées pour forger leur propre légende des origines et leurs symboles initiatiques. Un phénomène bien dans l'air du temps, comme en témoigne, dès le milieu du XVIIIe siècle en France, l'introduction, dans le système des hauts grades, de celui de Chevalier Rose-Croix. Là encore, sous l'impulsion des courants ésotériques et mystiques chrétiens, la Rose-Croix est venue se loger, aux côtés du temple de Salomon et de son architecte, de la chevalerie et des Templiers, dans la mythologie et la symbolique maçonniques. Le Chapitre de l'Aigle Noir, créé en 1763 par Jean-Baptiste Willermoz, comporte ainsi, parmi ses grades secrets, celui de grand maître de l'Aigle Noir Rose-Croix.

Le Chevalier Rose-Croix, ou Souverain Prince Rose-Croix, est encore le 18e grade du Rite Écossais Ancien et Accepté (REAA). Au XVIIIe siècle, les rituels associés à ce grade témoignent d'une inspiration très chrétienne. Les lieux symboliques où se déroule le rite sont ainsi le calvaire et le tombeau du Christ. Le mot de passe est « Emmanuel ». Et le rituel s'achève par une « cérémonie de table » au cours de laquelle sont partagés le pain, béni et rompu, ainsi qu'une coupe de vin, elle aussi bénie. La symbolique du grade de chevalier Rose-Croix est aujourd'hui diversement interprétée, selon les obédiences maçonniques. Mais il reste une étape importante de la voie de perfectionnement que constituent les hauts grades en permettant d'approfondir une initiation dont la figure mythique reste celle d'Hiram.

Troisième partie

La spiritualité des francs-maçons

13

Le Dieu des francs-maçons

Comme nous l'avons déjà brièvement évoqué dans la première partie, la grande majorité des francs-maçons se réfère à un être suprême, le « Grand Architecte de l'Univers », invoqué en ouverture et en clôture de leurs principaux rituels. Une référence originelle dont portent trace les Constitutions d'Anderson (1723) qui évoquent « Adam, notre premier père, créé à l'image de Dieu, le Grand Architecte de l'Univers... » Rien d'étonnant à cela : la franc-maçonnerie est née en terre chrétienne à une époque où cette croyance va encore de soi. James Anderson, rédacteur officiel des Constitutions de la Grande Loge de Londres, est pasteur de l'Église presbytérienne écossaise. Son principal inspirateur, Jean Théophile Désaguliers, est un protestant, d'origine française, devenu ministre de l'Église anglicane.

Le Grand Architecte et la religion naturelle

D'où vient cette idée d'un Dieu architecte universel ? Elle remonte probablement au démiurge de Platon, artisan du monde. Grand bâtisseur de cathédrales, le Moyen Âge chrétien a vu s'affirmer l'image d'un Dieu créateur tout à la fois concepteur de l'univers et son maître d'œuvre. Une miniature du XIIIe siècle représente ainsi Dieu prenant la mesure du disque terrestre, le compas à la main. C'est l'un des outils essentiels, avec l'équerre, pour les tracés géométriques médiévaux. Au début de la Renaissance, l'humaniste italien Pic de La Mirandole (1463-1494) voyait en Dieu le « plus habile des artisans ». Un siècle plus tard, le protestant Jean Calvin (1509-1564) évoque l'« éminent maître artisan », créateur des Cieux. Datée de 1663, une prière des Maçons de Wakefield s'adresse au « Grand Architecte du Ciel et de la Terre, Donateur de tous les Dons et de toutes les Grâces... »

L'image est « parfaitement commune à cette époque », souligne l'historien Roger Dachez [1], qui a aussi trouvé, dans un ouvrage anglais de 1630, l'expression « Haut Architecte du Monde ». Elle a permis aux francs-maçons du XVIIIe siècle, déterminés à en finir avec les guerres de Religions, de se reconnaître dans une représentation relativement neutre de Dieu. Ce que soulignent les Constitutions d'Anderson dans l'article premier des Obligations, intitulé « Concernant Dieu et la religion ». Il y est d'abord stipulé qu'un « Maçon est obligé, par son engagement, d'obéir à la loi morale, et s'il comprend correctement l'Art, il ne sera jamais un athée stupide ni un libertin irréligieux ». Toutefois, si, dans le passé, les maçons ont été obligés d'appartenir à la religion de leur pays, il est désormais décidé de laisser à chacun ses propres opinions, pour les « astreindre seulement à cette religion sur laquelle tous les hommes sont d'accord ». Laquelle revient à « être des hommes de bien et loyaux, ou des hommes d'honneur et de probité, quelles que soient les dénominations ou croyances religieuses qui aident à les distinguer ». Ainsi, « la maçonnerie devient le Centre de l'Union et le moyen de nouer une amitié fidèle parmi des personnes qui auraient pu rester à une perpétuelle distance ».

Outre sa proclamation de tolérance, ce texte pose l'existence d'une sorte de religion naturelle, car en deçà des convictions religieuses attachées à une révélation particulière, et universelle, car commune à tous les hommes de bonne volonté. Cette idée doit beaucoup à la philosophie naturelle de Newton (1642-1727) dont Jean Théophile Désa-

1. Roger Dachez, *L'Invention de la franc-maçonnerie*, Véga, 2008.

guliers, lui-même physicien et mathématicien, a été le bras droit au sein de la Royal Society. Elle repose sur le primat de la raison dans la quête d'une vérité qui doit s'exercer, selon Newton, dans les deux Livres de Dieu : d'une part sa Parole recueillie dans la Bible, de l'autre ses Œuvres, c'est-à-dire ce monde dont la philosophie naturelle s'applique à mettre au jour les lois qui le gouvernent. En quoi elle prolonge ce que Newton appelle la « religion primitive » qui, parce que antérieure à la révélation biblique, « était la plus rationnelle de toutes », car il n'existe alors « pas d'autre moyen d'atteindre à la connaissance qu'il y a une Déité que par la composition de la nature ».

Dans le système newtonien, Dieu demeure le grand ordonnateur de l'univers. Ainsi, pour l'inventeur des lois de la gravitation, les mouvements des corps célestes « n'ont pas pour origine des causes mécaniques. Cet arrangement aussi extraordinaire du Soleil, des planètes et des comètes n'a pu avoir pour source que le dessein et la seigneurie d'un être intelligent et puissant », écrit-il en commentaire de ses *Principia mathematica philosophiae naturalis* (1687). Dans un autre ouvrage, consacré à l'optique, il évoque encore « un Être immatériel, intelligent, présent partout, et qui voit immédiatement le fond des choses dans l'infinité de l'espace et du temps... » Cet être suprême se confond encore, pour Newton, avec le Dieu de la révélation. En quoi ce chrétien, qui ne croit pas au dogme de la Trinité, demeure un théiste. Mais sa philosophie naturelle invente une religion rationnelle et entrouvre la porte à un déisme, plus philosophique que religieux, pour qui la révélation biblique aura bientôt une importance secondaire, voire négligeable.

On le voit poindre chez un Leibniz (1646-1716). Dans son *Discours de la conformité de la foi avec la raison*, ce philosophe et brillant mathématicien affirme en effet : « Nous n'avons pas besoin de la foi révélée pour savoir qu'il y a un tel principe unique de toutes choses, parfaitement bon et sage. La raison nous l'apprend par des démonstrations infaillibles... »

Cet état d'esprit est, pour ainsi dire, dans l'air du temps. Celui d'une époque où, à la suite de Descartes et Spinoza, la philosophie et la science s'affranchissent de la tutelle religieuse. La liberté du questionnement philosophique et de la recherche scientifique implique, sinon d'abandonner, tout au moins de laisser de côté la révélation biblique et les dogmes chrétiens. Théistes ou déistes, la plupart des têtes pensantes et savantes du XVIIIe siècle vont se situer dans cette optique et, avec elles, une bonne part des couches sociales cultivées.

Le même état d'esprit imprègne, sous l'influence directe de Jean Théophile Désaguliers, les Constitutions d'Anderson. Et une franc-maçonnerie dont l'engagement sera bientôt synthétisé par la fameuse formule : « travailler à la gloire du Grand Architecte de l'Univers ». D'une certaine façon, il s'agit de contribuer à la remise en ordre d'un monde que les êtres humains ont déchiré par leurs conflits, notamment religieux. Ou, dit autrement, d'accorder la sphère sociale à l'image de l'harmonieuse sphère céleste obéissant à des lois qui incarnent la perfection du Grand Architecte de l'Univers.

Ce GADLU, l'imagerie franc-maçonne l'a représenté de diverses manières, la plus courante étant celle du « delta lumineux » : un triangle équilatéral, symbole de perfection géométrique et divine, dans lequel s'inscrit l'œil de Dieu dont le regard rayonne dans tout l'univers. À noter que cette représentation n'est pas exclusivement franc-maçonne. On la trouvera aussi dans des églises où elle symbolise le Dieu trinitaire chrétien. Cet « œil qui voit tout » est parfois remplacé par le tétragramme biblique, les quatre lettres hébraïques (YHWH) désignant Dieu. Un symbole qui, dans la franc-maçonnerie, le rattache plus explicitement à la tradition judéo-chrétienne. Mais qui laisse aussi la place, dans d'autres représentations du lumineux delta propres à la seule franc-maçonnerie, à un autre symbole plus neutre sinon déiste, la lettre « G » dont les interprétations sont diverses : *« God »* (Dieu, en anglais) pour les unes, la « Géométrie », art sacré des bâtisseurs, pour d'autres, ou encore la célèbre injonction philosophique *« Gnosce te ipsum »* (« Connais toi toi-même »). Un « G » que l'on retrouvera au centre d'autres symboles francs-maçons, l'étoile à cinq branches ou l'équerre et le compas superposés.

Déistes contre théistes

Dans l'espace de la franc-maçonnerie, ce Dieu créateur, abstrait de toute révélation, pouvait convenir aussi bien aux déistes qu'aux théistes, que ces derniers soient chrétiens (catholiques ou protestants), juifs ou musulmans. Étant entendu que chacun conservait, par-devers soi, ses propres convictions religieuses, les Constitutions d'Anderson interdisant toute discussion théologique ou politique au sein des loges. Toutefois, le déisme latent de ces textes fondateurs de la franc-maçonnerie moderne, qui faisaient peu de références explicites à la religion chrétienne, a suscité des résistances en Angleterre au sein de la franc-maçonnerie. Elles ont même tourné au conflit entre « Anciens », regroupés autour de la loge d'York, qui s'institue Grande Loge en 1725, et « Modernes » de la Grande Loge de Londres fondée en 1717.

Les premiers reprochent notamment aux seconds d'avoir abandonné les prières et déchristianisé les rituels hérités des Anciens Devoirs *(Old Charges)* des francs-maçons. Dans une tentative d'apaisement, les Constitutions de 1723 sont modifiées en 1738 pour accompagner la création de la Grande Loge d'Angleterre. Les obligations, concernant Dieu et la religion, stipulent qu'un « Maçon est obligé par son engagement d'observer la Loi morale en tant que véritable Noachide ». C'est-à-dire en disciple de Noé, dont Newton considérait la religion comme la plus ancienne et la plus universelle. Ainsi, selon les Constitutions de 1738, la religion sur laquelle tous les hommes sont d'accord repose sur « les trois grands articles de Noé » (interdiction de l'idolâtrie, du blasphème et du meurtre). Ce qui constitue un rappel de la filiation biblique de la franc-maçonnerie.

Mais cet infléchissement des « Modernes » ne calme pas les oppositions. En 1753, les « Anciens » créent la Grande Loge des Francs et Acceptés Maçons de l'Ancienne Institution afin de préserver l'enracinement chrétien de la franc-maçonnerie, et de renforcer ses liens avec l'Église anglicane. « Un Maçon, précise ses Constitutions, est obligé, par son engagement, de croire fermement et d'adorer fidèlement le Dieu éternel aussi bien que les enseignements sacrés que les dignitaires et Pères de l'Église ont rédigés... » Le schisme ne prendra fin qu'en 1813, avec la réunion des « Anciens » et des « Modernes » au sein de la nouvelle Grande Loge Unie des Anciens Francs-Maçons d'Angleterre. Au final, les positions des uns et des autres se seront rapprochées, le théisme l'emportant toutefois sur les tendances déistes. Cette réunion ne conduit pas à une rechristianisation des rituels. Mais le premier article des Obligations de 1723 est repris dans le sens d'un théisme plus personnel [1]. Désormais, le Maçon devient celui qui « de tous les hommes (...) se doit le mieux comprendre que Dieu ne voit pas comme l'homme voit, car l'homme regarde les apparences extérieures, mais Dieu regarde le cœur ». Il est encore précisé que « quelle que soit la religion d'un homme, ou sa manière d'adorer, il n'est pas exclu de l'ordre, pourvu qu'il croie au glorieux Architecte du ciel et de la terre, et pratique les devoirs sacrés de la Morale... »

Importée d'Angleterre, la franc-maçonnerie française du XVIIIe siècle est, elle aussi, composée de courants plus ou moins théistes ou déistes concernant l'interprétation à donner au Grand Architecte de l'Univers. En 1735, dans l'une des toutes premières versions françaises des Constitutions d'Anderson, à l'article premier concernant Dieu et la reli-

1. Jérôme Rousse-Lacordaire, *Rome et les francs-maçons*, Berg International Éditeurs, pp. 38-43 ; Paul Nodon, *La Franc-Maçonnerie*, PUF, p. 32.

gion, on ne rattache plus les francs-maçons à « cette religion sur laquelle tous les hommes sont d'accord ». Mais, s'ils ne sont plus « obligés de professer la religion catholique », ils n'en doivent pas moins être « chrétiens, fidèles à leur promesse... » À côté, toutefois, de cet ancrage dans un théisme explicitement chrétien, d'autres versions restent fidèles au déisme de la religion naturelle qui imprègne le texte d'Anderson.

Sous l'influence des idéaux des Lumières, le Grand Architecte de l'Univers va ressembler, pour un nombre croissant de francs-maçons, au « Grand Horloger » de Voltaire. Ce n'est plus vraiment le Dieu chrétien, mais celui d'une religion rationnelle qui entend se défaire du dogmatisme des Églises et des superstitions religieuses. Le théiste, écrit ainsi Voltaire dans son *Dictionnaire philosophique*, « est un homme fermement persuadé de l'existence d'un Être suprême aussi bon que puissant, qui a formé tous les êtres étendus, végétants, sentants, et réfléchissants (...). Réuni dans ce principe avec le reste de l'univers, il n'embrasse aucune des sectes qui toutes se contredisent. Sa religion est la plus ancienne et la plus étendue ; car l'adoration simple d'un Dieu a précédé tous les systèmes du monde. (...) Il a des frères depuis Pékin jusqu'à la Cayenne, et il compte tous les sages pour ses frères. Il croit que la religion ne consiste ni dans les opinions d'une métaphysique inintelligible, ni dans de vains appareils, mais dans l'adoration et dans la justice. Faire le bien, voilà son culte ; être soumis à Dieu, voilà sa doctrine. »

En ce sens, le théisme de l'anticlérical Voltaire, devenu frère maçon sur le tard, n'est pas loin d'un déisme purement rationnel, détaché du christianisme et de ses « sectes »... Mais il ne faut pas en exagérer la portée. Aristocrate et bourgeoise, la franc-maçonnerie française reste dans l'orbite chrétienne durant un siècle où les athées revendiqués, comme Helvétius ou le baron d'Holbach, n'ont été ni très nombreux ni toujours francs-maçons. Elle a même compté quelques figures aussi marquantes que catholiques. C'est le cas du chevalier de

Ramsay, inventeur de la mythologie templière de la franc-maçonnerie. Ça l'est encore de Joseph de Maistre (1753-1821). Ce ferme défenseur de l'autorité romaine, contre des catholiques gallicans revendiquant l'autonomie de l'Église de France, voyait dans la franc-maçonnerie le moyen de réconcilier les Églises chrétiennes...

Le théisme, globalement aconfessionnel, de la franc-maçonnerie française a épargné, au Grand Architecte de l'Univers, toute querelle d'interprétation, au-delà même du XVIIIe siècle. Il est invoqué dans tous les rites nés en France. Les rites dits « écossais » tout comme le rite français cher au Grand-Orient de France fondé en 1773. Adoptées en 1849, ses premières véritables Constitutions affirment encore : « La Franc-Maçonnerie, institution essentiellement philanthropique, philosophique et progressive, a pour base essentielle l'existence de Dieu et l'immortalité de l'âme... » Ce n'est qu'en 1877 que cet article de foi sera abandonné par le Grand-Orient et, seulement quelques années plus tard, que sera supprimée toute référence au Grand Architecte de l'Univers. Conséquences, à retardement, des effets conjugués de la Révolution française et des condamnations répétées de l'Église romaine qui n'a eu de cesse de diaboliser la franc-maçonnerie...

14

L'initiation maçonnique

La franc-maçonnerie se présente comme un « ordre initiatique ». Mais en quoi consiste l'initiation maçonnique ? Quel est son but ? Quels sont ses secrets ? Pourquoi s'entoure-t-elle d'autant de mystères, de symboles ? Depuis le XVIIIe siècle, nombre d'ouvrages ont dévoilé tout ou partie des grands rites d'initiation de la franc-maçonnerie. Pourtant, ces questions ne cessent d'intriguer les profanes. Un retour à l'étymologie fournit déjà une piste pour mieux comprendre l'initiation maçonnique.

Initiation vient du latin *initio* qui signifie initier, en rapport avec les cultes à mystères de l'Antiquité, redécouverts par la tradition ésotérique depuis la Renaissance (voir chapitre 15). Le même mot latin renvoie aussi à l'idée de commencer. L'initiation peut être ainsi considérée comme une mise en route, le début d'un apprentissage avec l'idée de progression sur la voie proposée, qu'elle soit spirituelle ou autre. Le même terme évoque donc, tout en même temps, une démarche (un enseignement avec ses épreuves probatoires) et des rites de passage que constituent, dans la franc-maçonnerie, les cérémonies de réception aux principaux grades, à commencer par les tous premiers : apprenti, compagnon, maître.

À l'origine, le terme d'initiation ne figure pas dans les Constitutions d'Anderson (1723). La franc-maçonnerie anglaise emploie alors l'expression « faire un maçon ». Mais la démarche initiatique semble avoir été assez vite mise en œuvre. Le verbe « initier » apparaît ainsi, dès 1730, dans un livre de l'Anglais Samuel Prichard, *La Maçonnerie disséquée*, qui veut révéler les secrets, déjà, des francs-maçons. En France, les premiers rites d'initiation maçonniques se sont développés à partir des années 1740. On parle encore uniquement de « réception » à propos de la cérémonie au grade d'apprenti. Mais ce qui n'est alors qu'un accueil dans une société réservée s'est progressivement transformé en rite initiatique chargé de symboles.

La première caractéristique de l'initiation maçonnique est qu'elle s'adresse à des personnes volontaires. Comme le souligne une formule courante, la franc-maçonnerie « ne recrute pas mais accueille ». Et il est, contrairement à une secte, bien plus facile d'en sortir que d'y entrer. Même si cette admission s'avère plus ou moins souple selon les périodes historiques et les obédiences. Ainsi, la demande d'un postulant doit être en général parrainée par un ou plusieurs francs-maçons. Cette candidature est ensuite examinée lors d'entretiens avec des membres de la loge concernée. Le postulant peut encore se voir interrogé au sein même du temple, mais les yeux bandés car il n'est encore qu'un profane errant dans les « ténèbres ». Ce n'est bien souvent qu'après cette procédure d'examen qu'il sera, dans le meilleur des cas, invité, éventuellement avec d'autres candidats, à recevoir le grade d'apprenti.

Examinons ces initiations, encore appelées réceptions, aux trois premiers grades de la franc-maçonnerie. L'essentiel de leur déroulement est commun à toutes les obédiences.

L'apprenti

L'initiation au grade d'apprenti commence dans le « cabinet de réflexion », une pièce en général éclairée d'une seule bougie et souvent décorée de symboles évoquant la finitude de la condition humaine (crâne, pain moisi, sablier) et empruntés à la tradition alchimique (sel, soufre, plomb). Le candidat est invité à y méditer et à écrire son « testament philosophique », tel qu'il le rédigerait s'il devait réellement mourir dans l'instant. Ce moment est aussi appelé l'« épreuve de la terre », l'un des quatre éléments primordiaux.

À l'issue de cette confrontation avec sa condition de mortel, le candidat est conduit, les yeux bandés, à la porte du temple où on lui demande de « laisser ses métaux » (or, argent, bijoux et autres signes distinctifs du statut social et de l'attachement aux vanités du monde). Il est ensuite introduit dans le temple par un guide (l'expert) qui va l'accompagner durant toute la cérémonie. Variable, selon les rites et les obédiences, cette dernière lui fait, dans la plupart des cas, effectuer trois voyages symboliques associés aux trois autres éléments primordiaux (l'eau, l'air et le feu). Alternant des instructions, en rapport avec la franc-maçonnerie, et diverses épreuves dites de purification, ces voyages ont une fonction proprement initiatique : le candidat intègre ainsi, par l'expérience et pas seulement par l'intellect, la voie qui sera bientôt la sienne. Ce parcours, au sein du temple, le conduit progressivement devant l'autel des serments où il « prend l'obligation » d'apprenti en s'engageant à ne pas révéler les secrets de la franc-maçonnerie. Le bandeau qui couvrait ses yeux est enlevé, lui signifiant son passage des ténèbres à la lumière. Beaucoup témoignent avoir ressenti alors une très forte émotion, comme une illumination intérieure, bientôt accompagnée par le sentiment de faire désormais partie d'une fraternité soudée autour d'un même idéal.

Car la cérémonie s'achève avec l'adoubement de l'apprenti que lui signifie, de son épée comme dans la chevalerie, le maître de loge devant lequel il s'est agenouillé, à l'orient du temple, d'où vient la lumière. Lui sont alors donnés les instructions et les secrets de son grade (mots, signes, attouchements), un tablier en cuir, une paire de gants, un maillet et un ciseau. Ces derniers et le tablier se réfèrent aux outils des maçons bâtisseurs de cathédrales auxquels se rattache la franc-maçonnerie spéculative dans son mythe des origines. Ils sont les principaux symboles du travail maçonnique : passer de l'état de la pierre brute, auquel se trouve encore l'apprenti, à celui de la pierre cubique, parfaitement taillée, symbolisant le stade de l'être humain accompli vers lequel tend le franc-maçon. Le premier travail de l'apprenti est ainsi de commencer à tailler sa pierre intérieure pour la dégrossir, par la réflexion et le travail sur lui-même, le maillet symbolisant la force d'exécution de l'esprit et le ciseau, la rigoureuse précision de la tâche à accomplir.

L'apprenti maçon est désormais un initié. Il a vécu une première expérience d'un processus de mort et de renaissance, sur lequel nous reviendrons, qui constitue la trame symbolique du scénario des rites d'initiation de la franc-maçonnerie. Mais ce n'est que le début du chemin initiatique. L'apprenti va encore devoir garder le silence durant les travaux de la loge qui l'a reçu. C'est un temps d'écoute et d'approfondissement durant lequel il s'imprègne plus encore des grands mythes et symboles maçonniques, et des strictes règles du travail en loge. Ce n'est qu'au terme de cet apprentissage, une mise à l'épreuve plus ou moins longue selon les cas, qu'il va pouvoir être reçu au grade de compagnon.

Le compagnon et le maître

Ce rite suit le même scénario que le premier, en commençant par le passage dans le cabinet de réflexion avant d'être introduit dans le temple. Mais le futur compagnon n'a pas les yeux bandés puisqu'il est déjà entré sur le chemin de la lumière. L'initiation au grade de compagnon insiste particulièrement sur le savoir et la technique, l'architecture au premier chef, dont l'histoire est mise en scène et revécue au cours de cinq voyages symboliques dans le vaste corpus de connaissances accumulé par l'humanité. Au final, à l'engagement du secret, le compagnon va ajouter celui de toujours secourir ses frères dans la difficulté et d'obéir scrupuleusement aux règles maçonniques. Désormais, il pourra prendre la parole durant les travaux de loge, mais sans jamais, c'est une règle absolue, interrompre quiconque, et en s'adressant toujours au vénérable maître.

L'élévation au grade de maître, à laquelle aspire tout franc-maçon désireux d'accomplir son initiation, intervient lorsque le compagnon en est jugé digne. Pour faire la preuve qu'il a acquis la maîtrise des connaissances indispensables, il doit notamment présenter en loge un travail de réflexion sur un thème préalablement déterminé. Durant la cérémonie d'élévation, le compagnon revit la destinée d'Hiram, mythe central de la franc-maçonnerie. C'est au cours de ce rite que le processus de mort et de renaissance, trame de l'initiation maçonnique, est le plus explicite. Le compagnon maçon y tient le rôle d'Hiram. Il est symboliquement tué, puis placé, comme un véritable défunt, dans une sépulture dont il va être finalement relevé. Alors, comme le dit la formule rituelle, « Hiram renaît en lui ». Cette renaissance symbolique consacre sa réception au grade de maître.

Le destin légendaire du maître architecte s'enracine dans le fonds chrétien de la franc-maçonnerie originelle. Hiram, par son sacrifice et sa renaissance symbolique, évoquait, et évoque toujours pour certains francs-maçons, la figure du Christ. Toutefois, pas plus que dans le mythe, il n'est ici question de résurrection au sens proprement chrétien du terme. Le rite interprète la légende en symbolisant la renaissance d'Hiram en chaque maître maçon. Il rend aussi manifeste ce qui était jusque-là implicite dans le parcours initiatique de l'apprenti puis du compagnon. Son initiation est en effet censée l'avoir profondément transformé, et lui donner accès ainsi à une existence nouvelle. Une transformation que soulignent d'autres références symboliques comme celles, très présentes dans l'initiation maçonnique, évoquant le passage des ténèbres à la lumière, ou encore la transmutation (du plomb en or) chère à la tradition alchimique.

Les hauts grades

L'ensemble de la franc-maçonnerie, toutes obédiences et tous rites confondus, a en commun ce cheminement initiatique dans les trois grades d'apprenti, de compagnon puis de maître. Mais, dès le XVIIIe siècle, l'initiation maçonnique a trouvé un prolongement dans les hauts grades (les degrés latéraux dans la terminologie anglaise) qui ont été organisés en système cohérent, au début du XIXe siècle, dans le cadre des différents rites de la franc-maçonnerie. En France, les hauts grades les plus pratiqués sont ceux rattachés au Rite Écossais Ancien et Accepté (REAA) et, dans une moindre importance, au Rite Écossais Rectifié (RER). Ils répondent, aujourd'hui comme hier, à un besoin d'approfondir l'initiation reçue au grade de maître maçon en constituant une sorte de voie de perfectionnement.

Les hauts grades, par-delà leurs dénominations ésotériques, et la diversité des rites, ont en commun de proposer un enseignement complémentaire sur les grands symboles maçonniques, la légende d'Hiram en particulier. Cela en ayant recours à d'autres récits légendaires qui la prolongent d'une manière symbolique. Dans le REAA, les ateliers de perfectionnement reprennent ainsi la légende de la reconstruction du temple de Salomon, ou encore celle des Templiers dont le sacrifice de Jacques de Molay, leur grand maître, évoque la figure d'Hiram. Très influencé par la mythologie chevaleresque, le perfectionnement initiatique proposé par les hauts grades peut avoir une visée plus morale, ou une visée plus spirituelle, sans que cette dernière se rattache nécessairement à une religion. Dans le RER, il est davantage imprégné par la tradition ésotérique. Cette imprégnation est plus chrétienne, en revanche, dans le REAA. Tel que le pratiquent du moins les obédiences qui n'ont pas gommé des références très explicites à l'origine (fin du XVIIIe siècle). Notamment dans les rituels associés au grade de chevalier Rose-Croix qui évoque la mort et la résurrection de Jésus. Ce renouvellement de l'initiation à la maîtrise avait alors tout d'une imitation de la passion du Christ.

Reste que la plupart des francs-maçons, quelles que soient les motivations de leur quête, n'éprouvent pas la nécessité de suivre le perfectionnement initiatique des hauts grades. Est-ce à dire que la réception au grade de maître signifie que leur initiation soit achevée ? Bien évidemment non, car quel serait alors l'intérêt de s'astreindre aux travaux de leur loge. Il ne s'agit pas, expliquait Jean-Robert Ragache, qui fut grand maître du Grand Orient de France, à propos de l'initiation maçonnique, d'« une illumination religieuse censée amener à un état de nature supérieure, mais d'une étape majeure à partir de laquelle le travail de perfectionnement, de "rectification" personnel et collectif se poursuit. D'une certaine façon, nous restons tous, tout au long de notre vie, des apprentis. »

Le travail maçonnique est sans fin, aucun franc-maçon ne pouvant prétendre être parvenu à la perfection. « L'initiation est une longue quête », souligne un document de la Grande Loge de France. « Elle a pour principe de faire descendre l'homme en lui-même, afin qu'il découvre les dimensions de sa vie intérieure, sa place dans le cosmos, le sens de son destin. » Pour ce faire, cette initiation s'appuie sur un discours, les légendes maçonniques, sur les symboles qui leur sont associés, et sur une méthode opérative (les rites en particulier) qui embrasse l'être humain dans toutes les dimensions de son existence. Elle lui propose ainsi un chemin. Lui fournit des outils pratiques, des repères, mais aussi un cadre fraternel pour l'accompagner. Quant à savoir où le mènera ce chemin, la réponse appartient à chacun. Il peut ou aussi bien conduire, selon les obédiences et les sensibilités des uns et des autres, à se trouver soi-même, à une forme d'illumination par la connaissance, ou à trouver, au-delà du Grand Architecte de l'Univers, Dieu lui-même...

Le secret

Mais alors, pourquoi le secret est-il si intimement attaché à l'initiation maçonnique ? Il relève, tout d'abord, d'un besoin de se protéger, la franc-maçonnerie n'ayant pas été, et n'étant pas, toujours et partout, bien tolérée. De là vient aussi le processus de sélection des candidats afin de bien cerner, au-delà de leurs capacités, leurs motivations. Il y a ainsi trois formes de secret dans la franc-maçonnerie. Le secret d'appartenance qui interdit de dévoiler les noms des frères ou des sœurs. Le secret de grade qui impose de ne rien révéler de la symbolique, des rituels et des signes de reconnaissance. Le secret de délibération qui interdit de communiquer, même à un frère absent ce jour-là, ce qui s'est dit en loge. Quant à l'initiation elle-même, le secret qui l'entoure tient davantage de la dimension toute personnelle d'une expérience intérieure indicible et par là même difficilement transmissible.

C'est la part de mystère que conservera toujours l'initiation maçonnique, en particulier pour ceux qui sont extérieurs à la franc-maçonnerie. Le quatrain d'une chanson franc-maçonne le dit très bien : « Pour le public, un franc-maçon / Sera toujours un vrai problème / Qu'il ne pourra résoudre au fond / Qu'en devenant maçon lui-même... » Mais il peut être certain de n'avoir ainsi accès à aucun savoir, ou pouvoir, d'ordre surnaturel. Hormis, peut-être, certains de ses débordements mystiques et ésotériques, la franc-maçonnerie n'a en effet jamais prétendu détenir le moindre secret concernant la nature profonde du monde et son destin final...

15

La franc-maçonnerie et l'ésotérisme

Société initiatique, la franc-maçonnerie est encore considérée, par nombre de francs-maçons eux-mêmes, comme une voie ésotérique. Ce rapprochement entre ésotérisme et franc-maçonnerie s'appuie sur le sens premier de l'adjectif ésotérique : en grec, *esôterokos* signifie « vers l'intérieur », en opposition à *exoterikos*, « vers l'extérieur ». Les écoles philosophiques de la Grèce antique distinguaient ainsi l'enseignement réservé à leurs seuls disciples de celui dispensé à un cercle plus large. De la même manière, cette mise en avant du caractère ésotérique de la franc-maçonnerie fait référence à son enseignement initiatique (mythes, symboles et rites) par définition accessible aux seuls frères ou sœurs maçons.

Mais ce n'est là qu'une dimension de l'ésotérisme maçonnique. S'y ajoute une autre, plus déterminante encore pour les historiens. C'est l'empreinte laissée, notamment dans les systèmes des hauts grades maçonniques élaborés au XVIIIe siècle, par divers mouvements de pensée qui, durant la période de la Renaissance (XVe-XVIe siècle), ont constitué le socle de l'ésotérisme occidental : hermétisme et alchimie, kabbales juive et chrétienne, théosophie... À une époque où n'existe pas encore la séparation entre métaphysique et physique, astrologie et astronomie... qui va s'imposer durant le XVIIIe siècle, ces différentes formes de savoir ne sont pas cloisonnées et font partie du bagage intellectuel de la plupart des savants et des lettrés.

Hermétisme, kabbale et alchimie

L'hermétisme de la Renaissance émerge de la redécouverte, à la fin du XVe siècle, d'un ensemble de textes anciens. Ils forment ce que l'on appelle le *Corpus Hermeticum* attribué à un personnage qui va s'avérer légendaire, Hermès Trismégiste. Ces écrits, qui remontent probablement aux IIe et IIIe siècles de notre ère, traitent de philosophie de la nature, d'astrologie et d'alchimie, de magie naturelle ainsi que de théurgie, c'est-à-dire des divers moyens de se relier aux êtres divins pour connaître le Principe universel de toute chose. Présentés, à l'époque, comme une synthèse des connaissances de l'Antiquité, ils sont aussi considérés comme le réceptacle d'une *philosophia perenis*, une sagesse éternelle antérieure à l'émiettement des savoirs.

Le *Corpus Hermeticum* et ses nombreux commentaires font partie des livres de chevet des alchimistes de la Renaissance. L'alchimie est l'une des « sciences occultes » du Moyen Âge, officiellement rejetées par l'orthodoxie chrétienne. À l'instar de la magie et de l'astrologie, elle se présente comme un savoir-faire dont les secrets, mélange de chimie archaïque, de mythes et de symboles, sont accessibles aux seuls initiés. Durant la Renaissance, l'alchimie prend davantage la tournure d'une voie philosophique et religieuse pratique. La quête de la pierre philosophale, censée permettre la transmutation du plomb en or, conduit, par le travail alchimique de la matière, au dévoilement des mystérieux rapports entre la création et son Créateur. S'ouvre ainsi l'accès à la connaissance de la puissance vitale à l'œuvre au plus profond de la nature. Une connaissance synonyme de guérison, tant sur le plan physique que spirituel, et de salut éternel. La pensée alchimique de la Renaissance a été fortement marquée par l'œuvre de Paracelse (1494-1541). Ce médecin et philosophe de langue allemande, tout autant influencé par l'hermétisme que par la kabbale, conçoit la nature comme un ensemble de processus chimiques, manifestations d'entités spirituelles elles-mêmes reliées au divin.

Principale voie mystique du judaïsme, la kabbale s'appuie sur une méthode d'interprétation des lettres et des nombres de la Bible hébraïque. En élucidant les correspondances qui les relient, la recherche kabbalistique entend mettre au jour les rapports entre Dieu et sa création. Cette mystique spéculative, teintée de magie mathématique et spirituelle, a eu une grande influence sur nombre de penseurs de la Renaissance qui, tel Pic de La Mirandole (1463-1494), ont appliqué ses méthodes aux textes saints du christianisme afin de découvrir leurs vérités cachées. Un dévoilement censé donner la connaissance, cette fois dans une perspective chrétienne, des mystérieux rapports unissant les êtres humains, l'univers et leur Créateur.

Kabbale, hermétisme et alchimie ont donné lieu à divers ouvrages de synthèse tentant d'harmoniser ces savoirs. L'un des plus célèbres a été celui de Henricus Cornelius Agrippa (1486-1535), *De occulta philosophia*, publié en 1533. Cette compilation reste, encore aujourd'hui, une bible de l'ésotérisme. Pour les historiens contemporains, ces courants de pensée, dont l'influence a été déterminante jusqu'au XVIIIe siècle, ont plusieurs points communs, caractéristiques de l'ésotérisme occidental.

Expression de la volonté divine, la création forme à leurs yeux un ensemble fondamentalement harmonieux dont toutes les composantes sont reliées. Ces relations peuvent être mises au jour et comprises par la recherche des correspondances universelles qui en sont les signes. Une recherche qui s'appuie à la fois sur la raison (philosophique, mathématique) et sur l'imaginaire symbolique permettant de découvrir, par exemple, les relations subtiles entre telle partie du corps humain, tel métal, telle plante, telle planète, tel signe du zodiaque. Ces courants ésotériques partagent aussi l'idée d'une sagesse originelle, que traduit bien l'expression de *philosophia perennis*, dont les savoirs ont été dispersés et qu'il s'agit de retrouver. Une quête de réunification de la connaissance dont l'aboutissement se rattache à l'utopie d'une ère nouvelle, ou du retour à un âge d'or, synonyme d'harmonie universelle.

Ce cadre de pensée est celui dans lequel se situent, dans les siècles suivants, les courants qui vont enrichir la tradition ésotérique issue du bouillonnement culturel de la Renaissance. Ses principaux ingrédients se retrouvent dans la fiction littéraire, due à l'imagination de Johann Valentin Andreae, *Les Noces chimiques de Christian Rosenkreutz*. Parue en 1616, elle est à l'origine de la mythique Fraternité de la Rose-Croix, comme nous l'avons vu précédemment, mythe qui s'est répandu dans toute l'Europe durant le XVIIe siècle et qui a été l'une des sources d'inspiration des systèmes des hauts grades maçonniques au XVIIIe siècle. À côté de leurs références, rituelles et symboliques, à l'hermétisme, l'alchimie et la kabbale, vont y trouver place des références à la théosophie, un courant ésotérique, à l'accent plus mystique, dont la figure fondatrice est Jacob Boehme (1575-1624).

La théosophie

Artisan cordonnier de Silésie, Jacob Boehme est un protestant convaincu, nourri de lectures de traités d'alchimie, Paracelse en particulier, et de kabbale. Elles soutiennent sa méditation de la Bible qui le conduit à une illumination intérieure : « J'ai vu l'Être de tous les êtres, le principe et la fin des choses. » Mais cet « Être » n'est que le dévoilement partiel du « sans-fond » de l'infini divin. L'œuvre littéraire de Jacob Boehme, diffusée après sa mort, témoigne d'une quête, métaphysique et mystique, des signes de l'action divine (dont ceux qu'il nomme les « esprits-sources ») cachés au plus profond du monde visible comme l'âme l'est au cœur de l'être humain. Sa pensée inspire tout un courant théosophique, qui s'inscrit encore dans un cadre chrétien, dont les spéculations portent sur la nature de Dieu, la nature de l'homme et leurs correspondances. Le but est la recherche d'une forme de connaissance globale, cette sagesse du divin unifiant toutes les formes de savoir, à laquelle permet d'accéder l'illumination intérieure. Pour ce faire, la théosophie fait, davantage qu'à la seule raison, confiance à l'imagination créatrice de l'homme nourrie de l'interprétation des éléments mythiques des textes anciens, ceux de la Bible en particulier, se rapportant aux origines et au destin de la création.

Emmanuel Swedenborg (1688-1772) est l'autre grande figure de la théosophie dont l'œuvre a exercé une influence sur la franc-maçonnerie du XVIIIe siècle. En 1745, ce savant suédois, à la fois philosophe et inventeur réputé, délaisse ses activités scientifiques à la suite de visions mystiques lui ayant révélé que Dieu le chargeait d'établir une nouvelle Église. Créée en 1787 par des ecclésiastiques anglicans, cette New Church existe toujours. L'enseignement de Swedenborg, diffusé à travers de nombreux ouvrages *(Des Arcanes célestes*; *De la Nouvelle Jérusalem*; *L'Apocalypse expliquée...)* contribue, notamment, à populariser l'idée des correspondances universelles entre l'homme, la Nature et Dieu. Il suscite un vif intérêt en Suède, en Allemagne et en Angleterre, y compris dans les cercles maçonniques. Un siècle plus tard, en 1870 aux États-Unis, une obédience maçonnique se nommera Grande Loge du Rite swedenborgien...

En France, c'est Martinès de Pasqually (1715-1774), très inspiré par la pensée de Swedenborg, qui inaugure la vague théosophique. Il a exposé son propre système dans un ouvrage au titre évocateur : *Traité de la réintégration des êtres dans leurs premières propriétés et puissances spirituelles et divines.* Selon lui, l'homme, déchu de son origine divine, aspire à réintégrer le royaume céleste dont il a été exilé après sa création. Tel est le but du « culte mystérieux » élaboré par Martinès de Pasqually. Un culte théurgique dont les rituels magiques, suscitant la manifestation d'entités spirituelles, visent à renouer le lien avec l'Esprit divin, pour le fixer en soi et accéder ainsi au royaume céleste. Martinès de Pasqually organise la pratique de ce culte en fondant, sur le mode franc-maçon, l'ordre des Chevaliers Maçons Élus Cohens de l'Univers qui végète, après sa mort, jusqu'au début du XIXe siècle. Son enseignement a influencé deux théosophes qui ont marqué l'ésotérisme maçonnique : Louis Claude de Saint-Martin et Jean-Baptiste Willermoz.

Secrétaire et disciple de Pasqually, Louis Claude de Saint-Martin (1743-1803) est aussi surnommé le « Philosophe inconnu », pseudonyme adopté pour son premier livre, *Des erreurs et de la vérité*. Initié à la franc-maçonnerie, Louis Claude de Saint-Martin s'en éloignera, n'y trouvant pas une spiritualité à la hauteur de ses exigences. L'auteur du *Tableau naturel des rapports qui unissent Dieu, l'homme et l'univers* a découvert, lors d'un séjour en Allemagne, l'œuvre de Jacob Boehme. Détaché de la théurgie magique de Pasqually, Louis Claude de Saint-Martin propose une théosophie qui entend élever l'homme jusqu'à la connaissance de Dieu en le transformant en « véritable Christ » par la voie d'une initiation intérieure mettant davantage l'accent sur le cœur que sur l'esprit. Ses ouvrages *(L'Homme de désir*; *Le Nouvel Homme*; *Le Ministère de l'Homme-Esprit...)* sont très lus dans les cercles maçonniques critiques envers le rationalisme des Lumières et les excès de la période révolutionnaire. Joseph de Maistre, franc-maçon et catholique ultramontain proche de Jean-Baptiste Willermoz, écrit de Louis Claude de Saint-Martin qu'il est « le plus instruit, le plus sage et le plus élégant des théosophes modernes. »

Jean-Baptiste Willermoz (1734-1824) a, lui aussi, suivi de près l'œuvre de Pasqually et de Louis Claude de Saint-Martin, avec lequel il ne cesse de correspondre. Féru d'alchimie et de mystique chrétienne, il s'est fait le propagateur de la Stricte Obédience templière fondée en Allemagne par le baron Karl Gotthelf. Mais il souhaite apporter une plus haute spiritualité aux systèmes des hauts grades maçonniques en y intégrant sa propre synthèse des doctrines théosophiques de Pasqually et de Saint-Martin. Il y parvient en réunissant à Lyon, en 1778, un convent des Gaules qui est à l'origine du Rite Écossais Rectifié (RER), codifié au convent de Wilhemsbad (1782) convoqué par le duc de Brunswick, dernier grand maître de la Stricte Observance. Le RER reste, encore aujourd'hui, très imprégné des références à la théosophie chrétienne et mystique chère à Jean-Baptiste Willermoz.

L'ésotérisme théosophique a attiré bien des francs-maçons du XVIIIe siècle. À Paris, Savalette de Langes, membre de la loge des Amis réunis, organise deux convents internationaux, dits des « Philalèthes » (1785 et 1787). Mais ils ne parviennent pas à une synthèse de la théosophie acceptable par l'ensemble de la franc-maçonnerie. C'est encore Antoine Joseph Pernety, un maçon entiché d'alchimie qui fonde, en 1783 en Avignon, une société de pensée non maçonnique. Les Illuminés d'Avignon, parmi lesquels de nombreux francs-maçons, s'adonnent à des rites leur permettant de recueillir les oracles de la « Sainte Parole », manifestation de la sagesse divine. Ces chrétiens pas très catholiques sont condamnés par l'Église romaine en 1791...

Les francs-maçons ésotéristes de l'époque ont aussi porté beaucoup d'intérêt aux thèses de l'Autrichien Franz Anton Mesmer (voir aussi p. 57). Installé à Paris en 1778, il est notamment en relation avec Louis Claude de Saint-Martin et Jean-Baptiste Willermoz. Plus guérisseur que médecin, ce franc-maçon croit, on s'en souvient, en l'existence d'un fluide invisible reliant tous les éléments de la création. Après avoir soigné par l'application d'aimants, Mesmer a mis au point une thérapie consistant à faire s'asseoir des personnes sur des baquets remplis d'eau et de limaille de fer, et reliés entre eux. Le magnétisme des sujets sains est ainsi censé se transmettre aux sujets malades. Convaincu que « nous sommes doués d'un sens interne qui est en relation avec l'ensemble de l'univers », Anton Mesmer est le fondateur d'une Société de l'Harmonie, de style maçonnique, dont la pensée et les symboles s'inspirent de la tradition ésotérique.

Mais, dans les complexes méandres de l'ésotérisme maçonnique au siècle des Lumières, on rencontre des personnages bien plus troubles. Comme le mystérieux comte de Saint-Germain, prétendument détenteur de la pierre philosophale et de l'élixir d'immortalité. Ou encore l'un de ses compagnons, tout aussi célèbre, l'aventurier italien Joseph Balsamo, alias comte de Cagliostro (1743-1795). À l'occasion médecin, astrologue ou alchimiste, il profite de l'engouement de la bonne société, y compris maçonnique, pour les sciences occultes et de la crédulité des apprentis en ésotérisme. Finalement rejeté par la franc-maçonnerie, ce maçon, initié à Londres en 1777, n'en a pas moins achevé sa vie dans les geôles du Vatican où l'a enfermé l'Inquisition romaine en raison de son appartenance à la secte maçonnique (voir aussi p. 60).

Entre-temps, Cagliostro a inauguré, à Lyon, où il est arrivé en 1784 avec l'aura d'un véritable mage, un Rite égyptien dont il s'est fait le Grand Copte à vie. Prémice d'une « maçonnerie égyptienne » bientôt en vogue, l'aventure napoléonienne sur les bords du Nil ayant renforcé l'attrait des mystères de l'Égypte antique. Les amateurs d'ésotérisme ont tôt fait d'y rechercher les traces de la religion première de l'humanité. Au début du XIXe siècle, la franc-maçonnerie, française notamment, s'enrichit ainsi de références ésotériques aux symboles teintés par l'imaginaire égyptien de l'époque. En témoigne le rite de Misraïm – personnage biblique dont le nom est attaché à l'Égypte – qu'introduisent en France les frères Bédarride, officiers de l'armée napoléonienne. Il est bientôt suivi d'un rite dit de Memphis – cité pharaonique du delta du Nil – que l'on doit à l'imagination créatrice d'un certain Jacques Étienne Marconis de Nègre qui le prétend rattaché à une antique tradition passée des temps bibliques par la Perse et l'Égypte antiques, et transmis en Occident par les Templiers...

Occultisme et théosophie modernes

Durant la seconde partie du XIXe siècle, c'est une nouvelle vague ésotérique qui traverse la franc-maçonnerie. Elle a été préparée par le romantisme qui a émergé en Allemagne au tournant des XVIIIe et XIXe siècles. Ce mouvement culturel, qui traverse toute l'Europe, participe au réenchantement d'une nature dont le rationalisme et les sciences modernes prétendent percer tous les mystères. En Allemagne, il s'appuie sur la « naturphilosophie », une forme de science de la nature, très imprégnée de théosophie chrétienne, qui recherche une explication globale du monde, réconciliant la religion et les sciences modernes. Ce courant de pensée contribue à renouveler l'intérêt pour la tradition ésotérique et les sciences occultes (de l'alchimie au magnétisme). La quête romantique de la réconciliation des savoirs se tourne aussi, comme lors de la Renaissance, vers l'Orient. Mais, cette fois, la recherche porte plus loin que le pourtour méditerranéen. C'est dans les grandes traditions de l'Asie que l'on veut aussi trouver les traces de la *Philosophia perennis*, cette tradition primordiale et cachée. L'Inde en particulier, dont on a commencé de traduire les grands textes mythologiques.

Jusque-là globalement enraciné sur un fond chrétien, l'ésotérisme occidental va bientôt connaître une greffe orientale promise à un bel avenir. Mais c'est d'abord le retour des sciences occultes qui lui imprime sa marque avec ce que l'on appelle désormais l'occultisme. Un mouvement, plutôt hétéroclite, qui secoue aussi la franc-maçonnerie. Sa figure fondatrice est, en France, Alphonse Louis Constant (1810-1875), plus connu sous le nom d'Éliphas Lévi. C'est un ancien séminariste, féru de magie, qui n'a jamais été ordonné prêtre, bien qu'on l'appelle parfois l'« abbé Constant ». C'est aussi un progressiste. Il a participé aux événements révolutionnaires de 1848 et fréquenté les cercles féministes et socialistes liés à Flora Tristan. Mais l'ésotérisme l'intéresse plus encore. Un temps, il s'essaie même au spiritisme, une nouvelle science occulte alors très à la mode. Mais elle lui paraît plus dangereuse, pour la santé mentale, qu'utile à son projet de récapitulation des savoirs cachés.

En sortent plusieurs ouvrages qui vont durablement influencer le courant occultiste : *Dogme et rituel de la Haute Magie* (1854), *Histoire de la magie* (1860), *La Clef des Grands Mystères*. Comme il l'écrit dans la préface au premier de ce livres, Éliphas Lévi est convaincu que toutes les traditions religieuses, initiatiques et mystiques, tous les grands récits mythiques portent « les traces d'une doctrine partout la même et partout soigneusement cachée ». C'est « la philosophie occulte » qu'il considère comme « la nourrice ou la marraine de toutes les religions, le levier secret de toutes les forces intellectuelles et la reine absolue de la société... » Bien que reçu en la loge du Parfait Silence, Éliphas Levi s'est finalement détourné de la franc-maçonnerie, semble-t-il dépité par l'accueil sceptique de ceux auxquels il prétendait apporter « la connaissance exacte » des symboles et du but de leur association.

Mais la franc-maçonnerie n'en a pas, pour autant, fini avec l'occultisme qui n'est pas encore entaché de la mauvaise réputation qui sera la sienne au XXe siècle. D'une manière générale, les occultistes du XIXe siècle n'ont rien contre les sciences modernes. Ils cherchent plutôt à les intégrer dans un savoir global, la connaissance réduite au seul rationalisme scientifique leur apparaissant comme une mutilation de la dimension spirituelle, divine diraient certains, de l'humanité, et de la création en général. À leurs yeux, les savoirs ésotériques continuent d'apporter des lumières indispensables, tant pour comprendre la nature profonde des phénomènes que pour agir sur le monde. Selon Éliphas Lévi, la volonté humaine a ainsi une dimension physique, celle d'une force, comparable au magnétisme, que les pratiques magiques de la tradition ésotérique permettent de mettre en œuvre.

Parmi les mages, devins et autres guérisseurs qui font le bonheur des cercles occultistes de la fin de XIXe siècle, l'un des plus influents est Gérard Encausse, plus connu sous le nom de Papus (1865-1916). On lui doit une œuvre littéraire abondante qui lui vaut d'être surnommé le « Balzac de l'occultisme ». Durant ses études de médecine, ce passionné d'ésotérisme (devenu synonyme d'occultisme à cette époque) a surtout été marqué par sa lecture des livres d'Éliphas Lévi. Puis il se lie à « Maître Philippe de Lyon », alias Nizier Anthelme Philippe (1849-1905), voyant et magnétiseur alors réputé pour ses thérapies magiques. À sa suite, Gérard Encausse se fait un ardent diffuseur de ce que l'on qualifiera un jour de « médecines parallèles ».

Papus a trouvé sa voie. En même temps qu'il publie son *Traité de science occulte* (1888), il fonde la revue *L'Initiation.* Conférencier très demandé, c'est aussi un organisateur de toutes sortes de cercles occultistes, dont le Groupe indépendant d'études ésotériques. Éprouvant quelques difficultés à se faire admettre dans la franc-maçonnerie régulière, Papus fonde sur le mode maçonnique, en 1891, l'ordre Martiniste. Ainsi nommé car il en rattache l'enseignement aux doctrines de Martinès de Pasqually et de Louis Claude de Saint-Martin, révisées par ses soins. Papus inscrit cette société initiatique dans la tradition de l'ésotérisme chrétien à laquelle il tente d'ajouter l'apport occultiste de son siècle. À sa mort, l'ordre Martiniste comptera une bonne centaine de loges, en Europe et aux Amériques.

Dans le sillage de Papus figurent plusieurs personnalités représentatives de l'occultisme de cette période, comme son ami Stanislas de Guaita, membre du Suprême Conseil de l'ordre Martiniste. Auteur d'un ouvrage intitulé *Essais sur les sciences maudites,* il est aussi le fondateur de la Rose-Croix kabbalistique. Ou encore Joséphin Péladan, écrivain catholique qui a créé, de son côté, la Rose-Croix catholique du Temple et du Graal. Ce sont là quelques-unes des nombreuses sociétés initiatiques, reprenant à leur manière les mythes rosicruciens, que la vague occultiste a suscitées, jusque dans la sphère chrétienne.

Organisées sur le mode maçonnique, la plupart n'ont d'autres liens avec la franc-maçonnerie que d'attirer quelques francs-maçons aimantés par tout ce qui touche, de près ou parfois de très loin, à la tradition ésotérique, en particulier chrétienne. Exception faite de la Societas Rosicruciana in Anglia dont les liens avec la franc-maçonnerie anglaise sont plus affirmés. Elle a été fondée, en 1866 à Londres, par des francs-maçons férus d'occultisme et a compté, dans ses membres d'honneur, Éliphas Lévi. En 1888, trois membres de la SRIA fondent l'ordre hermétique de la Golden Dawn, ajoutant à la tradition ésotérique (alchimie, kabbale, magie et astrologie) la tradition magique, et surtout imaginaire, de l'Égypte antique. Ses rituels visent à réaliser le « Grand Œuvre » (expression alchimique) : une sorte d'union avec le « génie supérieur » obtenue en se reliant aux entités spirituelles du « plan astral », sorte de niveau supérieur de la réalité, intermédiaire entre le monde terrestre et le monde divin...

Organisation la plus influente de la mouvance occultiste anglaise, la Golden Dawn a vite éclaté en branches dissidentes au début du XXe siècle. Elle n'a pas eu le rayonnement international, jusque dans les rangs de la franc-maçonnerie, de la Société théosophique créée à New York en 1875 par Helena Blavatsky (1831-1891) avec l'aide d'un colonel franc-maçon, Henry Steel Olcott, comme elle féru de spiritisme. Médium, prétendument inspirée par des maîtres spirituels rencontrés en Asie, Helena Blavatsky a résumé l'essentiel de son projet ésotérique dans la préface à *La Doctrine secrète* (1888), son œuvre maîtresse : « Montrer que la nature n'est pas un “concours fortuit d'atomes”, et assigner à l'homme sa place réelle dans le plan de l'Univers ; sauver de la dégradation des vérités archaïques qui sont à la base de toutes les religions ; découvrir, jusqu'à un certain point, l'unité fondamentale dont toutes ont jailli ; et finalement montrer que le côté occulte de la Nature n'a jamais été considéré par la science de la civilisation moderne. »

La Société théosophique s'est fixé un triple but : former le noyau d'une Fraternité universelle ; encourager l'étude des religions et des philosophies, notamment orientales, ainsi que des sciences ; investiguer les lois inexpliquées de la nature et les pouvoirs psychiques latents de l'être humain. On reconnaît là, comme dans la préface à *La Doctrine secrète*, les traits fondamentaux de l'ésotérisme. Mais la théosophie d'Helena Blavatsky se détache de la tradition ésotérique chrétienne car elle considère les grandes traditions spirituelles de l'Asie (hindouisme et bouddhisme) plus proches de la Sagesse primordiale. La Société théosophique, implantée dans la plupart des pays occidentaux, Papus l'a un temps fréquentée, a grandement contribué à l'intégration de cette source orientale dans l'ésotérisme occidental. Non sans influence dans les rangs maçonniques, dont Helena Blavatsky, même si elle s'est intéressée à la tradition maçonnique, n'a jamais fait partie. À la différence d'Annie Besant (1847-1933) qui, avant de prendre la tête de la Société théosophique en 1907, est devenue membre du Droit Humain. Une obédience mixte, créée en France en 1893, dont elle soutiendra le développement international.

René Guénon

Au début du XXe siècle, le paysage de l'ésotérisme s'est enrichi, autant qu'embrouillé, de quantité de sociétés initiatiques et autres cercles d'études nés de la vogue occultiste. La franc-maçonnerie n'a pas échappé au phénomène auquel ont largement contribué ses courants spiritualistes opposés au scientisme triomphant de l'époque. Mais aussi, notamment en France, à une laïcisation croissante de l'ordre maçonnique dont témoigne, à leurs yeux, l'abandon, par le Grand Orient, de toute référence au Grand Architecte de l'univers. C'est dans ce contexte que Papus a organisé, en

1908 à Paris, un Congrès maçonnique et spiritualiste visant à resserrer les liens de cette mouvance hétéroclite dans laquelle figurent nombre de sociétés paramaçonniques.

La « Maçonnerie universelle », se réclamant de Constitutions antérieures à celles d'Anderson, dont la création est alors proclamée n'aura guère de suites. Mais le jeune homme qui a assuré, à la demande de Papus, le secrétariat de cette rencontre internationale n'a pas fini de secouer le petit monde de l'ésotérisme et de la franc-maçonnerie. Arrivé à Paris en 1905 pour y poursuivre des études de mathématiques, René Guénon (1886-1951), alors surtout intéressé par l'occultisme, a rejoint dès 1906 l'École Hermétique fondée par Papus. Il devient rapidement un membre important de l'ordre Martiniste, avant de s'en détacher après sa rupture avec Papus, consécutive à la fondation de l'ordre du Temple rénové (1909) par Guénon.

Tout ce qui se rapporte à l'ésotérisme attire le jeune René Guénon. Il s'est converti, un temps, à l'Église gnostique de Jules Doinel, a tâté du spiritisme, fréquenté les cercles théosophiques. Mais aucune de ces officines de l'ésotérisme ne comble la soif de connaissance de cet insatiable chercheur. Initié à la Grande Loge de France, il finit aussi par s'éloigner de la franc-maçonnerie, allant même jusqu'à publier quelques écrits dans des revues antimaçonniques. Convaincu de la dégénérescence de l'Occident, René Guénon n'a trouvé ni dans les cercles ésotériques ni dans la franc-maçonnerie la voie de redressement qu'il cherche. Son retour vers le catholicisme ne le satisfait pas plus. Fasciné par les grands textes sacrés de l'Inde, c'est pourtant vers l'islam qu'il finit par se tourner en entrant dans une confrérie soufie. Il s'installe au Caire, en 1930, sans pour autant cesser d'écrire et de publier jusqu'à sa mort en 1951.

René Guénon s'est livré à une critique en règle des chapelles ésotériques, avec des livres comme *Le Théosophisme, histoire d'une pseudo-religion* ou *L'Erreur spirite*. Il dénonce l'ésotérisme frelaté et le dévoiement d'une « révélation primordiale » à laquelle il prétend lui-même avoir accès pour définir la vraie doctrine de l'ésotérisme. Selon Guénon, c'est en Orient que la tradition primordiale a été le mieux préservée, par des groupes d'initiés, particulièrement au sein de l'hindouisme, du taoïsme et de l'islam, via le soufisme. Mais il en reste aussi des traces dans le christianisme et la franc-maçonnerie, même si ces traditions se sont, à ses yeux, beaucoup plus éloignées de cette source première.

Outre les ouvrages exposant les grands principes de sa doctrine (*La Crise du monde moderne*; *Les États multiples de l'être*; *Le Règne de la quantité et les signes des temps*), nombre de ses écrits, notamment dans sa revue *Études traditionnelles*, ont porté sur le sens universel de l'initiation et des symboles des grandes traditions religieuses (*Le Symbolisme de la croix*). Son œuvre a eu un impact considérable dans le monde intellectuel et artistique, en France mais aussi à l'étranger, car elle a été traduite en plus de vingt langues. Elle a aussi laissé une profonde empreinte dans la mouvance ésotérique, tout comme dans la franc-maçonnerie. Qu'on le considère comme un éveilleur providentiel, ou un doctrinaire passéiste, chantre de la tradition contre la modernité, il y a un avant- et un après-Guénon. Il reste bien souvent, encore aujourd'hui, un empêcheur d'initier et de symboliser en rond...

Quatrième partie

Franc-maçonnerie et christianisme

16

Rome condamne
(XVIIIe siècle)

Fille de protestants plutôt antipapistes, la franc-maçonnerie importée d'Angleterre connaît un développement inattendu dans les pays latins et catholiques (France, Italie, Espagne et Portugal) durant le XVIIIe siècle. Au point qu'elle y devient parfois un véritable phénomène de mode, en France en particulier, où le nombre des loges explose dans la seconde partie du siècle. S'y côtoient des aristocrates, des bourgeois, et pas mal d'ecclésiastiques catholiques. Ce sont, le plus souvent, des prêtres ou des religieux. Mais on rencontre aussi des évêques. Ce succès est d'autant plus surprenant, en terre catholique, que, ainsi que nous l'avons mentionné, le pape Clément XII a fermement condamné la franc-maçonnerie dès avril 1738. Condamnation, assortie de l'excommunication des francs-maçons, que réitère, en 1751, le pape Benoît XIV.

La bulle du pape Clément XII

L'intitulé de la lettre apostolique de Clément XII est éloquent : « Condamnation de la société ou des conventicules vulgairement appelés *Liberi Muratori* ou francs-maçons, sous peine d'excommunication... » Pourquoi cette colère papale ? Les origines protestantes de la franc-maçonnerie ne plaident certes pas en sa faveur du côté de Rome. Mais, en France, elle se montre plutôt bonne catholique. Ainsi, la première édition des *Obligations de la Confraternité des francs-maçons,* dans la partie consacrée aux statuts en usage dans les loges de France, stipule que « nul ne sera reçu dans l'Ordre, qui n'ait promis et juré un attachement inviolable pour la Religion, le Roi et les Mœurs ». De plus, comme le montrent les recherches des historiens, la franc-maçonnerie, même anglo-saxonne, ne s'est livrée à aucune attaque de l'Église romaine et n'a produit aucun texte anticatholique. De fait, les griefs du Vatican sont marqués du sceau du soupçon lié au secret qui entoure les travaux des loges maçonniques.

Les motifs mis en avant par la bulle *(In Eminenti)* de Clément XII sont de trois ordres : moral, juridique et religieux. S'y ajoute une énigmatique évocation d'« autres causes justes et raisonnables à Nous connues... » Lesquelles ? Probablement des raisons d'ordre politique, selon les historiens, notamment liées au contrôle de la Toscane que se disputaient le Vatican et François de Lorraine, soutenu par les francs-maçons de Florence... Le principal des reproches explicitement formulés par Clément XII porte sur le fait que les francs-maçons se « lient entre eux par un pacte aussi étroit qu'impénétrable » en s'engageant, « par un serment prêté sur la Bible, et sous les peines les plus graves, à cacher par un silence inviolable tout ce qu'ils font dans l'obscurité du secret ». C'est bien là une « marque de perversion et de méchanceté », affirme Clément XII, « car s'ils ne faisaient point le mal, ils ne haïraient point ainsi la lumière... » Preuve de la justesse de ce soupçon, ajoute-t-il, « dans plusieurs États, ces dites sociétés ont été proscrites et bannies comme contraires à la sûreté des royaumes ». Le pape fait ici allusion, sans les nommer, aux récentes interdictions déjà prononcées par les autorités temporelles de Hambourg (1738), Paris (1737) et, dans la sphère protestante, La Haye (1735 et 1737), Genève (1736).

Voilà donc pour les deux principaux griefs. Le troisième est formulé de manière plus indirecte. Les assemblées de francs-maçons réunissent, souligne le pape, « des hommes de toute religion et de toute secte, affectant une apparence d'honnêteté naturelle ». Ce que démentent, à ses yeux, leur pratique du secret et l'illégalité de leur activité. Or, poursuit-il, il est de son devoir de veiller à ce que « ce genre d'hommes, tels que des voleurs, n'enfoncent la maison et, tels que des renards (...), ne pervertissent le cœur des simples... » Est ici en cause la tolérance religieuse pratiquée dans les loges, car elle est jugée dangereuse pour la foi des catholiques qui les fréquentent, et donc pour l'autorité de l'Église romaine. S'ensuit, pour toutes ces raisons, l'interdiction faite à tous les « fidèles de Jésus-Christ », sous peine d'une excommunication, de fréquenter la franc-maçonnerie, ou de la soutenir de quelque manière. De plus, Clément XII demande à l'Inquisition, avec le secours du pouvoir séculier si besoin, de poursuivre les éventuels « transgresseurs » considérés comme « fortement suspects d'hérésie... ».

Treize ans plus tard, en 1751, le pape Benoît XIV confirme, presque mot pour mot, la sentence prononcée par son prédécesseur. La bulle *Providas* en reprend les mêmes motifs, en étant plus explicite sur l'enjeu religieux. La première cause de la condamnation romaine de la franc-maçonnerie, peut-on lire, « est que, dans ces sortes de sociétés ou de conventicules, des hommes de toute religion et de toute secte se réunissent ; d'où l'on voit assez quel grand mal il peut en résulter pour la pureté de la religion catholique... » D'une bulle à l'autre, il ressort très clairement que la condamnation romaine de la franc-maçonnerie n'a pas varié et, surtout, qu'elle est globale. Elle n'y distingue aucun des courants, ou des sensibilités, qui la traversent : Anciens et Modernes en Angleterre, déistes, théistes, rationalistes, spiritualistes... Mais, comme l'ont montré les historiens, y compris un jésuite comme le R.-P. Ferrer Benimeli [1], on est, à cette époque au Vatican, dans une grande ignorance en ce

1. Ferrer Benimeli et José A., *Les Archives secrètes du Vatican et de la franc-maçonnerie : Histoire d'une condamnation pontificale*, Dervy, 2002.

qui concerne la franc-maçonnerie. Clément XII écrivait ainsi, dans *In Eminenti*, avoir été alerté de son développement par « la rumeur publique »...

La réaction des catholiques maçons

En France, nombre de francs-maçons du XVIIIe siècle semblent avoir éprouvé le même sentiment. « Notre ordre a reçu un terrible coup de notre St.-Père, écrit, dans une lettre privée, le marquis de Saulx-Tavannes en octobre 1738. Vous verrez qu'il faudra le recevoir pour le désabuser et lui apprendre à ne pas si mal juger de son prochain et à ne pas condamner ce qu'il ne connaît pas [1]. » D'autres, comme le montre *Le Secret des francs-maçons mis en évidence par M. Uriot membre des loges de l'Union et de l'Égalité*, publié en 1744, ont estimé que le pape avait été abusé par son entourage car les francs-maçons restaient, selon eux, soumis à l'Église. En Irlande, dès 1738, le grand maître rappelait, dans une *Réponse à la bulle du pape*, que les maçons demeuraient fidèles au Créateur et à la religion naturelle...

Les condamnations romaines n'ont pas soulevé de nombreuses réactions publiques de la part des francs-maçons. En France, les plus notables, en raison de leur catholicisme revendiqué, sont celles du baron Louis de Tschoudy et de l'écrivain Joseph de Maistre (1753-1821). Vénérable de la Loge ancienne de Metz, Louis de Tschoudy publie, en 1752, une série de lettres [2] pour réfuter la bulle *Providas* de Benoît XIV. Il s'attache à démontrer que cette condamnation ne repose sur aucun argument doctrinal solide et que la franc-maçonnerie ne présente aucun danger, ni pour l'Église ni pour les autorités civiles. La fraternité est le but essentiel de la franc-maçonnerie, assure-t-il en défendant la légitimité du secret, car il ne recouvre rien de répréhensible.

1. Citées par J. Rousse-Lacordaire, in *Rome et les francs-maçons*, p. 62.
2. Louis de Tschoudy, *L'Étrenne au pape ou les francs-maçons vengés*; *cf.* J. Rousse-Lacordaire, *Rome...*, *op. cit.*, p. 70-73.

Joseph de Maistre défend, lui aussi, la légitimité du secret, dès lors que « nous sommes sûrs, dans notre conscience, que le secret maçonnique ne contient rien de contraire à la religion et à la partie », écrit-il dans son célèbre *Mémoire au duc de Brunswick* (1782). Initié à la loge La Sincérité de Chambéry, Joseph de Maistre, en bon catholique ultramontain opposé aux catholiques gallicans revendiquant l'autonomie de l'Église de France à l'égard de Rome, ne conteste pas l'autorité du pape. Mais, tout en étant bien conscient des courants maçons divergents du christianisme, il défend la franc-maçonnerie en insistant, comme Louis de Tschoudy, sur ses racines chrétiennes. Pour lui, elle pourrait même être le moyen de ramener au catholicisme ceux qui s'en sont éloignés [1].

Le plaidoyer de Joseph de Maistre n'a pas eu beaucoup d'effet sur le Vatican. De leur côté, les condamnations papales n'ont guère freiné l'expansion de la franc-maçonnerie. Seules exceptions, les pays où l'Inquisition a vraiment sévi : l'Italie, le Portugal et l'Espagne. Des procès sont engagés, des loges dissoutes. Pour être libérés des griffes inquisitoriales, les francs-maçons doivent jurer de ne plus se réunir. Une franc-maçonnerie clandestine persiste, malgré tout, notamment en Italie. Certains repentis sont absous par Benoît XIV, devenant une source d'informations pour le Saint-Siège. Qui, dans son ignorance, en a bien besoin. Comme l'a montré le R.-P. Ferrer Benimeli, les procès de l'Inquisition ont en effet eu, pour principal objectif, de « découvrir ce qu'était réellement la Société des Maçons [2] ». Parfois sans parvenir à prononcer de condamnations, devant l'impossibilité de prouver la culpabilité des maçons. Ce que reconnaît, dans une lettre de janvier 1739, le cardinal portugais Nuno Da Cunha, inquisiteur général, en constatant qu'il « ne se trouve aucun soupçon d'hérésie dans la Société, ni aucune tache de superstition... » L'Inquisition portugaise a

1. Hubert de Thier, *Église et temple maçonnique*, Dervy, p. 77-78.
2. Ferrer Benimeli et José A., *Les Archives secrètes...*, *op. cit.*, p. 66.

néanmoins fini par trouver des coupables, dont le marchand John Coustos, torturé et condamné aux galères en 1744.

En France, en revanche, les francs-maçons ont peu souffert des fulminations papales. Pour y être appliqué, tout acte pontifical doit en effet être enregistré par le parlement de Paris qui, majoritairement gallican, s'en est bien gardé concernant les bulles de Clément XII et de Benoît XIV. Selon l'adage *« lex non promulgata non obligat »* (loi non promulguée n'oblige pas). Une véritable aubaine pour une franc-maçonnerie et une Église au sein desquelles la double appartenance ne soulève guère de problèmes. D'un côté comme de l'autre, ces derniers restent, en effet, exceptionnels. Nombre de loges font célébrer, sans difficulté, des offices religieux pour des enterrements de frères, ou des « messes de Saint-Jean », à l'occasion des fêtes de leurs saints patrons, Jean le Baptiste et Jean l'Évangéliste. Les calendriers de banquets rituels tiennent compte des devoirs catholiques, comme celui de respecter le carême et le jeûne du vendredi. Des loges n'hésitent pas à exclure l'un ou l'autre de leurs membres qui s'est vanté de son athéisme. Certaines ont leur aumônier, et nombre d'entre elles contribuent aux œuvres sociales des paroisses [1]...

Les idéaux philosophiques des Lumières se diffusent aussi dans la franc-maçonnerie, y favorisant la progression du déisme rationnel au détriment du théisme chrétien, mais pas au point de la faire basculer dans un rationalisme anticatholique. Phénomène qui ne verra vraiment le jour qu'au siècle suivant. En parallèle à l'influence des Lumières, la franc-maçonnerie française est aussi marquée par le renouveau d'un illuminisme mélangeant quête mystique, ésotérisme, filiation templière et théosophie. Un courant notamment porté par Martinès de Pasqually, le fondateur de l'ordre des Chevaliers Maçons Élus Cohens de l'Univers et auteur d'un *Traité de la réintégration des êtres* (1773). Il a

1. Hubert de Thier, *Église catholique...*, *op. cit.*, pp. 60-61 ; J.-J. Gabut, *Église, religions et franc-maçonnerie*, Cerf, p. 71-75.

influencé Louis Claude de Saint-Martin, tout aussi opposé à la philosophie des Lumières. Pour cet adepte d'un christianisme ésotérique, seule la lumière divine pouvait éclairer la raison humaine. Les différents rites maçons apparus, de manière anarchique, en France témoignent de la grande diversité de la franc-maçonnerie de cette période. Il y en a pour tous les goûts. Mais la plupart de ces rites conservent un caractère religieux, parfois prononcé, et, souvent, un enracinement chrétien explicite, notamment le Rite Écossais Rectifié cher à un Joseph de Maistre.

Rien d'étonnant dans une franc-maçonnerie qui reste d'inspiration chrétienne et, tout en accueillant des protestants ou des déistes, globalement catholique. Bien assez, en tout cas, pour qu'on y trouve une forte présence cléricale. Certaines loges comptent même plus de clercs que de laïcs dans leurs membres. D'autres ont carrément été fondées dans des monastères. Comme la loge La Vertu, à l'abbaye de Clairvaux, pour l'essentiel composée de moines cisterciens [1]... Il y a même des évêques francs-maçons, tels Louis Henri de Bruière-Chalabre, évêque de Saint-Pons, ou Gilbert Montmorin de Saint-Herem, évêque-duc de Langres. Le phénomène n'est d'ailleurs pas propre au royaume de France. Le R.-P. Ferrer-Benimeli a répertorié, comme membres de la franc-maçonnerie du XVIIIe siècle, près de deux mille ecclésiastiques, majoritairement français, mais appartenant aussi aux Églises d'Allemagne, d'Autriche-Hongrie, d'Espagne et d'Italie, dont le cardinal Delei de Rome [2]...

La Révolution française et la thèse du complot maçonnique

L'Église catholique et les loges maçonniques ont ainsi fait plutôt bon ménage, en France en particulier, durant une

1. J.-J. Gabut, *Église...*, *op. cit.*, p. 76-77.
2. *Ibid.*, p. 78-79.

bonne partie du XVIIIe siècle. Jusqu'à la fracture de la Révolution française, qui n'épargne ni la franc-maçonnerie ni l'Église catholique. Constitution civile du clergé, serment de fidélité, confiscation des biens ecclésiaux, sans oublier une véritable entreprise de déchristianisation au paroxysme du processus révolutionnaire : le catholicisme français sort complètement laminé de la Révolution. Comme la franc-maçonnerie, d'ailleurs... Vus de Rome, les méfaits révolutionnaires sont bientôt perçus comme les conséquences directes d'un projet de destruction de la sainte Église, ourdi dans l'opacité des sociétés secrètes. Œuvre maléfique à laquelle va être associée la franc-maçonnerie dans son ensemble.

La Révolution, œuvre de la franc-maçonnerie ? Les historiens ont, depuis, montré l'inanité de cette thèse qui va, longtemps, porter l'antimaçonnisme catholique. Elle apparaît très tôt, dès 1791, avec la publication d'un livre de l'abbé Lefranc, *Le Voile levé pour les curieux, ou les Secrets de la Révolution révélés à l'aide de la franc-maçonnerie.* Mais c'est un autre abbé, que nous avons déjà rencontré au fil de ces pages (voir p. 64), Augustin Barruel, qui la popularise à partir de 1797, avec ses *Mémoires pour servir à l'histoire du jacobinisme.* La même année, en Angleterre, on l'a vu, John Robinson publie un livre, traduit en français en 1799, au titre éloquent : *Preuves de la conspiration contre toutes les religions et tous les gouvernements de l'Europe ourdie dans les assemblées secrètes des Illuminés, des francs-maçons et des sociétés de lecture.* Ouvrage dénonçant, entre autres fantasmes, l'œuvre des jésuites dans la franc-maçonnerie française.

Jésuite lui-même, Augustin Barruel a été, selon ses dires, franc-maçon avant la Révolution. Tout en reconnaissant à la Grande Loge d'Angleterre sa fidélité à ses origines chrétiennes, il prétend s'appuyer sur sa propre expérience pour démontrer la perversion de la franc-maçonnerie française. Conséquence de l'influence néfaste du philosophisme des Lumières, dont le pire exemple, à ses yeux, sont les Illuminés de Bavière d'Adam Weishaupt. Ce mouvement maçonnique, rationaliste, antimonarchiste et hostile à l'Église romaine, a pourtant été combattu et rejeté par une bonne partie de la franc-maçonnerie, et pas seulement allemande (voir p. 67). Mais Augustin Barruel ne fait pas dans la nuance, en fourrant, qui plus est, dans le même sac de conjurés, les Illuminés de Bavière et les illuminés des courants maçons ésotériques et mystiques, tels les martinistes, inspirés par Louis Claude de Saint-Martin...

La thèse de la responsabilité des francs-maçons dans la Révolution, et les malheurs de l'Église, fait florès durant la fin du XVIIIe siècle. Elle est soutenue par toutes sortes d'écrits, certains expliquant cette conjuration par la poursuite, au sein de la franc-maçonnerie, de la vengeance des Templiers. Mais elle est aussi remise en cause par des personnalités contre-révolutionnaires, comme Joseph de Maistre. Maçon et fervent catholique, il s'est trouvé accusé de complicité avec les jacobins savoyards, artisans du rattachement de la Savoie à la France. Pour sa défense, il rédige, en 1793, un *Mémoire au Baron Vignet des Étoles* où il affirme que « la franc-maçonnerie en général, qui date de plusieurs siècles (...), n'a certainement, dans son principe, rien de commun avec la Révolution française ».

Dans un écrit ultérieur, *Quatre chapitres sur la Russie* (1811), Joseph de Maistre condamne, comme Barruel, les Illuminés de Bavière. Mais il les sépare nettement des courants illuministes de la franc-maçonnerie. Ainsi, à ses yeux, le martinisme est « chrétien dans toutes ses racines », il « accoutume les hommes aux dogmes et aux idées spirituelles » et « les préserve d'une sorte de matérialisme pratique très remarquable à notre époque, et de la glace protestante qui ne tend à rien moins qu'à geler le cœur humain... » Ce faisant, il distingue clairement la franc-maçonnerie pour lui authentique, c'est-à-dire théiste et d'inspiration chrétienne, de sa fraction gagnée par le rationalisme philosophique et les idées révolutionnaires. De plus, pour Joseph de Maistre, il est évident que les maçons qui ont participé à la Révolution l'ont fait, en hommes du XVIIIe siècle, par conviction personnelle et non par obéissance à quelque obscure consigne.

Mais, au Vatican, c'est la voix des thuriféraires du complot maçonnique qui rencontre l'écho le plus favorable. Le traumatisme de la Révolution a achevé de convaincre le Saint-Siège du grave danger des sociétés secrètes, dont la franc-maçonnerie dans son ensemble. Cela va lui valoir plus d'une vingtaine de condamnations papales au cours du XIXe siècle. La lutte contre les loges s'inscrit, dès lors, dans un cadre historique élargi à l'antique combat des forces du Bien contre celles du Mal, de l'ordre contre le chaos, de la sainte Église contre Satan. Une mise en perspective en adéquation avec un complot tout aussi mythique. Déjà condamnée comme hérétique, la franc-maçonnerie le sera de surcroît, car désormais considérée comme foncièrement diabolique...

17

La diabolisation

XIXe siècle

Une horrible secte

La franc-maçonnerie se retrouve à nouveau dans la ligne de mire du Vatican en 1821. Avec la bulle *Ecclesiam a Ieso Christo* (septembre 1821), le pape Pie VII réitère les condamnations de ses prédécesseurs, Clément XII et Benoît XIV. Son introduction projette un éclairage nouveau sur la réaction de l'Église romaine : « Ce qui est arrivé dans des temps déjà reculés se renouvelle encore, et surtout à la déplorable époque où nous vivons, époque qui semble être ces derniers temps, annoncés tant de fois par les Apôtres, où "viendront des imposteurs marchant d'impiété en impiété, en suivant leurs désirs". Personne n'ignore quel nombre prodigieux d'hommes coupables se sont ligués dans ces temps si difficiles contre le Seigneur et contre le Christ, et ont mis tout en œuvre pour tromper les fidèles par les subtilités d'une fausse et vaine philosophie, et pour les arracher du sein de l'Église, dans la folle espérance de ruiner et de renverser cette même Église. Pour atteindre plus facilement ce but, la plupart d'entre eux ont formé des sociétés occultes, des sectes clandestines, se flattant par ce moyen d'en associer plus librement un plus grand nombre à leurs complots et à leurs desseins pervers. »

La déclaration de Pie VII dénonce explicitement les Carbonari (voir p. 251) un mouvement italien semi-clandestin, aux idées républicaines et opposé au pouvoir temporel de la papauté. On y trouve des francs-maçons. Mais, pour le pape, c'est le mouvement dans son entier qui relève de la franc-maçonnerie. Car ce sont, à ses yeux, ses diverses sociétés, plus ou moins occultes, qui sont probablement à « l'origine de celle des Carbonari, ou qui certainement lui ont servi de modèle... » Et de dénoncer « ces réunions clandestines et illégitimes qu'ils forment à l'instar de plusieurs hérétiques, et cette agrégation de gens de toutes les religions et de toutes les sectes... »

Sur le plan religieux, Pie VII accuse en particulier les Carbonari d'avoir « principalement pour but de propager l'indifférence en matière de religion, le plus dangereux de tous les systèmes », « de donner à chacun la liberté absolue de se faire une religion suivant ses penchants et ses idées », de « mépriser les sacrements de l'Église », et même de les « profaner (...) par leurs coupables cérémonies ». Sur un plan moral, les Carbonari sont accusés de favoriser « le plaisir des sens ». Mais Pie VII ajoute une autre grave marque d'immoralité, elle aussi puisée dans les fantasmes de l'anti-maçonnisme de cette époque : le « permis de tuer » ceux des initiés qui violeraient le secret auquel ils se sont engagés. Sur un plan plus politique, enfin, le pape énonce deux motifs de condamnation. Le projet des Carbonari, d'une part, de renverser le Saint-Siège romain, « contre lequel, animés d'une haine toute particulière, (...) ils trament les complots les plus noirs et les plus détestables ». Leur doctrine, d'autre part, selon laquelle « il est permis d'exciter des révoltes pour dépouiller de leur puissance les rois et tous ceux qui commandent, auxquels elle donne le nom injurieux de tyrans... »

Avec Pie VII, la franc-maçonnerie se trouve ainsi clairement rangée parmi les sectes, par définition hérétiques dans la tradition catholique. Sectes, qui plus est « clandestines », elles-mêmes placées dans le camp des forces obscures du mal œuvrant contre un ordre social, politique et religieux ordonné par Dieu et dont l'Église romaine se veut la gardienne. Toutes les condamnations papales du XIXe siècle vont se situer dans cette perspective, marquée par le contexte politique de l'époque : la diffusion des idéaux républicains de la Révolution française en Europe et la montée des mouvements nationalistes. Notamment dans la péninsule italienne où l'écrasement des Carbonari, par les Autrichiens, n'enraye pas l'aspiration populaire à l'unification du royaume.

La synagogue de Satan

En 1832, le pape Grégoire XVI (1831-1846), dans sa lettre encyclique *Mirari vos*, renouvelle la condamnation de la franc-maçonnerie en accentuant son caractère hérétique car elle est uniquement composée, selon lui, de « sectateurs de toute espèce de fausse religion et de culte ». Mais, avec son successeur, Pie IX (1846-1878), les vociférations papales franchissent un nouveau degré. Entre-temps, les partisans de l'unification de l'Italie sont passés de la clandestinité au mouvement de masse entraîné par de fortes personnalités. Comme le fameux Garibaldi qui tente d'imposer une république de Rome en 1849. Pie IX avait déjà condamné, en 1846, les idées politiques libérales et ceux qui les véhiculaient. Dont les sociétés secrètes qu'il présente comme des « enfants du diable » dans une allocution de décembre 1854. En 1870, après l'annexion de Rome au royaume d'Italie, la papauté perd son pouvoir temporel. Enfermé au Vatican, Pie IX promulgue, en décembre 1873, la lettre encyclique *Etsi multa* dans laquelle il qualifie la franc-maçonnerie de « synagogue de Satan ». L'expression est tirée de l'Apocalypse de saint Jean. Elle illustre le climat de fin des temps dans lequel a vécu Pie IX. Mais son caractère antisémite est incontestable. Car, depuis l'abbé Barruel, les thuriféraires du complot ont de plus en plus conjugué antisémitisme et antimaçonnisme, en associant juifs et francs-maçons dans un mythique complot « judéo-maçonnique » (voir chapitre 22).

C'est notamment le cas en France où, dans la période post-révolutionnaire, se sont développées différentes sociétés catholiques clandestines, comme celle des Chevaliers de la foi (1810). Elles pratiquent le secret, sur le modèle stipendié de la franc-maçonnerie, afin de la combattre en employant les mêmes armes. L'idée que les juifs auraient créé la franc-maçonnerie pour dominer le monde, émise par l'abbé Barruel en 1806, trouve un terreau fertile dans cette mouvance catholique et contre-révolutionnaire, tout acquise à la diabolisation de la franc-maçonnerie. Une minorité agissante dont les thèses vont progressivement contaminer l'Église catholique française. D'autant qu'elles sont aussi popularisées par des ouvrages aux titres sans ambiguïté, comme *Le Nouveau Judaïsme, ou la Franc-Maçonnerie dévoilée*, publié en 1815.

L'heure du choix

Le Concordat, signé en 1801 entre Napoléon et Pie VII, a changé le rapport des forces entre gallicans et ultramontains. Il offre à ces derniers le pouvoir d'imposer, sans passer par l'autorité civile, l'application de condamnations pontificales qui ont eu, jusque-là, peu d'effets. Joint à la montée de l'antimaçonnisme, ce basculement va rendre de plus en plus intenable la double appartenance, obligeant un nombre croissant de catholiques, et d'abord les clercs, à abandonner les loges au fur et à mesure que s'amenuise aussi la tolérance des évêques les plus libéraux. Car Rome multiplie les interventions pour se faire obéir. Ainsi, en juin 1865, Mgr Darboy, archevêque de Paris, a osé célébrer les obsèques religieuses du maréchal Magnan, grand maître du Grand Orient de France. Pie IX le rappelle à l'ordre, en renouvelant les anathèmes pontificaux contre ces « sectes d'impiété » qui s'efforcent « de corrompre partout les mœurs et l'esprit (...), de propager des vices abominables (...), d'ébranler l'empire de toute autorité légitime, de renverser, si cela était possible, l'Église catholique (...) et de chasser Dieu lui-même du ciel ».

Durant la seconde moitié du XIXe siècle, les évêques français se font surtout remarquer par leur active contribution à l'antimaçonnisme. En témoignent différents écrits : *La Franc-Maçonnerie, ce qu'ils sont, ce qu'ils font, ce qu'ils veulent* de Mgr de Ségur (1867), *Études sur la franc-maçonnerie* de Mgr Dupanloup (1875), *Le Grand Péril de notre temps, la franc-maçonnerie* de Mgr Turinaz (1879), *La Franc-Maçonnerie, synagogue de Satan* de Mgr Meurin (1893). Ouvrages de qualité inégale, dont le plus caricatural, et le plus réédité, reste celui de Mgr de Ségur. On y trouve un véritable catalogue de l'antimaçonnisme catholique, stigmatisant les « messes du diable », et autres pratiques sataniques, attribuées à une maçonnerie fantasmatique, sans oublier sa filiation templière, son athéisme, son terrible secret et les crimes commis en son nom... C'est sans la moindre difficulté que l'Église catholique française, comme d'ailleurs le Vatican, soutient le faussaire Léo Taxil qui, avec ses *Confessions d'un ex-libre-penseur* (1887), prétend apporter les preuves de l'alliance, dans la franc-maçonnerie, des adorateurs de Satan, des juifs et des protestants. Une mystification publiquement reconnue par son propre auteur en 1897 (voir p. 271).

Du côté de la franc-maçonnerie française, c'est une radicalisation en sens inverse qui s'opère. Un nombre croissant de francs-maçons fait sien l'héritage de la Révolution et la défense des idéaux républicains. Face à une Église qui, elle, ne cesse de s'engager du côté du trône, contre la République, comme lors de la Révolution de 1848 ou de la Commune de Paris en 1871. Pareil contexte n'a fait qu'accentuer les clivages entre les francs-maçons théistes, attachés à un enracinement chrétien de la maçonnerie, et les courants déistes et rationalistes, où gagnent l'athéisme et un anticléricalisme de plus en plus radical. Au point, parfois, d'en devenir antireligieux quand des loges excluent certains de leurs membres en raison de leur appartenance à l'Église romaine. Église qui a fabriqué son propre épouvantail avec le *Syllabus*, publié par Pie IX en 1864. Y sont résumées, et condamnées, les « principales erreurs de notre temps », dont le naturalisme et le rationalisme, le socialisme, le communisme, les inévitables sociétés secrètes et le « libéralisme moderne », notamment parce qu'il prône la liberté de conscience, la séparation de l'Église et de l'État, et la fin du pouvoir temporel de la papauté...

En un siècle, la franc-maçonnerie française a très majoritairement basculé dans le camp républicain et anticlérical. En témoigne l'évolution significative de sa principale obédience, le Grand Orient de France, en pointe dans le combat pour la laïcisation des institutions, au premier rang desquelles l'école. L'article premier de ses Constitutions, adoptées en 1849, affirmait que la franc-maçonnerie « a pour base essentielle l'existence de Dieu et l'immortalité de l'âme ». Il est remplacé en 1877 par une nouvelle version, exempte de toute référence divine : « La franc-maçonnerie, institution essentiellement philanthropique, philosophique et progressive, a pour objet la recherche de la vérité, l'étude de la morale universelle, des sciences et des arts et l'exercice de la bienfaisance. Elle a pour principes la liberté absolue de conscience et la solidarité humaine. Elle n'exclut personne pour ses croyances. Elle a pour devise : Liberté, Égalité, Fraternité. » Dix ans plus tard, c'est la référence au Grand Architecte de l'Univers, en ouverture et en clôture des travaux des loges, qui est rendue facultative, puis progressivement abandonnée.

Léon XIII et la condamnation du « naturalisme »

Dernier pape du XIXe siècle, Léon XIII (1878-1903) n'ignore rien de cette évolution de la franc-maçonnerie française, ni de la montée de l'anticléricalisme dans d'autres pays, notamment l'Italie. À plusieurs reprises, durant son pontificat, il renouvelle les condamnations de ses prédécesseurs. Son texte le plus important est l'encyclique *Humanum genus* (avril 1884) qui récapitule l'essentiel de l'argumentation romaine contre la franc-maçonnerie. Elle va rester, sur ce sujet, le document de référence de ses successeurs.

Pour Léon XIII, tous les maux engendrés par les francs-maçons, dont l'objectif est de « détruire de fond en comble » la chrétienté, trouvent leur origine dans le socle doctrinal qui leur est, selon lui, commun, à savoir le naturalisme. Une doctrine particulièrement condamnable car son principe premier pose qu'« en toutes choses, la nature, ou la raison humaine, doit être maîtresse et souveraine ». En conséquence de quoi, les naturalistes « affirment que Dieu n'a rien révélé aux hommes » mais aussi, qu'« en dehors de ce que peut comprendre la raison humaine, il n'y a ni dogme religieux, ni vérité... » D'où l'« opiniâtre labeur » de la franc-maçonnerie pour « réduire à rien » l'autorité de l'Église sur la société en imposant, notamment, sa séparation d'avec l'État afin de constituer ce dernier « en dehors des institutions et des préceptes de l'Église ».

En parallèle à cette condamnation du naturalisme, et de ses méfaits, l'encyclique revient aussi, avec la même insistance, sur les dangers de la tolérance religieuse pratiquée par la franc-maçonnerie. Elle n'est qu'un moyen de gonfler les rangs de cette « secte », afin de mieux « accréditer la plus grande erreur des temps présents », dénonce Léon XIII. Erreur qui « consiste à reléguer au rang des choses indifférentes le souci de la religion et à mettre sur le pied de l'égalité toutes les formes religieuses. Or, à lui seul, ce principe suffit à ruiner toutes les religions, et particulièrement la religion catholique car, étant la seule véritable, elle ne peut (...) tolérer que les autres religions lui soient égalées... »

Détail étonnant, Léon XIII émet, toujours dans le même texte, l'hypothèse que quelques groupes francs-maçons « n'approuvent pas les conclusions extrêmes » auxquelles doivent logiquement conduire les principes de la doctrine naturaliste. Mais sa condamnation de la franc-maçonnerie, comme celle de ses prédécesseurs, n'en demeure pas moins globale. À ceux qui pourraient encore en douter, la lettre *Custodi di quella* (décembre 1892) rappelle que « christianisme et franc-maçonnerie sont essentiellement inconciliables, si bien que s'agréger à celle-ci, c'est divorcer de celui-là ». Léon XIII revient une dernière fois sur le sujet dans un document *(Annum ingressi)* de 1902. Jugée « emplie de l'esprit de Satan », la franc-maçonnerie y est présentée comme « une contre-société dominant secrètement la société civile et pour cela en guerre contre Dieu et l'Église de Dieu ». Telle restera, jusqu'au milieu du XXe siècle, la doctrine romaine. Elle trouve sa traduction juridique dans l'article 2335 du Code de droit canonique, publié en 1917, qui confirme l'excommunication de « ceux qui s'inscrivent dans une secte maçonnique ou dans toute autre association du même genre qui complotent contre l'Église et les pouvoirs civils légitimes... ».

18

Un timide rapprochement

XXe siècle

L'esprit d'ouverture du concile Vatican II

Diabolisée tout au long du XIXe siècle par l'Église catholique, la franc-maçonnerie a continué de l'être durant la première moitié du XXe siècle. Mais de notables évolutions se sont depuis produites. Le 15 novembre 1985, l'Église catholique de France s'associe avec les autres Églises chrétiennes et cinq obédiences maçonniques françaises à un « Appel commun à la Fraternité » défendant les valeurs de tolérance et d'accueil tout en dénonçant l'exclusion et le racisme dont sont victimes les populations immigrées. Un tel compagnonnage aurait été encore impossible trente ans plus tôt, tant pour l'institution catholique que pour la plupart des obédiences maçonniques. Mais, entre-temps, le concile Vatican II, au milieu des années 1960, avait marqué l'ouverture de l'Église à la modernité (reconnaissance de la liberté religieuse, promotion du dialogue interreligieux et avec les non-croyants) à laquelle aspirait une majorité de catholiques dans le monde.

Lentement, mais sûrement, cette ouverture s'est aussi manifestée en direction de la franc-maçonnerie. Des dialogues de plus en plus officiels se sont noués, notamment en France, mais aussi en Allemagne. En mai 1980, la Conférence épiscopale allemande publie une déclaration faisant le bilan de plusieurs années de discussions menées avec les maçons des Grandes Loges unies d'Allemagne. Ce document reconnaît plusieurs points de convergence entre christianisme et franc-maçonnerie : l'engagement caritatif et humanitaire, la promotion des droits de l'homme, l'importance des symboles et des rites. Mais les évêques allemands relèvent aussi les points d'incompatibilité fondamentale entre christianisme et franc-maçonnerie, notamment son relativisme, dangereux pour la foi du chrétien, ainsi que le risque de confusion entre initiation maçonnique et initiation chrétienne. En conséquence de quoi, estime l'épiscopat allemand, la double appartenance doit demeurer interdite aux catholiques.

La reprise en main du cardinal Ratzinger

Être franc-maçon et catholique reste donc inconciliable. C'est l'un ou l'autre, rappelle, en novembre 1983, le cardinal Ratzinger, alors préfet de la Congrégation pour la doctrine de la foi. « Le jugement négatif de l'Église sur les associations maçonniques demeure (...) inchangé, parce que leurs principes ont toujours été considérés inconciliables avec la doctrine de l'Église. Les fidèles du Christ qui donnent leur nom aux associations maçonniques tombent dans un péché grave et ne peuvent accéder à la Sainte Communion », écrit le futur pape Benoît XVI. Et il précise, dans la même déclaration, que les autorités ecclésiastiques locales n'ont pas l'autorité pour prononcer des dérogations à ce jugement.

Ce rappel à l'ordre est alors ressenti comme une véritable douche froide par les catholiques francs-maçons et ceux qui, d'un bord ou de l'autre, pensaient révolue une condamnation toujours aussi globale de la franc-maçonnerie. Non sans raisons d'ailleurs, compte tenu de l'évolution de l'Église catholique depuis le concile Vatican II. Évolution qui venait de s'inscrire dans le nouveau Code de droit canonique (code juridique de l'Église catholique) paru en janvier 1983. Notamment en son article 1374 qui remplace le fameux article 2335 du précédant Code de droit canonique datant de 1917.

Ce dernier avait confirmé l'excommunication, de fait, prononcée tout au long du XIXe siècle, de « ceux qui s'inscrivent dans une secte maçonnique ou dans toute autre association du même genre qui complotent contre l'Église et les pouvoirs civils légitimes... ». Or, en janvier 1983, il n'est plus question de « secte maçonnique ». L'article 1374 du nouveau Code de droit canonique stipule simplement que « celui qui s'inscrit dans une association qui complote contre l'Église sera puni d'une juste peine ; celui qui promeut ou dirige une telle association sera puni d'interdit ». Partant de quoi, certains se réjouissent de ce qu'ils considèrent comme un changement significatif de l'Église romaine, quand d'autres s'en inquiètent, surtout dans les rangs des catholiques conservateurs. C'est d'ailleurs à une demande d'éclaircissement qu'entend répondre le cardinal Ratzinger par sa déclaration de novembre 1983. Selon lui, si mention n'est plus explicitement faite des associations maçonniques, c'est que le nouveau Code de droit canonique les a, comme d'autres, « passées sous silence parce qu'elles sont évidemment incluses dans des catégories plus larges ». Sauf qu'il ne précise ni les associations ni les catégories en question, rendant ainsi son éclaircissement quelque peu confus...

Les pionniers du rapprochement

Mais il est sans doute difficile d'être plus clair pour un cardinal qui vient seulement d'entamer une reprise en main doctrinale rencontrant de fortes résistances chez les catholiques les plus engagés dans l'ouverture de leur Église. Une ouverture qui, à la base, dans les Églises locales, a commencé bien avant le concile Vatican II, y compris concernant la franc-maçonnerie, notamment en France. Après la Première Guerre mondiale, le père Berteloot, un jésuite, engage un dialogue régulier avec la Grande Loge de France. En particulier son bibliothécaire, Albert Lantoine, qui publie, en 1937, une *Lettre au Souverain Pontife* dans laquelle il fait valoir que la franc-maçonnerie et l'Église catholique ne sont pas inconciliables, par nature, mais complémentaires. Ce texte est fraîchement reçu, des deux côtés...

Le flambeau est repris, après la Seconde Guerre mondiale par un autre jésuite, le père Riquet, qui a tissé de nombreux liens amicaux dans les cercles francs-maçons. En 1961, à Laval, il tient une conférence sur l'athéisme devant la loge Volney du Grand Orient, présidée par Marius Lepage. L'affaire fait surtout du bruit dans la franc-maçonnerie. Nombre de membres du Grand Orient y voient, en effet, une tentative de récupération de la maçonnerie par l'Église catholique. Un comble ! C'est Marius Lepage qui en fait les frais. Suspendu par les autorités du Grand Orient, il rejoindra bientôt la Grande Loge nationale française avec laquelle le père Riquet privilégiera désormais le dialogue. Il estime que ses discussions devraient s'avérer plus fructueuses avec la franc-maçonnerie dite « régulière » qui pose, dans ses principes fondamentaux, la croyance en Dieu, en la révélation et en l'immortalité de l'âme.

En décembre 1962, durant le concile de Vatican II à Rome, Mgr Méndez Arceo, alors évêque de Cuernavaca (Mexique), avait lui-même plaidé pour un assouplissement de la position de l'Église catholique. La peine d'excommunication appliquée aux catholiques appartenant à la franc-maçonnerie interdit à nombre de francs-maçons, soulignait-il, d'intégrer l'Église catholique en même temps qu'elle les empêche d'œuvrer pour « l'élimination de tout ce qui se trouve d'antichrétien et d'anticatholique dans la maçonnerie ». Alors que cette dimension, précisait l'évêque mexicain, n'est pas constitutive de la franc-maçonnerie originelle. Mais ce discours n'eut pas d'effet immédiat.

C'est seulement en 1972 que la Congrégation pour la doctrine de la foi donnera une interprétation moins globalisante du fameux article 2335 du Code de droit canonique de 1917. Comme ce dernier frappe d'excommunication ceux qui appartiennent à une « secte maçonnique » complotant contre l'Église et les pouvoirs civils légitimes, il est estimé légitime que des catholiques puissent appartenir à une loge maçonnique qui ne complote ni contre l'une ni contre les autres. Des épiscopats locaux (États-Unis, Angleterre notamment) orientent alors en ce sens leur action pastorale envers les catholiques francs-maçons. Ces derniers, comme au sein de la Grande Loge nationale française ou de la Grande Loge de France, considèrent, de leur côté, ne plus être concernés par une excommunication de fait abandonnée dans sa dimension générale.

En février 1981, la Congrégation pour la doctrine de la foi rappelle toutefois que les conférences épiscopales n'ont pas l'autorité de « prononcer publiquement un jugement général » sur la nature de la franc-maçonnerie. C'est une façon de bien souligner que la reconnaissance de la double appartenance relève seulement d'un examen au cas par cas. Mais il n'en demeure pas moins que l'appartenance d'un catholique à une loge maçonnique peut être reconnue légitime par les autorités ecclésiales locales. Or la déclaration de 1983, signée par le cardinal Ratzinger, dit tout le contraire en affirmant, sans plus de distinctions, que « les fidèles du Christ qui donnent leur nom aux associations maçonniques tombent dans un péché grave et ne peuvent accéder à la Sainte Communion ». Et en ajoutant que les autorités locales n'ont aucun pouvoir de dérogation en ce domaine...

La porte qui s'était entrouverte semble alors brutalement refermée. Mais l'est-elle vraiment ? La question vaut d'être posée car cette déclaration a donné lieu à des interprétations divergentes. La plupart des catholiques francs-maçons, forts des avancées précédentes, n'en tiendront aucun compte. À l'intérieur même de l'institution catholique, de subtiles distinctions concernant le statut d'autorité des différents textes entretiennent aussi une part de confusion. Ainsi, pour certains spécialistes du droit canonique, un catholique qui appartient à une branche maçonnique qui ne peut être considérée comme antichrétienne ne saurait être privé de l'accès à la sainte communion. En France, un prélat, Mgr Jean-Charles Thomas, alors évêque de Versailles, voit, dans la déclaration de 1983, une mise en garde contre un risque de péché grave auquel un catholique franc-maçon ne lui paraît pas systématiquement exposé. Il poursuit, avec la Grande Loge de France, un dialogue dont il rend compte publiquement au milieu des années 1990. Non sans que les autorités romaines s'emploient à l'en dissuader. Le cardinal Ratzinger aura le dernier mot.

Depuis, aucun évêque français ne s'est risqué sur cette voie. Ni ailleurs dans le monde catholique, tout au moins publiquement. Ne plus condamner, d'une manière générale, les catholiques francs-maçons est une chose. Aller plus loin, vers une forme de reconnaissance de la double appartenance, en est une autre. Car les principes fondamentaux de la franc-maçonnerie « ont toujours été considérés inconciliables avec la doctrine de l'Église », rappelait le cardinal Ratzinger en novembre 1983. Ces principes étant communs à l'ensemble maçonnique, il n'y a pas, d'un point de vue doctrinal, qui se place sur « le plan de la foi et de ses exigences morales », à distinguer entre les obédiences selon « leur attitude déclarée envers l'Église ». C'est ce que précisait un article, non signé, paru en février 1985, à la une de *L'Osservatore Romano*, l'organe de presse du Vatican. En conséquence de quoi, il faut bien comprendre que l'appartenance d'un catholique à la franc-maçonnerie demeure, dans tous les cas, inconciliable avec la foi chrétienne, du moins telle que la conçoit l'Église romaine.

Orthodoxes et protestants

L'Église catholique est la seule Église chrétienne qui interdise aussi strictement à ses fidèles d'appartenir à la franc-maçonnerie. Mais cette dernière n'est pas toujours bien acceptée dans les autres branches du christianisme. En 1972, l'Église orthodoxe grecque a renouvelé la condamnation de la franc-maçonnerie qu'avait prononcée, en 1933, son Saint-Synode qui l'avait considérée comme une religion païenne. Mais le christianisme orthodoxe n'est pas univoque, chacune des Églises conservant son autonomie. Décédé en 1972, l'un de ses plus hauts dignitaires, Mgr Athênagoras, qui renoua, en tant que patriarche œcuménique de l'orthodoxie, le dialogue avec l'Église romaine et le pape Paul VI, était lui-même franc-maçon, titulaire du 33e degré du Rite Écossais. Alors archevêque du patriarcat œcuménique en Amérique du Nord, il avait été initié aux États-Unis.

Historiquement, ce n'est pas un fait exceptionnel dans le christianisme orthodoxe. Avant la révolution bolchevique de 1917 en Russie, nombre de prélats et de popes de l'Église orthodoxe russe étaient initiés dans la franc-maçonnerie. Cette dernière fut ensuite interdite durant l'ère communiste. Depuis l'effondrement du bloc soviétique, le clergé de l'Église orthodoxe et les nationalistes russes, qui en sont généralement proches, se montrent très hostiles envers la franc-maçonnerie, par ailleurs peu présente. La même hostilité se rencontre dans l'ensemble de l'aire balkanique orthodoxe. D'une manière générale, religieux et nationalistes perçoivent la franc-maçonnerie comme une force antireligieuse, d'origine étrangère, et une menace pour la cohésion nationale. Une bonne partie du clergé orthodoxe grec est sur la même longueur d'onde. La situation est en revanche différente dans les Églises orthodoxes de la diaspora. En Europe occidentale et aux États-Unis, elles ne se prononcent ni pour ni contre la franc-maçonnerie. Elle compte d'ailleurs, dans ses rangs, un certain nombre de chrétiens orthodoxes qui n'encourent en rien les foudres de leur Église.

Tel a été le cas, longtemps, dans le monde protestant. Mais le XXe siècle a marqué quelques évolutions notables, plutôt négatives pour la franc-maçonnerie pourtant considérée comme la fille naturelle du protestantisme. De fait, protestants et francs-maçons se sont généralement trouvés côte à côte, en particulier dans le monde latin, pour défendre la liberté de conscience, comme la liberté religieuse, valeurs modernes auxquelles l'Église catholique ne s'est officiellement convertie qu'au milieu des années 1960 avec le concile Vatican II. Dans les Églises historiques (luthérienne et réformée), la franc-maçonnerie n'a jamais été, et n'est toujours pas condamnée. Pas plus que la double appartenance, dont ne se cachent pas nombre de leurs fidèles et de leurs pasteurs. C'est tout le contraire dans les Églises évangéliques apparues au XXe siècle, pour lesquelles la franc-maçonnerie est incompatible avec la foi chrétienne.

Très attachées à la liberté de conscience, les Églises baptistes n'ont pas de position officielle sur le sujet. Mais les baptistes conservateurs manifestent une méfiance prononcée envers la franc-maçonnerie. Et la sphère baptiste est plutôt réticente concernant la double appartenance. Ce qui n'empêche pas la maçonnerie anglo-saxonne de compter des baptistes dans ses rangs. Du côté des Églises méthodistes, leur Conférence de Bradford avait, en 1927, déconseillé à leurs fidèles de fréquenter la franc-maçonnerie. Le courant antimaçonnique est revenu à la charge dans les années 1980. Les méthodistes anglais, qui comptaient tout de même près de cinq mille maçons dans leurs rangs, ont ainsi adopté, en 1985, une série d'Instructions sur la franc-maçonnerie déconseillant fermement d'y entrer. Il ne s'agissait pas là d'une interdiction stricte de la double appartenance, mais les fidèles concernés se sont empressés de créer une Association de méthodistes francs-maçons... Le méthodisme reste toutefois un cas un peu à part dans la mesure où le fondateur de cette branche dissidente de l'Église anglicane, John Wesley (1703-1791) était lui-même hostile aux francs-maçons qu'il soupçonnait de corrompre la religion chrétienne.

Deux siècles plus tard, l'Église d'Angleterre l'a, en quelque sorte, rejoint sur ce plan. En mai 1987, son Synode général a en effet adopté les recommandations d'un rapport concluant à l'incompatibilité du christianisme et de la franc-maçonnerie. Cette dernière y est notamment qualifiée d'hérétique et certains de ses rites de blasphématoires. Est encore dénoncé son élitisme masculin (toujours de rigueur dans la maçonnerie anglo-saxonne) contraire à l'universalité de la révélation divine transmise par le christianisme. Au terme de quoi, les fidèles concernés se sont vus invités à remettre en question leur appartenance à la franc-maçonnerie. Différence de taille avec l'Église catholique, aucune interdiction n'a été formellement prononcée. Il n'en reste pas moins que les liens historiques entre l'Église d'Angleterre et la franc-maçonnerie se sont, pour le coup, fortement distendus. Désormais, la double appartenance, qui avait quasiment été de tradition pendant plus de deux siècles, est rejetée par les trois quarts de son clergé. Et si l'on comptait, au milieu du XXe siècle encore, une vingtaine d'évêques anglicans francs-maçons, il n'y en a plus aujourd'hui.

Cinquième partie

Les francs-maçons et la politique, vraies et fausses conspirations

19

De Napoléon aux Carbonari

Éternels soupçons, éternels sarcasmes

« C'est un tas d'imbéciles qui s'assemblent pour faire bonne chère et exécuter quelques folies ridicules. » Qui parle ainsi ? Napoléon, depuis son exil de Sainte-Hélène, en 1816.

« Néanmoins, ajoute l'empereur déchu, ils font de temps en temps quelques bonnes actions. Ils ont aidé dans la révolution et récemment encore à diminuer la puissance du pape et de l'Église. » On l'a vu, la franc-maçonnerie suscite, depuis sa naissance, autant de sarcasmes que de fascination ou de soupçons. Ses procureurs ont redoublé de rage après la Révolution française. Son procès continue encore aujourd'hui. Ramassis d'« imbéciles » ou repaire de redoutables comploteurs ? On lui reproche tout et son contraire. Il faut dire qu'elle réunit tous les ingrédients – ésotérisme, relativisme religieux, « libéralisme » politique, culte du secret – pour se faire une liste d'ennemis aussi divers que virulents.

Ainsi, l'enseignement ésotérique et le relativisme religieux indignent l'Église et les papes : pratiques sataniques et concurrence déloyale (sous le couvert de leur Grand Architecte, les francs-maçons n'essaieraient-ils pas de créer une nouvelle religion ?). Mais cet ésotérisme révulse aussi les rationalistes : pour eux, tabliers et coups de maillet ne sont au mieux que de risibles simagrées, au pis le signe d'un dangereux obscurantisme. Le « libéralisme » des loges et leur filiation à l'esprit des Lumières provoquent des accusations tout aussi contradictoires. D'un côté, l'ire des antimodernes et autres conservateurs persuadés que la franc-maçonnerie sape tous les fondements de la société. De l'autre, le mépris des « vrais » révolutionnaires pour qui les frères sont attachés à des valeurs dépassées. Enfin, l'obligation du secret passé sous serment met tout le monde d'accord, des catholiques intégristes aux matérialistes purs et durs. Si ces hommes ne font rien de mal, pourquoi se cachent-ils dans leurs temples mystérieux ?

Bref, la franc-maçonnerie ne compte plus ses détracteurs. Et même ceux qui ne la prennent pas tout à fait au sérieux, à l'instar de Napoléon, lui prêtent un rôle influent dans l'histoire. On a vu ce qu'il en était avant et pendant les révolutions américaine, puis française. Que s'est-il passé exactement par la suite ?

Napoléon grand initié ?

Pour la plupart des historiens, les sarcasmes de Napoléon sont bien la preuve qu'il ne peut pas avoir été un Enfant de la Veuve. Aucun document, en effet, n'a jamais été retrouvé établissant la fréquentation, même épisodique d'une loge et encore moins une initiation. N'empêche, des passionnés continuent à s'interroger sur les appartenances maçonniques du grand Corse [1]. Certains affirment que le général Bonaparte a reçu la lumière dans une loge « sauvage », fondée par des soldats au cours de la campagne d'Égypte (1798-1801). Cette expédition militaire mais aussi scientifique suscite un extraordinaire engouement pour les pyramides et les hiéroglyphes. Des rites égyptiens (dit « Rite de Misraïm ») apparaissent dans les loges. Certains maçons réinterprètent leur histoire à la lumière des pharaons ou du culte d'Isis... Napoléon fils d'Hiram, initié dans les sables du désert ?

1. François Collaveri, *Napoléon franc-maçon ?*, Tallandier, 2003.

Ceux qui défendent cette thèse soulignent également que les familles Bonaparte et Beauharnais comptaient plusieurs maçons (notamment les frères de Napoléon et son beau-frère).

Une chose est sûre : une fois au pouvoir, Napoléon ne combat pas la franc-maçonnerie. Il fait mieux : il la met au pas. En 1799, après son coup d'État du 18 brumaire qui sonne le glas du Directoire et le fait Premier consul, il pense d'abord à l'interdire. Les loges, qui se sont réveillées à la fin de la Terreur, pourraient servir de refuge à ses adversaires. Mais Napoléon renonce à signer leur arrêt de mort. Peut-être considère-t-il les frères comme des « imbéciles » mais il est pragmatique : tout ce qui affaiblit les autorités ecclésiales est bon pour lui. Il estime, aussi, qu'à travers les loges, il pourra contrôler les élites et les notables issus de la Révolution. Le Premier consul décide donc de les « protéger ».

Sous l'Empire, il les surveille d'encore plus près. Dès 1804, dans les jours qui suivent le plébiscite, il met son frère à leur tête. Joseph Bonaparte, futur roi de Naples, puis d'Espagne, devient grand maître. Tous les dignitaires de l'Ordre sont quant à eux choisis parmi les maréchaux, les généraux ou les piliers du régime : Cambacérès, Soult, Masséna, Sérurier, Lannes, Fouché... Les loges sont en permanence observées par les services de police. Elles deviennent un « véritable appareil idéologique d'État [1] » et sont priées de célébrer les fastes de l'Empire : victoires de Napoléon ou inaugurations de statues à sa gloire, mariages ou naissances au sein de la famille impériale. Au printemps, elles organisent une fête du « Réveil de la Nature » puis, au début de l'hiver, du « Repos de la Nature ». Le Grand Orient réunit alors la quasi-totalité de la franc-maçonnerie française. Mais son recrutement a changé depuis la Révolution : le clergé comme la noblesse de l'Ancien Régime quittent peu à peu les loges. En

1. Pierre Mollier et Pierre-François Pinaud, *L'État-major maçonnique de Napoléon, dictionnaire biographique des dirigeants du Grand Orient de France sous le Premier Empire*, Éditions À l'Orient.

revanche, la moyenne bourgeoisie commence à affluer. Les échecs militaires de Napoléon vont pourtant sonner le glas de la maçonnerie « impériale ».

L' « âge d'or des sociétés secrètes »

1814, les troupes prussiennes et russes entrent dans Paris. L'empereur Napoléon Ier abdique. Joseph Bonaparte et Cambacérès prennent le chemin de l'exil. La maçonnerie est décapitée. Des centaines de loges disparaissent. Après la chute de l'Empire, voici venue la Restauration. Louis XVIII, émigré en Angleterre, frère cadet de Louis XVI, revient en France et monte sur le trône. Va-t-il punir les maçons si dévoués à Napoléon ?

Non. Il laisse l'Ordre – évidemment purgé de ses cadres bonapartistes – se développer à nouveau. Le nouveau roi a-t-il « taillé la pierre brute » ? Le doute subsiste. À sa mort, en tout cas, les loges organisent des cérémonies funèbres et prétendent qu'il « en est ». Maçon ou pas, Louis XVIII se montre bienveillant envers les frères. Il faut dire qu'il n'a pas à s'en plaindre. Au début de la Restauration, la plupart d'entre eux sont aussi légitimistes que sous Napoléon. L'un de ses plus puissants ministres, Élie Decazes, est un dignitaire de l'Ordre. Quant au Grand Orient, il clame haut et fort qu'il est « une association de bienfaisance et de philanthropie, fondée sur le respect dû aux lois, à la religion, au monarque et à tout ce qui est l'objet de la vénération publique ».

Rien à signaler donc ? Pas tout à fait. Car sous le calme apparent couve l'agitation. Pendant que les dignitaires de l'Ordre passent leur temps en querelles aussi vaines qu'intestines (Grand Orient contre Suprême Conseil de France, les deux obédiences du moment), certaines loges grondent. Liées aux libéraux, aux républicains, aux bonapartistes, aux militaires nostalgiques de l'Empereur, bref à tous ceux qui n'acceptent pas le retour des Bourbons et de la monarchie, elles commencent à se montrer de plus en plus remuantes. Selon les historiens de l'Ordre, c'est à cette époque que la politique fait véritablement irruption dans les cénacles maçons. Ces années ouvrent l'« âge d'or des sociétés secrètes » lesquelles restent l'un des rares espaces de contestation possible. Les clubs et les sociétés de pensée, en vogue avant et pendant la Révolution, ont disparu sous l'Empire. Louis XVIII, comme Napoléon Ier avant lui, a anéanti ce qu'il restait de liberté politique et mis la franc-maçonnerie à sa botte. Toute la maçonnerie ? Non quelques « irréductibles » résistent ! Comme d'autres opposants au régime, mais peut-être plus entraînés qu'eux à la « discrétion », ils rejoignent les groupes clandestins ou semi-clandestins qui fleurissent un peu partout. C'est le temps des conspirations.

Des frères chez les Carbonari

21 septembre 1822. Quatre militaires montent sur l'échafaud en place de Grève, à Paris. Le plus vieux a vingt-six ans, le plus jeune à peine vingt. « Vive la liberté », crie l'aîné, Jean-François Boriés, avant de passer sous la lame. La foule se presse pour assister à la mise à mort de ceux qu'on appelle alors « les quatre sergents de La Rochelle ». Les condamnés sont devenus des héros, des « martyrs de la liberté », donnant leur vie pour combattre la « monarchie réactionnaire » de Louis XVIII. Dans tout le pays, on chante des complaintes en leur honneur, on fait circuler leur effigie. on rebaptise des rues ou des cabarets à leur nom.

Les quatre suppliciés, accusés de haute trahison, appartiennent au 45e régiment d'infanterie et sont des Carbonari. Ils sont membres de l'une des premières sociétés secrètes politiques de l'époque : la Charbonnerie. Une succursale de la franc-maçonnerie ? Pas tout à fait. Cette organisation compte des frères dans ses rangs (dont l'un des sergents de La Rochelle, Jean-François Boriès). Mais ses origines restent obscures. On pense qu'elle est née dans les provinces napolitaines au début du XIXe siècle, et qu'elle a été fondée par un avocat français franc-maçon, Pierre Joseph Briot, ancien révolutionnaire, devenu si proche de Joseph Bonaparte qu'il l'a suivi en Italie. Membre du Rite de Misraïm (le rite « égyptien »), Briot appartient aussi à l'association des Bons Cousins charbonniers, issue des métiers forestiers et des compagnons du charbon de bois. Il aurait emprunté les rituels de ce vieux compagnonnage [1] pour créer sa société secrète. D'où son nom : *carboneria* en Italie, « charbonnerie » en France.

Après la fin de la domination napoléonienne en Europe, le carbonarisme va se répandre comme une traînée de poudre dans la péninsule. Les Carbonari sont hostiles aux nouveaux envahisseurs autrichiens et se battent pour la réalisation de l'unité italienne. Gagnés aux idées libérales, la plupart ont pour programme « le progrès, la liberté et l'égalité ». Présents dans l'armée ou aux postes importants de l'administration – selon certains historiens, ils auraient été près de 642 000 en 1819 –, ils sont organisés en *ventes* (*vendita* en italien). Ces « cellules » sont le plus souvent armées et extrêmement cloisonnées, pour faciliter leur action clandestine et éviter leur démantèlement lors d'une arrestation. Elles entretiennent une agitation endémique dans les États italiens et inquiètent toutes les puissances européennes (Stendhal – initié franc-maçon en 1806 – y fait allusion plusieurs fois dans *Lucien Leuwen*). En 1820, les Carbonari vont provoquer une insurrection dans le royaume de Naples qui sera férocement réprimée.

La Charbonnerie est introduite dans l'Hexagone vers 1818, notamment lorsque Briot revient en France après la chute de l'Empire. Elle recrute alors dans l'opposition à Louis XVIII et chez certains francs-maçons, en particulier dans la loge parisienne des Amis de la Vérité. Cette loge, composée essentiellement de jeunes universitaires républicains, est forte, dit-on, de plus de mille membres. Assez peu

1. À ne pas confondre avec la franc-maçonnerie (voir p. 32).

respectueuse des rituels maçonniques (parfois on y initie trente profanes d'un coup!), elle semble avoir été l'une des bases logistiques de la Charbonnerie française. Dans les rangs des « charbonniers », on retrouve aussi une vieille connaissance et un frère déjà célèbre : le marquis de La Fayette.

Revoilà La Fayette

Le « héros des Deux Mondes » a maintenant dépassé la soixantaine mais il ne s'est toujours pas rangé. De l'eau a pourtant coulé sous les ponts depuis les premières années de la Révolution où il fut immensément populaire. Opposé aux Jacobins, on se souvient qu'il avait fui la France en 1792 et avait été fait prisonnier par les Autrichiens. Libéré sous le Consulat, il ne devient pas bonapartiste pour autant et reste hostile à Napoléon Ier sous l'Empire. À la Restauration, en 1815, il s'imagine que Louis XVIII parviendra à concilier l'héritage de la Révolution et celui de l'Ancien Régime. Déception : le roi cède aux ultras. Élu député de la Sarthe, La Fayette entre dans l'opposition et part en guerre contre une loi qu'a fait voter Decazes – le ministre franc-maçon. Cette loi dite de « sûreté générale » permet d'emprisonner sans jugement tout individu suspecté de comploter contre la famille royale. C'est le retour des lettres de cachet.

« Il faudra résister au besoin à coups de fusil », s'écrie La Fayette à l'Assemblée au moment du vote. Avec son fils George Washington (baptisé ainsi en l'honneur du premier président américain), il rejoint la Charbonnerie. Certains diront qu'il en est même le chef suprême, ce qui reste à prouver. Il a juré en tout cas de renverser les Bourbons et de redonner le pouvoir au peuple pour rétablir les libertés républicaines. La Charbonnerie fait éclater une série d'insurrections. Son objectif? Soulever les régiments de province et investir les places fortes de l'armée. Chaque fois, à Belfort, à Nantes ou à Saumur, les conjurés sont dénoncés – la Charbonnerie est elle-même infiltrée par des espions à la solde du pouvoir ! –, emprisonnés, condamnés. Comme les quatre sergents de La Rochelle, ils meurent sans jamais livrer leurs chefs, malgré les pressions et les promesses de grâce. La jeunesse romantique de l'époque et tous ceux qui luttent contre la Restauration érigent leur sacrifice en exemple.

En vain ? Pas plus que les francs-maçons, les « Charbonniers » ne parviendront jamais à établir un programme. Mais ils se sont formés à l'action politique et beaucoup d'entre eux seront aux premiers rangs des trois prochaines révolutions : 1830, 1848 et 1870.

20

Trois Révolutions

Les porteurs de Lumières et les Trois Glorieuses de 1830

29 juillet 1830, Paris au petit matin. Sur les boulevards en feu, un jeune homme se tient les armes à la main. C'est Auguste Blanqui. Socialiste, carbonaro et plus tard franc-maçon, membre de la loge des Amis de la Vérité... Cela fait maintenant trois jours qu'étudiants ou ouvriers, républicains ou bonapartistes « de gauche » affrontent les troupes royales. Trois jours que les Parisiens sont en train de se soulever contre Charles X sur le trône depuis 1824. Encore plus ultra que son frère Louis XVIII auquel il a succédé, on soupçonne ce roi – qui est, notons-le au passage, franc-maçon – de vouloir rétablir la monarchie absolue. Partout, du Louvre à l'Étoile, en passant par les Tuileries et les Champs-Élysées, on abat les arbres à coups de hache, on arrache les pavés pour construire des barricades. Les morts tombent par centaines, deux cents chez les soldats, huit cents chez les émeutiers. Et puis ce 29 juillet, en cette dernière journée de ce que l'on a appelé les « Trois Glorieuses », tout bascule : en fin de soirée, les régiments qui tiennent la place Vendôme passent du côté des insurgés. L'armée se replie laissant les insurgés maîtres de la capitale. Le roi s'enfuit. Le drapeau bleu, blanc, rouge flotte sur Notre-Dame de Paris.

Auguste Blanqui exulte. Il n'en est qu'au début de sa carrière révolutionnaire. Jusqu'à sa mort en 1881, celui qui a donné son nom à un courant politique (le « blanquisme ») participera à tous les coups de force républicains, le plus souvent manqués. Jugé à plusieurs reprises pour « complot contre l'État », il a pour habitude de lancer aux juges qui l'interrogent : « Profession : prolétaire. Domicile fixe : la prison. » Le frère Blanqui passera près de trente-sept années de sa vie en détention, ce qui lui vaudra le surnom de « l'Enfermé ». Pour les « Trois Glorieuses », Auguste Blanqui s'est échauffé au sein d'un groupe clandestin, composé en majorité d'étudiants et d'ouvriers et baptisé « Conspiration La Fayette ». Le vieux marquis en aurait été, à titre honorifique, le commandant en chef. Encore lui !

En ces folles journées, Gilbert Motier de La Fayette est à nouveau à l'honneur. Après l'échec du carbonarisme, il s'était pourtant retiré sur ses terres de Seine-et-Marne. Il avait fait un dernier voyage aux États-Unis, en 1824, où on avait déroulé le tapis rouge au « plus pur héros républicain que la France ait jamais connu ». Un magnifique hommage mais une piètre consolation. Car La Fayette savait bien qu'il n'était pas prophète en son pays. À Jefferson qui l'avait encouragé à ne pas s'avouer vaincu – « Dieu défend que nous soyons plus de vingt ans sans rébellion » –, il avait répondu d'un ton las : « Des rébellions... Mais je n'ai fait que cela. » L'Américain avait alors ressorti sa fameuse maxime : « Mon ami, l'arbre de la liberté doit être arrosé de temps en temps du sang des tyrans. » Avant de conclure : « Après tout, vous n'avez même pas soixante-dix ans ! » Jefferson avait vu juste. La Fayette pouvait encore servir.

Certains insurgés de 1830 vont en faire leur porte-drapeau. Ils le poussent même à prendre le pouvoir à la tête d'une république. La Fayette commence par tergiverser. Il s'efforce de calmer une jeunesse qu'il trouve un peu trop turbulente. Puis il accepte, comme en 1789, de commander la Garde nationale qui s'est reconstituée. Il s'installe à l'Hôtel de Ville. Va-t-il sauter le pas ? Charles X et ses proches ont quitté Paris. Le pouvoir est vacant. La Fayette pourtant bascule du côté des libéraux qui préfèrent perpétuer une monarchie constitutionnelle. Adieu les espoirs républicains. Voici la « monarchie de Juillet ». On change juste de dynastie : Louis-Philippe, issu de la maison d'Orléans, fils de « Philippe Égalité » – l'ancien grand maître maçon guillotiné sous la Terreur – est proclamé « roi des Français ». « Il est la meilleure des Républiques », dit La Fayette. Les républicains lui reprocheront d'avoir « confisqué » la révolution et manqué, une fois de plus, à ses promesses.

Malgré tout, la plupart les loges misent sur le « roi citoyen » et sur le banquier Jacques Laffitte, président du Conseil et ministre des Finances. Un des leurs. Elles espèrent – mais elles déchanteront vite – que le nouveau pouvoir fera avancer les libertés, luttera contre le paupérisme et la mendicité, scolarisera les enfants du peuple... Autant d'idées débattues dans les réunions maçonniques dont l'aristocratie se détourne de plus en plus. L'Ordre se démocratise, devient aussi une société d'entraide. Les loges versent des dons aux familles des victimes tombées sur les barricades, organisent des quêtes pour les nécessiteux ou distribuent des bons de pain. Elles ouvrent des crèches ou des « maisons de secours » pour les frères âgés, donnent des « cours du soir » ou financent des études. Bref, sous le règne de plus en plus conservateur de Louis-Philippe, finalement plus « roi bourgeois » que « citoyen », elles font dans la charité et la philanthropie. Jusqu'à ce que la pensée des précurseurs de Karl Marx fasse une entrée fracassante, dans certains cénacles maçons, prenant dans les bibliothèques des frères la place qu'occupaient autrefois les philosophes des Lumières.

Socialistes sous le bandeau

8 janvier 1847. Réunis dans leur temple, pour initier un nouveau membre, les frères de la bonne ville de Besançon

manquent de tomber à la renverse. Ils viennent de soumettre le postulant aux interrogations rituelles : « Que doit l'homme à ses semblables ? », « Que doit l'homme à son pays ? ». Les réponses se sont enchaînées correctement, respectant parfaitement la tradition. Jusqu'à la troisième question. « Que doit l'homme à Dieu ? » demandent les frères. « La guerre ! » lance le candidat maçon sans hésiter. Stupeur. Puis protestations scandalisées. Les initiés suffoquent d'indignation, ou font semblant d'être surpris. Car celui qu'ils accueillent n'est pas n'importe qui. Et ils en connaissent déjà la réputation. C'est Pierre Joseph Proudhon, chantre des « compagnies ouvrières » et de la destruction de l'État, l'un des pères spirituels de l'anarchisme. Au moment où il demande à rejoindre l'Ordre, il a déjà écrit plusieurs brûlots et proclamé cette sentence définitive : « La propriété c'est le vol. » Les frères de Besançon ne lui tiendront finalement pas rigueur de son agressivité envers Dieu. Malgré sa profession de « foi » iconoclaste, il sera admis dans leur loge pourtant réputée spiritualiste.

C'est que, dans les années 1840, les penseurs du mouvement ouvrier, prédécesseurs de Marx – qui s'apprête à publier son *Manifeste du parti communiste* (1848) avec Engels – sont en vogue dans certains ateliers. On y lit Proudhon, mais aussi Charles Fourier. Le théoricien du phalanstère (lieu de vie communautaire) ne semble pas avoir revêtu le tablier, pourtant certains frères voient dans ses doctrines une forme d'idéal maçonnique. Fourier ne prétend-il pas que son modèle d'organisation sociale découle des découvertes scientifiques et qu'il vise l'harmonie universelle... Pierre Leroux, autre figure du « socialisme utopique », franc-maçon, lui, initié à Limoges en 1848, veut pour sa part fonder sa nouvelle société sur les valeurs de l'Évangile : Jésus, le « divin charpentier », doit être le modèle de tous ceux qui luttent contre l'injustice. Ce n'est pas sa faute, dit en substance Leroux, si l'Église a dévoyé son message en se mettant au service des puissants. Même si la franc-maçonnerie n'a pas encore rompu avec ses références religieuses ou déistes (elle a « pour base l'existence de Dieu et l'immortalité de l'âme », dit toujours la constitution du Grand Orient), l'anticléricalisme commence à pointer le bout de son nez dans les loges. Et aussi le désir de peser dans la vie politique. Assez des conspirations, des complots. Les maçons et les opposants au régime de Louis-Philippe veulent obtenir le droit d'agir au grand jour. La révolution de 1848 est en marche. Elle commence par des agapes.

1848 et le « gouvernement des maçons »

Le 9 juillet 1847, dans le jardin de Château-Rouge, à Montmartre, se tient un banquet géant. Odilon Barrot, membre de la loge des Trinosophes et vieil ami de La Fayette, monte à la tribune. Il a réuni quatre-vingt-six députés et plus d'un millier de convives pour protester contre une loi décidée par Guizot, ministre de Louis-Philippe : l'interdiction du droit de réunion et d'association. Le pique-nique de Montmartre est une manière de contourner et de dénoncer cette atteinte aux libertés. Frère Odilon Barrot lance la « campagne des banquets ». Pendant tout l'été, près de soixante-dix manifestations de ce genre ont lieu dans toute la France. Chaque fois on défile dans la rue au son des fanfares, puis on se restaure en écoutant des discours. On lève des toasts en réclamant des réformes. On critique la monarchie louis-philipparde qui fait le bonheur des « bourgeois » et le malheur des ouvriers.

Beaucoup de frères sont là évidemment. Certains, comme Odilon Barrot, ont impulsé le mouvement. Mais la « campagne des banquets » n'est pas une campagne maçonne. Elle rallie d'abord la gauche puis toute l'opposition au pouvoir, des modérés aux radicaux. Guizot finit par en prendre ombrage. Au début de l'année 1848, ordre est donné d'empêcher ces festins intempestifs. Le 22 février, des irréductibles, parmi lesquels Louis Blanc, se réunissent malgré tout à Paris. Le banquet se prolonge jusqu'au lendemain. Dans la rue, on manifeste aux cris de « À bas Guizot ». L'armée tire sur la foule et fait une vingtaine de victimes. Comme dix-huit ans plus tôt, les Parisiens se soulèvent à nouveau. Louis-Philippe abdique et la « monarchie de Juillet » meurt sous les coups de la révolution de 1848.

C'est le début de l'éphémère IIe République qui accouchera moins de trois ans plus tard d'un nouvel empire, après le coup d'État de Louis Napoléon Bonaparte le 2 décembre 1851. La révolution de 1848 marque pourtant un tournant dans l'histoire de France. Dès lors, plus aucun roi ne monte sur le trône. Et la plupart des loges françaises, longtemps marquées par leurs origines aristocratiques, achèvent leur mutation après plus d'un siècle d'existence : désormais elles sont en pointe dans le combat républicain. Un long combat, encore plein de bruit et de fureur, avant que la république s'installe définitivement. Mais pour l'heure, en ce 25 février 1848, alors que Paris sent encore la poudre, un gouvernement provisoire se met en place. Son président, le poète Lamartine, n'a pas été initié mais presque tous ses autres membres sont ou deviendront francs-maçons : Arago, Blanc, Flocon, Garnier-Pagès, Crémieux...

Dans les premiers mois de son existence, le nouveau pouvoir met fin une fois pour toutes à l'esclavage dans les colonies. Aboli pendant la Révolution à l'initiative de l'abbé Grégoire soutenu par de nombreux maçons dont La Fayette, il avait été rétabli par Napoléon Ier. Pour protester, quelques loges des Antilles françaises, comme les Disciples d'Hiram à Pointe-à-Pitre, avaient décidé d'admettre en leur sein les hommes de couleur (au grand dam de toutes les autres entièrement blanches). À Paris, le frère Victor Schoelcher avait poursuivi le combat. En 1848, François Arago, physicien et astronome célèbre, et également franc-maçon, entre au gouvernement comme ministre de la Guerre et de la Marine ; il appelle auprès de lui Victor Schoelcher dont il connaît l'engagement. Arago lui aussi veut en finir avec la barbarie de l'esclavage. Schoelcher rédige le décret d'abolition qui sera signé le 5 mars par tous les membres du gouvernement. L'application du décret, qui ordonne l'émancipation des deux cent cinquante mille esclaves des colonies françaises, ne se fera pas toujours sans difficulté. À la Réunion, c'est le frère Sarda-Garriga, commissaire général de la République dans l'île, qui s'emploie à faire accéder près de soixante mille esclaves à la citoyenneté.

Le « gouvernement des maçons » prend d'autres mesures radicales. Il rétablit le suffrage universel masculin (instauré en 1789 et défait sous le Directoire), protège la liberté de la presse, promulgue une loi sur le temps de travail et crée sous la houlette du frère Louis Blanc les Ateliers nationaux. Bref, il met en œuvre une bonne partie du « programme » défendu dans les loges les plus progressistes. Liberté, Égalité, Fraternité...

« Liberté, égalité, fraternité », une devise maçonne ?

« Nous saluons des acclamations les plus vives le gouvernement républicain, qui a inscrit sur la bannière de la France cette triple devise qui fut toujours celle de la maçonnerie : Liberté, Égalité, Fraternité. » L'auteur de ce panégyrique est un certain Jules Barbier, l'un des dignitaires maçons venus, en grande pompe, au mois de mars 1848, apporter publiquement son soutien au gouvernement provisoire et à son chef Lamartine. Le poète romantique est un profane. Mais ce jour-là, sans doute emporté par l'ivresse des commencements, il acquiesce. Oui, la devise de la République est bien celle des loges. Quelques mois plus tard, il se fend même d'une longue lettre où il tresse des louanges aux Enfants de la Veuve : « Vous n'êtes, selon moi, que des éclectiques du monde moderne ; vous prenez dans tous les temps, dans tous les pays, dans tous les systèmes, dans toutes les philosophies, les principes évidents, éternels et immuables de la morale et vous en faites le dogme infaillible et unanime de la FRATERNITÉ. Vous écartez tout ce qui divise les esprits, vous professez tout ce qui unit les cœurs, vous êtes les fabricateurs de la concorde. Vous jetez avec vos truelles le ciment de la vertu dans les fondements de la société »! La sacro-sainte formule inscrite aux frontispices de nos mairies serait donc marquée au sceau d'Hiram? L'assertion est devenue monnaie courante. Et pourtant... « Que les principes de la devise ne soient pas étrangers à la maçonnerie, nul n'en doute, mais que cette dernière les ait toujours proclamés sous cette forme est totalement faux [1]. »

La maxime apparaît d'abord sous la forme d'un binôme – Liberté, Égalité – dont les philosophes des Lumières, Rousseau par exemple, se font les principaux propagandistes. La Fraternité, en revanche, n'est pas leur principal souci alors que dans les loges, elle est déjà une valeur cardinale. Il faut attendre près d'un siècle, jusqu'en 1848, pour que la formule complète soit gravée dans le marbre. Contrairement aux idées reçues, la Révolution de 1789 n'en a jamais fait sa devise officielle. La Liberté et l'Égalité figurent bien dans la Déclaration des droits de l'homme et du citoyen. La Fraternité, non. C'est lors de la révolution de 1830 que surgit la trilogie, notamment sous la plume du socialiste Pierre Leroux, qui était maçon, mais aussi sous celle du républicain Ledru-Rollin, qui ne l'était point. Quelques années plus tard, la révolution de 1848 en fait un mot d'ordre. Sur fond de discours maçonnique, bien sûr, mais aussi politique et même religieux : les prêtres célèbrent alors le « Christ-Fraternité » et bénissent les « arbres de la liberté » qui sont plantés un peu partout. Lorsque sera rédigée la constitution de 1848, la Liberté, l'Égalité et la Fraternité seront pour la première fois définies comme des « principes » de la République.

Las. Ces principes seront rapidement mis à mal. Car la « république sociale » rêvée par le frère Louis Blanc s'effondre au bout de seulement quelques mois. Ses « Ate-

1. Roger Dachez, PUF, *op. cit.*

liers nationaux » (programme de grands travaux destinés à résorber le chômage), devenus des lieux d'agitation ouvrière, effraient les conservateurs majoritaires à l'Assemblée. Ils sont fermés en juin 1848. Les faubourgs parisiens se révoltent à nouveau. Le soulèvement est férocement réprimé. Des milliers de morts et de blessés, 4 400 déportés, dont Auguste Blanqui, l'ex-carbonaro qui poursuit sa carrière d'« Enfermé ». Le 10 décembre 1848, Louis Napoléon Bonaparte, soutenu par le « parti de l'Ordre » est élu président. Trois ans plus tard, il rétablit l'empire et prend le nom de Napoléon III. Comme son oncle Napoléon Ier, le nouvel empereur, qui est un ancien carbonaro, met une grande partie de la franc-maçonnerie sous tutelle. Pendant ce temps, les frères opposants au régime se réfugient à Londres et se retrouvent dans des loges (notamment *Les Philadelphes*) qui apportent une aide matérielle aux proscrits. On y croise Louis Blanc ou Pierre Leroux, mais aussi le patriote italien Garibaldi (qui passa par la Charbonnerie). Certains de ces frères participeront à la Première Internationale. Ils aimeraient que la maçonnerie se mette au service de « tous les opprimés de la terre » ! Sous la Commune, ils croiront que l'heure est arrivée.

« Vive la Commune »

Dimanche 29 avril 1871. Une scène inouïe se déroule en plein Paris. Des milliers de maçons de la capitale ou venus de banlieue sont réunis place du Louvre. Soudain, le cortège s'ébranle. La foule applaudit. On crie : « Vive la République universelle », « Vive la Franc-Maçonnerie ». Les frères marchent jusqu'à l'Hôtel de Ville pour se joindre à ceux qui tiennent désormais la cité. Depuis un mois en effet, la municipalité est aux mains de la Commune, c'est-à-dire des insurgés. Les Parisiens se sont une fois de plus soulevés. Cette fois, ils ont pris les armes... contre la République, la IIIe proclamée le 4 septembre 1870, après la défaite de Napoléon III contre les Prussiens. Le régime a changé mais la guerre continue. Paris assiégé crève de faim. Le républicain Léon Gambetta (initié dans la loge marseillaise La Réforme) essaie, depuis son ballon, de réorganiser la Défense nationale. Le gouvernement, lui, veut négocier une trêve. Mais les Parisiens des quartiers populaires qui ont résisté, le ventre vide, pendant des jours, refusent de capituler. Ils se méfient aussi du pouvoir. C'est qu'on leur a déjà fait le coup. 1830, 1848... Chaque fois l'espoir et la liesse, et puis la déception, la répression, la « révolution confisquée par les bourgeois ». D'autant que les nouvelles élections ont envoyé une majorité monarchiste à l'Assemblée : elle attend son heure pour prendre sa revanche. Se méfiant de la « populace », elle s'est installée à Versailles. Tout un symbole.

Le 17 mars 1871, Adolphe Thiers, le chef du gouvernement, fait donner la troupe pour récupérer les canons de Montmartre que les Parisiens ne veulent pas rendre. C'est l'étincelle qui allume l'incendie. Barricades, combats de rue puis soldats qui pactisent avec les insurgés. Tout va très vite. Le 18 mars, la capitale tombe. Un Conseil de la Commune est élu, qui s'inspire des idéaux de 1789 mais aussi de ceux du socialisme. Pendant les soixante-dix jours où ils administrent la ville, les « partageux », comme on les appelle, créent des coopératives ouvrières, décrètent la laïcisation de l'enseignement – le frère Édouard Vaillant crée les premières écoles primaires pour filles – ou la séparation de l'Église et de l'État. Selon l'historien André Combes, un quart des élus de la Commune sont franc-maçons. Parmi eux, il y a Élisée Reclus, savant et philosophe, végétarien et adepte de l'union libre. Après la Commune, il rejoindra Michel Bakounine – l'anarchiste russe et le globe-trotter de la révolution est également un initié qui a même écrit un *Catéchisme de la franc-maçonnerie moderne.* Il y a aussi Jules Vallès, l'auteur de la trilogie autobiographique *L'Enfant, Le Bachelier, L'Insurgé,* et le fondateur du journal *Le Cri du Peuple* auquel collabore Louise Michel qui ne peut, elle, fréquenter qu'une loge d'adoption paramaçonnique, l'Ordre n'étant pas encore ouvert aux femmes [1]. Parmi les maçons communards, il ne manque que Blanqui, en prison une fois de plus. Alors qu'il est à peine revenu à Paris, après plusieurs années de déportation, puis d'exil, ravi d'en découdre à nouveau, Adolphe Thiers a pris soin de le faire immédiatement arrêter. Bientôt, le chef du gouvernement va écraser la Commune dans le sang.

Une partie des maçons parisiens voient bien la tragédie qui s'annonce. Alors que l'armée encercle et bombarde Paris, ils appellent à l'arrêt des combats et placardent un manifeste dans les rues : « La franc-maçonnerie est contre toutes les guerres. Arrêtez l'effusion de ce sang précieux et posez les bases d'une paix définitive qui soit l'aurore d'un monde nouveau. » Plusieurs vénérables essaient de jouer les médiateurs et sont reçus par Thiers. Mais ce dernier ne veut rien d'autre que la « soumission » de la Commune. Bientôt, dans les loges parisiennes, les « maçons conciliateurs » se font déborder par les maçons communards, emmenés par le tailleur Thirifocq. C'est lui qui, le fameux 29 avril, prend la tête du cortège de maçons.

Bannières et cordons au vent, les Enfants de la Veuve se rendent à l'Hôtel de Ville, puis vers les remparts de la capitale. Ils ont décidé de planter leur drapeau sur la ligne de feu, sous le nez des versaillais. On verra bien s'ils osent continuer à tirer et « profaner » la bannière. Le général Montaudon, lui-même un initié – comme toujours la franc-maçonnerie est divisée et il y a autant, sinon plus, de frères chez les « versaillais » que chez les communards – donne l'ordre d'arrêter la mitraille. Dans la foulée, une nouvelle délégation de frères est reçue par Thiers. Sans résultat. Les maçons parisiens se réunissent une dernière fois pour décider de la conduite à tenir. Après des débats houleux, les plus

1. Lors de sa vraie initiation en 1904, l'institutrice déclarera : « Selon moi, devant le grand idéal de liberté et de justice, il n'y a point de différences d'hommes et de femmes, à chacun son œuvre. »

radicaux l'emportent : il est décidé que tous les frères doivent se battre, munis de leurs insignes maçonniques, dans les rangs des « partageux ». Pour la première fois dans l'histoire, une partie de la franc-maçonnerie prend part à un événement politique, à « visage découvert » et en tant qu'organisation. En souvenir, dans certaines loges françaises, on entonne encore aujourd'hui « Le Temps des cerises », la chanson emblématique de la Commune, écrite par Jean-Baptiste Clément, le chansonnier de Montmartre, lui-même initié aux Rénovateurs de Clichy.

« Aujourd'hui encore, il me semble revoir cette file de fantômes allant, avec une mise en scène d'un autre âge, dire les paroles de liberté et de paix qui se réaliseront dans l'avenir, dit Louise Michel en évoquant le cortège du 29 avril [1]... Plusieurs combattirent comme ils l'avaient promis et moururent bravement. » C'est le 21 mai que les troupes versaillaises entrent dans Paris. Débute alors la « Semaine sanglante » qui s'achève le 28 au cimetière du Père-Lachaise : cent quarante-sept fédérés, les combattants de la Commune, sont fusillés. La répression est impitoyable. Près de vingt mille morts parmi les fédérés – des centaines parmi les versaillais, dont plusieurs otages exécutés par les communards –, près de cinq mille condamnés à la prison, à la déportation, au bannissement, à l'exil (dont Louise Michel, Jules Vallès ou Élisée Reclus).

Pendant cette semaine de « terreur tricolore », le siège du Grand Orient, rue Cadet à Paris, est transformé en hôpital pour les blessés. Mais, dès le 29 mai, alors que la Commune est vaincue, les dignitaires de l'Ordre déclarent : « La franc-maçonnerie est restée parfaitement étrangère à la criminelle sédition qui a épouvanté l'univers, en couvrant Paris de sang et de ruines. Il n'y a aucune solidarité possible entre ses doctrines et celles de la Commune. Si quelques hommes indignes du nom de Maçons ont pu tenter de transformer notre bannière pacifique en drapeau de guerre civile, le

1. *La Commune. Histoire et souvenir*, La Découverte.

Grand Orient les répudie comme ayant manqué à leurs devoirs les plus sacrés. » Les dirigeants de l'Ordre et la plupart des loges de province n'ont jamais été gagnés par la fièvre communarde. Ils désavouent la Commune et se rallient aisément à la « IIIe ». Comme toujours, ils sont légitimistes : monarchistes sous la monarchie, impériaux sous l'empire. Et républicains sous la république.

21

L'ennemi c'est l'Église

« À moi les Enfants de la Veuve »

Jours de grande agitation à l'Assemblée nationale. En ce mois de juin 1899, la Commune est déjà loin pour beaucoup de maçons. Et ils ont mieux à faire que de ressasser ce mauvais souvenir. La IIIe République semble durablement installée – dix-neuf ans déjà, presque un record – et pour la plupart, ils entendent la servir le mieux possible. Surtout que le printemps est chaud pour le gouvernement Waldeck-Rousseau qui est plus que chahuté. Voilà pourquoi à l'Assemblée les députés s'invectivent. Le radical Henri Brisson s'agite à la tribune pour empêcher le vote d'une motion de censure. Soudain, il se tait, entrelace ses doigts et tend les bras au-dessus de sa tête en s'exclamant : « À moi les Enfants de la Veuve ! » C'est l'un des « signes de détresse » des francs-maçons. Les initiés qui peuplent la Chambre comprennent immédiatement : frère Brisson appelle à l'aide. Ils mettent leurs querelles de côté. Le gouvernement est sauvé... Cette anecdote a été maintes fois illustrée par de multiples gravures ou caricatures, utilisée aussi pour dénoncer les « frères trois points » (allusion aux trois points en triangle de la signature maçonnique). On ne sait si elle est totalement vraie. En tout cas, elle raconte un climat.

À partir de 1870, une période faste s'ouvre pour la franc-maçonnerie. Nombre de figures du camp républicain sont, ont été, ou vont devenir maçons. Selon les historiens de l'Ordre, la moitié des députés et des sénateurs auraient taillé la pierre brute, parmi lesquels le président Félix Faure dont la mort fut plus célèbre que la vie[1] – il expira dans les bras de sa maîtresse – et plus tard, au début du XXe, les présidents Alexandre Millerand, Gaston Doumergue ou Paul Doumer). Les loges servent plus que jamais d'école de formation aux apprentis politiciens. Depuis l'instauration de la IIIe République, les libertés publiques ont progressé mais les partis n'existent pas encore, les regroupements sont contrôlés de près, soumis à autorisation, voire interdits. Ce n'est qu'en 1901 (loi Waldeck-Rousseau) qu'est reconnu le droit d'association. Entre-temps, la maçonnerie continue d'être à pied d'œuvre.

Dans les temples du Grand Orient trône le buste de Marianne, portant cordon maçonnique, équerre et compas. Bien sûr tous les maçons ne sont pas républicains et tous les républicains ne sont pas maçons. Les frères acquis au régime ne votent pas non plus comme un seul homme. Certains sont « rouges », d'autres modérés, voire conservateurs. Quant à ceux qui prônent le progrès social, qui peut affirmer qu'ils mènent ce combat parce qu'ils sont initiés ? Cela étant dit, dans une France où l'influence des monarchistes et de l'Église est encore très forte, nombre de Fils d'Hiram vont participer à la consolidation de la IIIe République. En loge, ils multiplient les « planches » – conférence ou dissertation, un terme qui donnera le verbe « plancher » – sur les sujets profanes : impôt sur le revenu, congés payés, système de retraite, réforme de l'assistance publique, amélioration des conditions de travail, participation des salariés aux bénéfices des entreprises, ou divorce. Des mesures qui, pour la plupart, ne seront appliquées que des années plus tard.

Les maçons sont également très présents sur la question scolaire. Ils soutiennent depuis longtemps la Ligue de l'enseignement, créée en 1866 par Jean Macé qui se fera ini-

1. Ce qui fit dire à Georges Clemenceau le jour de son enterrement : « En entrant dans le néant, il a dû se sentir chez lui. »

tier peu après. La Ligue fait campagne pour une « instruction publique, gratuite, laïque et obligatoire ». Pour sensibiliser l'opinion et contrer l'Église qui veut conserver sa mainmise sur l'éducation, une pétition est lancée, puis le « Mouvement national du sou contre l'ignorance ». L'Assemblée nationale est saisie plusieurs fois. En 1880 et 1881, le frère Jules Ferry, ministre de l'Instruction publique, fait voter une série de lois qui réalisent le rêve de Jean Macé.

Le frère Ferry, par ailleurs partisan zélé de l'expansion coloniale, appartient au camp des républicains modérés. Comme la plupart des maçons. À partir de 1885, pourtant, une fois la république définitivement installée, le radicalisme – pour aller vite, les républicains de gauche – gagne du terrain dans les loges. Ce courant donne naissance en 1901 au premier parti politique français, le Parti radical. « Un tiers des loges françaises sollicitées par circulaire et en dépit de l'avis défavorable du conseil de l'Ordre, participent directement ou non à son congrès constitutif[1] » Le parti ne s'en cache pas. Il s'est formé, disent ses statuts, à partir des « comités, ligues, unions, fédérations, sociétés de propagande, groupes de libre-pensée et loges ». On peut bien sûr y adhérer sans avoir été initié (Clemenceau, par exemple, l'un de ses plus illustres porte-flambeau, n'a jamais reçu la lumière). Mais les interactions sont telles qu'« à certaines périodes, on ne sait trop si c'est la Maçonnerie qui dirige le Parti radical ou, au contraire, si c'est le Parti radical qui dirige la Maçonnerie[2] ». Tout deux en tout cas s'allient contre le même ennemi : l'Église. En France, la bataille va faire rage plus que dans n'importe quel autre pays d'Europe, marquant durablement les francs-maçons du sceau de l'« impiété ». Comme en témoigne la « fabuleuse histoire » qui suit.

1. André Combes, *Les Trois Siècles..., op. cit.*.
2. Daniel Ligou, *Dictionnaire..., op. cit.*

Fils d'Hiram et Fils de Satan

« Soudain la foudre tonna. Je sentis cinq souffles brûlants sur mon visage... Je vis Lucifer devant moi, assis sur un trône de diamant... » En cette année 1895, une revue livre mois après mois le récit d'un initié « repenti ». Et ces confessions s'arrachent. On y lit que les Fils d'Hiram adorent le démon dans des cérémonies barbares. On y apprend qu'ils se livrent à des orgies sexuelles en blasphémant Dieu. On y découvre que les « vrais symboles de la maçonnerie ne sont pas l'équerre ni le compas mais la tête de bouc, le doigt pointant le ciel, le poignard et la croix inversée ». L'homme qui fait ses révélations est un ancien maçon, un dénommé Léo Taxil. Un mystificateur si talentueux qu'il a tenu une bonne partie de la France en haleine pendant près de dix ans !

Ce journaliste républicain a pourtant commencé sa carrière en pourfendant les curés. Son slogan ? « Tuons-les par le rire ! » Fondateur de la Bibliothèque anticléricale en 1879, il publie des pamphlets dont les titres sont déjà tout un programme : *Les Maîtresses du pape, Les Amours de Pie IX, Un pape femelle, Les Crimes du clergé,* ou encore *Les Soutanes grotesques* ! Il décline aussi toute une série de produits dérivés : photographies satiriques, figurine de l'« abbé Corbeau » ou de la « sœur Chouette » destinée à remplacer, dans les foyers, la traditionnelle statuette de la Vierge. En 1881, Taxil entre en maçonnerie pour en être exclu un an plus tard. Aussi sec, il change de casaque. Voilà que, prétendument inspiré par Jeanne d'Arc, il se convertit au catholicisme. Pour abjurer ses péchés, il entame contre les « frères trois points » une campagne aussi virulente que celle qu'il avait menée contre les « curetons ». Ses livres s'intitulent désormais *Confession d'un ex-libre-penseur, Les Assassinats maçonniques, L'Antéchrist, L'Origine de la franc-maçonnerie et son but expliqué ou le Diable au* XIX*e siècle.*

Taxil reprend les vieilles lunes de l'abbé Barruel adaptées au goût du jour. Cette fois-ci point d'*Illuminati* en tireurs de ficelles. Le Grand Manipulateur, c'est le Diable lui-même. Certes, explique en substance Léo Taxil à ses lecteurs, vous connaissez des francs-maçons qui ne feraient pas de mal à une mouche. Mais il existe des « arrière-loges », non seulement on s'y prosterne devant Satan mais elles sont dirigées... depuis les États-Unis, par le célèbre maçon américain Albert Pike (voir p. 129). Taxil pousse très loin sa plaisanterie : en 1895, il invente un personnage de femme, soit-disant initiée par Pike et arrachée in extremis des griffes de Lucifer. Il demande à une jeune dame, qui se fait appeler Diane Vaughan, de jouer le rôle. Il la présente même au pape ! Car Léo Taxil a rencontré le souverain pontife pour lui raconter ses balivernes. Impressionné, Léon XIII autorise la convocation d'un « congrès international anti-maçonnique » chargé d'examiner le cas Vaughan.

Prudents, ou aveugles, les experts ne se prononcent pas, « en attente de preuves supplémentaires ». Qu'à cela ne tienne. Taxil annonce qu'il va les donner. Au printemps 1897, il convoque ecclésiastiques et journalistes. Tous sont suspendus à ses lèvres. Taxil s'avance à la tribune et, tout à trac, il leur lance : « Diane Vaughan, c'est moi ! » Tollé dans l'assemblée, obligée de boire le calice jusqu'à la lie. Car le faussaire enfonce le clou : « Je remercie bien sincèrement mes confrères de la presse catholique et nos seigneurs les évêques de m'avoir si bien aidé à organiser la plus belle mystification de ma carrière. » Plus tard, il livrera les secrets de fabrication de ses livres : « Chaque fois qu'un passage était obscur, je l'éclairais dans le sens agréable aux catholiques qui voient en messire Lucifer le suprême grand-maître des francs-maçons[1]. » Si le canular de Taxil a si bien prospéré, c'est en effet parce qu'il a poussé sur un terrain propice : depuis des années, la guerre entre l'Église catholique et la franc-maçonnerie était montée d'un cran.

1. Jacques Lemaire, *Les Origines françaises de l'antimaçonnisme : 1744-1797*, Éditions de l'université de Bruxelles, 1985.

Les « bouffeurs de curé »

En cette fin du XIXe siècle, une partie de la maçonnerie a décidé de s'affranchir totalement de l'Église, mais aussi de la religion. Il est loin désormais le temps où les références à la Bible faisaient l'unanimité dans les loges, même si on s'y sentait plus déiste que chrétien. Cette évolution ne s'est pas faite en un jour. Pour la comprendre, il faut remonter quelques années en arrière, avant le formidable canular de Taxil.

Après la révolution de 1848, la Constitution du Grand Orient professe encore que la franc-maçonnerie « a pour base l'existence de Dieu et l'immoralité de l'âme ». Même les maçons quarante-huitards s'y retrouvent : ils critiquent férocement la hiérarchie catholique alliée des monarchistes et des conservateurs mais, à l'instar du socialiste utopiste Pierre Leroux, beaucoup se réclament du « petit Jésus des prolétaires ». C'est la génération suivante qui prend ses distances avec cet idéalisme empreint de religiosité. Désormais, chez les plus radicaux c'est le frère Proudhon qui marque des points : pour lui la maçonnerie doit être fondée sur les principes du libre examen. « Le Dieu des Maçons, dit-il, n'est ni Substance, ni Cause, ni Âme, ni Monade, ni Créateur, ni Père, ni Verbe, ni Amour, ni Paraclet, ni Rédempteur, ni Satan, ni rien de ce qui correspond à un concept transcendantal : toute métaphysique est ainsi écartée. C'est la personnification de l'équilibre universel : Dieu est architecte ; il tient le niveau, l'équerre, le marteau, tous les instruments de travail et de mesure. Dans l'ordre moral, il est la Justice. Voilà toute la théologie maçonnique... »

Forcément, le Vatican dénonce de plus belle les Fils d'Hiram à coups d'encycliques. Les évêques publient des livres véhéments qui mettent en garde les fidèles. Ces attaques, évidemment, renforcent l'anticléricalisme latent de certaines loges. Lesquelles attirent du coup de plus en plus de militants de la « libre-pensée » qui se sont organisés depuis 1866. Parmi les membres de leur Fédération qui regroupe des anarchistes, des marxistes de la Première Internationale, mais aussi des membres du Parti radical et bien sûr des maçons, on compte Victor Hugo, Giuseppe Garibaldi, Anatole France, Jules Ferry, Aristide Briand, Jean Jaurès, Édouard Herriot ou Jean Rostand.

Jour après jour, dans les assemblées maçonniques, des frères réclament la suppression de la référence à l'existence de Dieu dans les statuts de l'Ordre. La Commune de 1871 creuse encore le fossé avec les autorités ecclésiales : les frères communards ne digèrent pas que l'Église et l'État, pour « expier les crimes des fédérés », fassent ériger à Montmartre, à l'endroit même où a commencé l'insurrection, la basilique du Sacré-Cœur. De plus en plus d'initiés s'affirment athées et demandent à être enterrés civilement. En 1875, l'initiation du philosophe positiviste et libre-penseur Émile Littré, auteur du *Dictionnaire de la langue française*, a un énorme retentissement : le combat laïc – qui sera mené quelques années plus tard au gouvernement par le ministre de l'Instruction publique Jules Ferry – est désormais une priorité pour une partie des francs-maçons.

En 1887, le Grand Orient franchit enfin le pas : il raye de ses statuts la croyance en Dieu et à l'immortalité de l'âme. L'idéal à atteindre est désormais le « perfectionnement de l'homme ». Et la « liberté absolue de conscience » est proclamée. Cette décision provoque un schisme au pays d'Hiram qui dure encore aujourd'hui : la Grande Loge Unie d'Angleterre, qui s'estime propriétaire de la régularité maçonnique, exclut les maçons du Grand Orient, qualifiés désormais d'« irréguliers ». Les autres obédiences, qui n'ont pas transgressé la loi fondamentale, sont elles considérées comme « régulières » et ne subissent pas les foudres des Anglo-Saxons. En 1887, cependant, le Grand Orient n'a pas jeté par-dessus bord le « Grand Architecte de l'Univers ». Les loges, si elles le souhaitent, peuvent continuer à travailler « à sa gloire ». Libre à elles de voir ce qu'elles veulent dans ce « principe créateur ». Mais les relations se sont tellement dégradées avec le Vatican et ses évêques – en 1884, Léon XIII accuse encore les francs-maçons de « ruiner la sainte Église » (voir partie IV) – que l'invocation du GADLU disparaît, elle aussi, peu à peu des rituels.

À partir de 1898, sous la République radicale, le conflit avec l'Église s'envenime encore un peu plus. Car le gouvernement Waldeck-Rousseau veut pousser plus loin l'œuvre de Jules Ferry. Il s'agace de voir les congrégations religieuses exercer encore, par le biais de leurs écoles, une influence sur l'éducation des jeunes. La loi de 1901 sur les associations, qu'il fait alors voter, lui permet de les surveiller et de les soumettre à autorisation. Un an plus tard, le « bloc des gauches » arrive au pouvoir. Le nouveau président du Conseil, le franc-maçon Émile Combes, applique la législation d'une main de fer. Des milliers d'écoles privées sont fermées. Celui que l'on appelle « le Petit Père Combes » – il est ancien séminariste – provoque même une rupture des relations diplomatiques avec le Vatican. Combes devient l'incarnation de l'anticléricalisme et du maçonnisme le plus sectaire. Il faut attendre 1905 et les lois de séparation de l'Église et de l'État, portées par le libre penseur Ferdinand Buisson et le socialiste Aristide Briand, pour que les relations commencent à s'apaiser. Entre-temps, un an auparavant, Émile Combes a été balayé par une affaire qui va faire les délices des anti-maçons et nuire durablement à l'image des « frères trois points ».

22

Les maçons au pilori

L'affaire des fiches

En cette année 1904, au ministère de la Guerre, arrivent d'étranges fiches. Sur les unes, on peut lire : « Assiste à la messe régulièrement » ou « reçoit le journal *La Croix* à son domicile ». Sur les autres : « A mis ses enfants chez les jésuites » ou : « Proclame que les républicains sont des peigne-culs et les francs-maçons des cochons [1] ». Il y en a près de vingt mille du même tonneau... Depuis près de trois ans, le général Louis André, ministre de la Guerre du gouvernement Combes, met secrètement en fiches les convictions religieuses et philosophiques de tous les officiers! Radical convaincu et libre-penseur, il veut s'assurer de leur loyauté et promouvoir les plus républicains dans une armée dont les chefs, pour la plupart toujours monarchistes ou ultraconservateurs, n'ont que mépris pour « la Gueuse ». Très vite, il estime qu'il ne peut compter uniquement sur son administration pour son « enquête d'opinion ». Il fait donc appel aux maçons. Un membre de son cabinet, le capitaine Mollin, est chargé d'alerter ses frères militaires : ils serviront désormais d'honorables correspondants. Les fiches, recensant les croyances, les relations mais aussi le degré d'antisémitisme de chaque officier, sont centralisées au Grand Orient avant d'être envoyées au ministre!

1. François Vindé, *L'Affaire des fiches*, Éditions Universitaires, 1989.

Au début, tout fonctionne parfaitement. Les cadres de l'armée se renouvellent. Les officiers jugés conformes ont de l'avancement. Les autres voient leur carrière ralentie (parmi eux le colonel Pétain qui en nourrira une haine tenace pour la franc-maçonnerie). Et puis, patatras ! Un « traître », le frère Jean-Baptiste Bidegain, vend ces fiches aux milieux nationalistes. Le scandale est immense. La presse s'en empare. À la tribune de l'Assemblée, le général André tente de se défendre. En plein débat, il est souffleté par un membre de la Ligue antimaçonnique. Quelques mois plus tard, le député gifleur se suicide. Aussitôt, les antimaçons soupçonnent un assassinat. La polémique repart. L'Ordre est accusé d'agir comme un « réseau » qui n'avance masqué que pour servir ses intérêts.

Mais le très zélé général André a des circonstances atténuantes. Il a été traumatisé par l'affaire Dreyfus. C'est d'ailleurs lui qui prépare le dossier militaire qui conduira à la réhabilitation du capitaine en 1906. Au moment où Louis André s'est mis en tête de ficher les officiers, le procès inique fait au militaire divise toujours la France en deux. Surtout, l'« Affaire » révèle au grand jour un puissant courant antirépublicain au sein de l'armée, capable de renverser un gouvernement. Un courant qui réunit dans la même détestation les juifs et les francs-maçons.

La triplice maudite

Au départ, en 1894, la condamnation d'Alfred Dreyfus pour espionnage n'émeut pas les loges outre mesure. Elle n'émeut pas grand monde d'ailleurs. « Pourquoi laisser ce misérable traître en vie ? » s'exclame même Jaurès, qui deviendra par la suite l'un des plus fervents dreyfusards. La condamnation du capitaine, surtout, intervient alors que la France assiste à une forte montée du nationalisme, du cléricalisme et de l'antisémitisme, les trois étant le plus souvent liés. Depuis sa publication en 1886, *La France juive* fait un tabac. Drumont y vitupère le « capitalisme bancaire » aux mains des « usurpateurs juifs » qui sont « derrière la franc-maçonnerie depuis 1790 ». Drumont recycle les thèses de Barruel. D'autant que depuis la publication de ses Mémoires – en 1797 on s'en souvient – l'abbé n'est pas resté inactif. L'infatigable jésuite a ajouté en 1806 un « étage » supplémentaire à sa théorie, en rédigeant, il n'est pas à ça près, un faux. Une lettre, prétendument envoyée par un certain Simonini. Que « révèle » cette missive inventée de toutes pièces ? Toutes les sociétés secrètes, et principalement les francs-maçons, sont dirigées en sous-main par... les juifs ! L'idée cheminera jusque dans les encycliques du Vatican.

Drumont évidemment en fait ses choux gras [1]. Les « Sémites sont parvenus, dit-il, à être les maîtres absolus d'un pays qu'ils ont détaché peu à peu, avec une astuce prodigieuse, de toutes les traditions qui faisaient sa grandeur et sa force ». Et de prôner la « confiscation de leurs biens ». En 1892, à l'occasion du scandale du canal de Panamá qui ruine des milliers de souscripteurs, Drumont lance *La Libre Parole*, diffusée à près de deux cent mille exemplaires. Le journal devient le fer de lance de la campagne antisémite menée pendant toute l'affaire Dreyfus, soit près de douze ans.

La presse catholique, *La Croix* notamment, puisant dans le vieux fonds d'antijudaïsme de l'Église, et évidemment son antimaçonnisme, n'est pas en reste. L'antisémitisme s'exprime désormais massivement et ouvertement. Il n'épargne aucun milieu. Gangrène aussi une partie de la gauche. Et même certaines loges. La franc-maçonnerie bien sûr est depuis toujours ouverte aux juifs (et aux musulmans). Mais les maçons, pas plus que les autres, ne sont totalement imperméables aux maux du temps. Déjà, en 1870, certaines loges d'Afrique du Nord avaient protesté contre les décrets accordant la citoyenneté française aux juifs d'Algérie, pris par l'un de leurs frères les plus éminents, le ministre de la

1. Pour boucler la boucle, il désigne même Adam Weishaupt, le fondateur des Illuminés de Bavière, comme juif, ce qu'il n'était pas.

Justice Adolphe Crémieux, également président de l'Alliance israélite universelle.

C'est Bernard Lazare qui sera le premier à s'engager pour sauver Dreyfus, presque seul, contre une armée prête à tout pour garder au bagne de l'île du Diable le condamné à perpétuité. Lazare est bientôt suivi par le respecté président du Sénat Auguste Scheurer-Kestner, membre de l'Église réformée – « judéo-protestantisme », crient aussitôt les antidreyfusards –, puis par Clemenceau et, surtout, Zola qui lance son « J'accuse » en 1898. L'écrivain Maurice Barrès moque ces « intellectuels » (terme popularisé à cette occasion) qui préfèrent courir après la Justice et la Vérité plutôt que de défendre la « raison supérieure de l'État ». Une partie de la gauche finit par se réveiller et relaie le combat pour la révision. Le Grand Orient apporte lui aussi son soutien et se mobilise dans la Ligue des droits de l'homme fondée pour défendre le capitaine. La réaction des « antidreyfusards » n'en sera que plus violente. Ils dénoncent la « triplice » qui prend fait et cause pour le capitaine : « la Synagogue, le Temple [protestant] et la Loge ». Plus tard, l'un d'eux, Charles Maurras, fondateur du quotidien royaliste *L'Action française*, parlera des « quatre États confédérés de l'anti-France » qu'il faut éliminer de la nation : « les juifs, les protestants, les maçons, les métèques ». Autant de discours qui faciliteront le passage à l'acte en 1940.

Jusqu'à la réhabilitation de Dreyfus, les manifestations sont incessantes. Insultes, agressions – du président Loubet ou de l'avocat de Dreyfus –, menaces de soulèvement. Le poète Paul Déroulède, ancien partisan du général Boulanger et porte-voix des « revanchards » qui réclament le retour de l'Alsace et de la Lorraine perdues en 1870, tente un coup de force grotesque sur l'Élysée en 1899. L'auteur des *Chants des Soldats* a créé la Ligue des patriotes. Après 1918, nombre d'anciens combattants gonflent les rangs de ces organisations, le plus souvent hostiles au régime parlementaire. Dans l'entre-deux guerres, ces ligues – les Camelots du roi, le Faisceau ou les Croix de feu – deviennent de plus en plus virulentes. La plupart sont ultranationalistes, antimaçonnes, antisémites. À l'image de la haine qui enfle dans la société française.

L'affaire Stavisky

« À bas les voleurs ! » Ce 6 février 1934, les ligues d'extrême droite, défilent place de la Concorde pour exiger la démission du gouvernement Camille Chautemps, d'autant plus détesté par les manifestants qu'il est franc-maçon. Bilan : dix-sept morts et plus d'un millier de blessés. La République a tenu bon mais elle a frôlé le renversement. C'est l'affaire Stavisky qui a provoqué l'émeute. Au mois de janvier, Alexandre Stavisky, poursuivi pour plusieurs escroqueries dont l'une au Crédit municipal de Bayonne, est retrouvé baignant dans une flaque de sang. Le « Beau Sacha » a mis lui-même fin à ses jours, dit la police. « Stavisky s'est suicidé d'une balle tirée à trois mètres. Voilà ce que c'est d'avoir le bras long », ironise *Le Canard enchaîné.* C'est le gouvernement qui l'a exécuté, hurlent les ligues antiparlementaristes.

À la faveur de l'enquête sur la mort de Stavisky, la presse révèle qu'il a arrosé plusieurs hommes politiques, pour faire retarder ses procès, et qu'il a participé au financement de campagnes électorales, notamment celle du Parti radical. L'équation est vite posée par l'extrême droite : Stavisky est juif, le Parti radical est « infesté » par les « frères trois points », le président du Conseil, Camille Chautemps lui-même « en est »... Bref, le « métèque escroc » comme l'appelle *L'Action française* a acheté la protection des maçons en détournant la « pauvre épargne publique ». La thèse du « complot judéo-maçonnique » fait une fois de plus ses ravages. Des maçons jugés corrompus sont radiés mais le scandale Stavisky écorne l'image de l'Ordre.

La franc-maçonnerie avait déjà esquissé, depuis plusieurs années, un mouvement de retrait par rapport à l'action politique. Elle avait voulu tirer les leçons de l'affaire des fiches. La guerre de 14, surtout, a décimé les ateliers. Avant le conflit, beaucoup de loges sont pacifistes et travaillent au rapprochement franco-allemand. Le frère Léon Bourgeois, par exemple, propose une Société des Nations qui ne verra le jour qu'une quinzaine d'années plus tard, en 1919, et dont il sera le premier président. Lorsque la guerre éclate, la franc-maçonnerie, comme l'ensemble du pays, se range derrière le gouvernement d'Union sacrée du frère René Viviani qui comprend neuf maçons. On compte pourtant moins d'initiés dans les rangs du pouvoir. Sans doute les loges sont-elles moins nécessaires à l'action politique : après la Première Guerre, les partis politiques, les associations, les syndicats ont pris toute leur place dans la société. De plus, le combat laïc et l'idéal républicain sont un peu passés de mode. Désormais, c'est la SFIO et bientôt le parti communiste qui attirent les jeunes générations. Et tous deux sont infiniment moins liés à la maçonnerie que le Parti radical.

Certes, depuis les années 1900, le courant socialiste s'est développé dans les loges. Marcel Sembat, l'un des fondateurs de la SFIO, est passé sous le bandeau. En 1920, au congrès de Tours, il refuse d'adhérer à la Troisième Internationale (communiste) contrairement à Marcel Cachin (qui, à l'époque, a déjà démissionné de la maçonnerie). La plupart des socialistes maçons prendront la même décision que Sembat lors de la scission qui fonde le Parti communiste français. Quant aux maçons qui ont suivi Cachin, ils vont se trouver, deux ans plus tard, face à un choix cornélien. En 1922, à la demande de Zinoviev et de Trotski, le congrès de l'Internationale communiste interdit en effet la double appartenance au parti communiste et à la franc-maçonnerie, institution jugée « bourgeoise ». La plupart des initiés quittent alors le PCF. Mais la maçonnerie continue à recruter chez les socialistes et chez les radicaux, chez les enseignants et les instituteurs, parmi lesquels Marceau Pivert (leader de la « Gauche révolutionnaire » au sein de la SFIO).

Après la victoire du Front populaire, lors du grand défilé du 14 juillet 1936, le Grand Orient défile en tablier et gants blancs. Le gouvernement de Léon Blum réalise des réformes (congés payés ou diminution de la semaine de travail) qui ont aussi été cogitées dans les loges. Il comprend plusieurs maçons : Paul Ramadier, Roger Salengro victime d'une violente campagne de calomnies orchestrée par les ligues qu'il a voulu dissoudre (il finira par se suicider), Jean Zay, cible privilégié de l'extrême droite (« le juif, le maçon et l'apatride »). En 1944, il sera abattu par la Milice. La franc-maçonnerie est alors entrée dans la nuit depuis quatre ans.

Les ténèbres

Juin 1940. La défaite puis les pleins pouvoirs accordés à Pétain votés par une écrasante majorité : 569 voix pour, 80 contre parmi lesquelles celle du frère Paul Ramadier qui rejoint la Résistance. On compte autant de maçons parmi les partisans du gouvernement de Vichy que parmi ceux qui refusent la collaboration. Mais les membres des loges qui se rallient à l'ordre nouveau sont peu nombreux. Dès le mois d'août, les obédiences sont dissoutes par décret. Leurs locaux sont mis à sac ou confisqués. Les fonctionnaires doivent s'engager à ne plus appartenir à aucune société secrète. Pétain n'a pas besoin de s'inspirer d'Hitler, de ses délires sur les loges « manipulées par les juifs qui veulent dominer le monde », de sa haine du maçon Franklin Roosevelt, alors président des États-Unis, ou du « suppôt des loges » Winston Churchill, le Premier ministre anglais. Pétain déteste depuis longtemps, au moins depuis l'affaire des fiches on l'a vu, les « frères trois points ». Et son entourage maurrassien s'est abreuvé aux thèses de l'abbé Barruel : il peut enfin se venger de 1789, des anticléricaux, de Stavisky ou de Dreyfus.

Bernard Faÿ, un brillant universitaire, historien royaliste, spécialiste de l'histoire maçonnique, adepte lui aussi de Barruel, est nommé à la tête d'un Service des sociétés secrètes. Installé rue Cadet, au siège du Grand Orient, sous le contrôle de la Gestapo, ce service répertorie tous les maçons. Comme le « Centre d'action et de documentation maçonnique » dirigé par un antisémite déchaîné, Henri Coston – lequel continuera à publier sa prose jusqu'en 2001. Ces fichiers serviront en 1941 à exclure les maçons de la fonction publique. La liste de leurs responsables est alors publiée au *Journal officiel* pour dénoncer à l'opinion ces « parasites monstrueux », comme dit Faÿ.

Une exposition, « La franc-maçonnerie dévoilée », s'installe au Grand Palais. Elle donne une image hideuse et terrifiante des loges. Elle explique que les maçons sont, comme les juifs, responsables de la guerre et de la défaite, au service des puissances étrangères, vendus aux communistes ou aux « ploutocrates » anglo-saxons. Un film, *Forces occultes,* est également projeté dans les salles de cinéma : il montre un jeune député, tombé dans les « griffes » des maçons qui finissent par le poignarder.

On estime à un millier le nombre de maçons déportés, parce qu'ils appartenaient à une loge, étaient juifs ou résistants. Sept cents environ sont morts dans les camps, au peloton d'exécution ou dans le maquis.

23

Les frères business

Les invisibles

Il faudra du temps pour que la maçonnerie se remette de Vichy et de l'occupation allemande. Et plus de trente ans pour qu'elle retrouve ses effectifs d'avant la guerre. Dans les années qui suivent, beaucoup de maçons regagnent « la sérénité des temples », selon l'expression consacrée. Et beaucoup de loges reviennent à des débats plus philosophiques ou spiritualistes. Une prise de distance à l'égard du monde profane qui va de pair avec le déclin du Parti radical sous la IVe République, et surtout sous la Ve dont aucun chef d'État ou Premier ministre n'a jamais été initié. On pourra toujours voir des frères derrière certains combats pour l'euthanasie ou l'interruption volontaire de grossesse par exemple. Le sénateur Henri Caillavet, membre du Grand Orient, fut l'auteur de nombreux projets de loi dans ce domaine. Mais ni Simone Veil qui s'est battue au Parlement pour que l'IVG soit autorisée ni Valéry Giscard d'Estaing, le président de l'époque, n'étaient francs-maçons.

La thèse du complot maçonnique continue pourtant à faire des adeptes. Prospérant sur un monde toujours plus compliqué à maîtriser, elle offre des explications commodes basées sur quelques principes simples : « Rien n'arrive par accident ; tout ce qui arrive est le produit de l'accomplissement d'un programme. Rien n'est tel qu'il paraît être ; tout est lié, mais de façon occulte. Il faut donc décoder, ou plutôt décrypter, sans fin. Car derrière le secret, il y a l'ultrasecret, voire l'hypersecret, à jamais inaccessible. Et le fait même de ne pas posséder de preuves du complot devient la preuve suprême [1] », résume Pierre-André Taguieff, auteur de La *Foire aux Illuminés*. En France cependant, les théories conspirationnistes s'expriment moins ouvertement qu'au temps de Barruel, Taxil ou Drumont. Elles fleurissent sur Internet mais ne franchissent pas les limites de la presse ou de l'édition « sérieuse ».

Dans les années 1990, c'est une autre question qui fait son retour sur le devant de la scène : plusieurs affaires politico-financières éclaboussent ou impliquent directement des francs-maçons. Les obédiences, notamment la GLNF (Grande Loge nationale française), promettent qu'elles vont faire le « ménage ». Plusieurs membres sont exclus. Mais on parle des « frères business », des « réseaux d'influence », des Fils d'Hiram qui « s'entraident pour accélérer leur carrière » ou pour obtenir des marchés. Des enquêtes journalistiques ou des livres [2] jettent une lumière crue sur certaines pratiques. Les « fraternelles » par exemple, où – en plus de leurs loges – les maçons se regroupent par professions, entrepreneurs du bâtiment, commissaires de police, magistrats ou architectes. Ces assemblées sont l'occasion de faire de joyeuses agapes mais il s'y règle aussi des questions très profanes et très prosaïques, parfois en dehors de toute légalité. Des affaires ont défrayé la chronique, notamment sur la Côte d'Azur... Bien sûr, et depuis toujours, ce n'est pas l'envie de « tailler la pierre brute » qui a poussé certains frères à se faire initier. Quelques-uns ne dépassent jamais le stade d'apprenti et se contentent de renflouer leur carnet d'adresses. Ou pis d'utiliser leurs réseaux pour bloquer une enquête judiciaire ou se renseigner sur son déroulement.

---

1. Pierre-André Taguieff, *op. cit.*
2. Ghislaine Ottenheimer et Renaud Lecadre, *Les Frères invisibles : Enquêtes sur les dérives de la franc-maçonnerie*, Albin Michel 2002; Sophie Coignard, *Un État dans l'État* : le contre-pouvoir maçonnique, Albin Michel, 2009.

Les obédiences, qui sont fières – à juste titre – de leur histoire, aiment égrener le nom des grandes figures qui ont reçu la lumière. Simon Bolívar, héros de l'indépendance latino-américaine ou José Martí, le libérateur cubain, les poètes Stéphane Mallarmé ou Alexandre Pouchkine, les écrivains Conan Doyle, Mark Twain, Oscar Wilde ou Rudyard Kipling, le peintre Marc Chagall, les compositeurs Ludwig van Beethoven ou Franz Liszt, les musiciens et chanteurs Léo Ferré ou Louis Amstrong, les artistes Joséphine Baker ou John Wayne, le chimiste Gaspard Monge, l'inventeur de la pénicilline Alexander Flemming, le pionnier de l'aviation Charles Lindberg, l'informaticien et l'un des fondateurs d'Apple Steve Wozniak... Pour ne citer que ceux qui ne sont pas encore apparus dans ce livre. Les Enfants de la Veuve préfèrent se souvenir du socialiste Salvador Allende président du Chili que de celui qui le renversa Augusto Pinochet (radié il est vrai au bout d'un an), évoquer le sultan Abd el-Kader l'un des pères du nationalisme algérien, Mustafa Kemal Atatürk, le premier président de la République turque, Blaise Diagne, le premier député africain élu à l'Assemblé nationale en 1934 ou Félix Éboué, qui rallia le Tchad au résistant de Gaulle, plutôt qu'Omar Bongo ou d'autres autocrates. Mais nul n'est parfait, ni même les maçons.

Aujourd'hui, les loges françaises revendiquent près de cent cinquante mille membres et assurent – déclin des grandes idéologies et des partis politiques oblige – en recruter chaque année un peu plus. Elles sont regroupées dans cinq principales obédiences. Le *Grand Orient de France*, qui date de 1773, est toujours farouchement laïc même s'il n'est plus comme autrefois une annexe de la gauche. La *Grande Loge de France*, créée en 1894, fait référence à Dieu mais se prononce, elle aussi, sur toutes les questions de société. La *Grande Loge nationale française*, qui existe depuis 1948, est la seule reconnue par Londres; elle proscrit les débats politiques et religieux dans ses temples et demande à chaque initié de prêter serment sur la Bible. Le *Droit Humain*, déiste, est la première obédience mixte fondée en 1893 par la suffragette et journaliste républicaine Maria Deraismes, qui obtint pour le deuxième sexe le droit de revêtir un autre tablier que celui qui sert à faire la cuisine. Une *Grande Loge féminine de France*, exclusivement féminine, elle, est apparue en 1952.

Toutes ces obédiences sont confrontées aujourd'hui au même débat : celui de la « transparence ». Pourquoi, dans nos sociétés démocratiques, les maçons continuent-ils à se « cacher » ? Ce culte du secret, disent ceux qui invitent les « frères invisibles » à se démasquer, contribuent à nourrir tous les fantasmes. C'est justement parce que ces fantasmes persistent, notamment à l'extrême droite ou chez les conspirationnistes, qu'il faut se protéger répondent la plupart des maçons qui invoquent les persécutions subies sous Vichy et sous le nazisme. L'argument peine souvent à convaincre. La franc-maçonnerie est moins une société secrète que « discrète », expliquent aussi les loges. Les adresses des obédiences figurent en effet dans l'annuaire, leurs grands maîtres parlent dans la presse. En revanche, le secret des réunions existe bien : rien de ce qui se dit dans le temple ne doit être révélé, une garantie pour la libre expression de chaque initié. Le secret d'appartenance est lui aussi réel : un maçon peut se dévoiler, mais il lui est interdit d' « outer » l'un de ses frères. Préservation de la sphère privée. Quant au « secret maçonnique », celui des rites et des transformations intimes qu'ils sont censés provoquer, il est de l'ordre de l'intime, disent les initiés, et donc incommunicable.

Sixième partie

Le Symbole perdu décrypté

Un eunuque tatoué et maléfique cherchant à s'emparer des secrets de la franc-maçonnerie, un initié du plus haut grade prêt à mourir pour les protéger, une « scientifique » voulant réconcilier l'esprit et la matière et l'inévitable professeur Langdon qui mène l'enquête en douze heures top chrono. Le tout à l'ombre des monuments de la capitale fédérale américaine.

Le nouveau roman de Dan Brown puise largement aux sources de la franc-maçonnerie. Ses lecteurs y reconnaîtront des personnages, des lieux ou des rites également évoqués dans cette saga. Washington, Franklin ou Newton, le Capitole ou l'obélisque, la Rose-Croix ou l'alchimie... Le romancier multiplie les références, souvent sans les expliciter, parfois en les réinterprétant pour les besoins de l'intrigue. Où est le vrai ? Où est le faux ?

Le glossaire qui suit démêle les fils de la réalité et de la fiction. Il a été établi avant la parution en français du *Symbole perdu*. Les chapitres et les pages du roman qui y sont mentionnés renvoient donc à la version anglaise (*The Lost Symbol*, Doubleday Press, 2009...). On trouvera aussi dans cet abécédaire des indications permettant de se reporter aux passages du présent ouvrage qui développent le thème abordé. Pour faciliter la lecture, nous avons signalé d'un astérisque chaque mot faisant l'objet d'une définition.

Enfin, le dernier chapitre de ce livre, « Les pouvoirs de l'esprit », explore une autre thématique du *Symbole perdu* qui n'a pas grand-chose à voir avec la franc-maçonnerie : la « noétique », autrement dit les liens entre la pensée et le monde physique.

Glossaire

Abbadon
Ce nom hébreu signifiant « destruction » est l'un des pseudonymes de l'eunuque maléfique du *Symbole perdu* (chap. 22, p. 91). Dans l'**Apocalypse** * selon saint Jean, Abbadon est l'ange exterminateur. Dans la démonologie, il est aussi considéré comme le « souverain du Puits sans fond », chef d'une armée de sauterelles.

Abramelin
Dan Brown mentionne (chap. 71, p. 268) « l'huile d'Abramelin », « l'huile sacrée de la Grande Magie ». Le nom d'Abramelin est cité dans un grimoire du XVe siècle rédigé par un certain Abraham le Juif (vers 1362-1458). Ce dernier, désireux de s'initier à la magie sacrée, commence un long périple qui le conduit de l'Allemagne à l'Égypte, où il rencontre un mage nommé Abramelin. Celui-ci va lui dévoiler une puissante forme de magie **kabbalistique** * permettant d'entrer en contact avec le Saint Ange Gardien, mais aussi d'invoquer et d'asservir les esprits du mal. Ce rituel nous est connu par six manuscrits plus ou moins complets, qui ont suscité un vif intérêt aux XIXe et XXe siècles, en particulier chez les occultistes S.L. MacGregor Mathers et **Aleister Crowley** *. L'huile décrite dans le *Livre d'Abramelin le Mage* est composée d'extraits de plantes – cannelle, calamus – mélangés, entre autres, à de la myrrhe et à de l'huile d'olive.

Adams John
Le deuxième président américain (1797-1801) que Dan Brown évoque à plusieurs reprises (notamment chap. 62, p. 244) n'était pas membre des loges. Mais il a joué un rôle important dans la révolution américaine (voir dans ce livre p. 17).

Adams John Quincy
Le fils de John Adams (cité chap. 117, p. 437) fut lui-même président en 1825, le sixième de l'histoire des États-Unis – une « dynastie » unique dans l'histoire américaine si l'on excepte George Bush senior et junior. Son combat contre les loges et contre son successeur à la Maison-Blanche, le franc-maçon Andrew Jackson (1829-1837), l'a rendu célèbre. John Quincy Adams a appartenu à l'Anti-Masonic Party (Parti antimaçonnique) créé en 1828, après la mystérieuse disparition du frère « repenti » William Morgan (voir dans ce livre p. 121). L'affaire défraya la chronique : les francs-maçons furent accusés de l'avoir assassiné. Cette violente campagne laissera des traces durables dans un pays où la maçonnerie a joué un rôle important lors de la lutte pour l'indépendance et lors de la création de la nation américaine.

Akeda
Le mot *akedah* signifie « sacrifice » en hébreu. Dans la Bible, il désigne l'épisode où le patriarche hébreu Abraham accepta d'offrir son fils Isaac en **sacrifice*** à Yahvé (Genèse 22). Il y est bien fait mention d'un couteau, mais contrairement à ce que dit Dan Brown (chap. 119, p. 445), les Écritures saintes n'indiquent nullement que Dieu avait transmis cette arme afin qu'elle soit utilisée dans un sacrifice humain, pas plus qu'elles n'évoquent l'histoire de la météorite de fer tombée des cieux il y a trois mille ans. De même, nul ne peut se targuer de posséder le couteau utilisé par Abraham lors du sacrifice : il s'agit là d'une pure mystification. Il est vrai, en revanche, qu'aux yeux des francs-maçons, le sacrifice d'Abraham représente l'obéissance à la volonté de Dieu.

Alchimie
Dan Brown assure que nos scientifiques modernes n'ont rien inventé de nouveau (chap. 13 p. 58), les alchimistes des temps anciens ayant de longue date découvert l'interconnexion de toutes choses, ce qu'on exprime au XXe siècle sous le terme d'« enchevêtrement quantique ». Une affirmation pour le moins rapide (voir dans ce livre p. 189). Il est vrai en tout cas que les pratiques alchimiques ont existé dès la plus haute Antiquité, en particulier en Chine et en Inde et dans l'Égypte gréco-romaine, à Alexandrie, entre le Ier siècle avant notre ère et le IIIe siècle de notre ère, en lien avec la philosophie **hermétique***. Cette discipline s'est particulièrement développée dans le monde arabe : le terme « alchimie » vient d'ailleurs de l'arabe *al-kimija* (« pierre

philosophale, alchimie »), qui dérive lui-même sans doute du grec *chêmeia* désignant l'art de fondre et d'allier les métaux. Alchimie et chimie étaient strictement synonymes jusqu'à l'apparition de la chimie moderne au XVIIIe siècle (voir dans ce livre p. 36 et p. 200).

Alexandria
C'est dans cette ville de Virginie, non loin de Washington, que s'élève le **George Washington** * Masonic Memorial. Dan Brown oublie de préciser (chap. 78, p. 290) que ce monument construit « sur le modèle du phare d'Alexandrie » n'a été érigé qu'en 1932 et qu'il a été entièrement financé par les loges américaines en l'honneur d'un de leurs plus éminents représentants (voir dans ce livre p. 120).

Amen
Si quelques auteurs ont effectivement cru déceler une parenté entre Amen et Amon, le dieu égyptien associé à la reproduction et à la vie – comme l'indique Dan Brown (chap. 96, p. 358) –, les scientifiques restent très prudents sur la question. Le creuset du christianisme réside beaucoup plus dans le judaïsme, ainsi que dans l'antique culture babylonienne, que dans l'Égypte ancienne, même si certains parallèles peuvent être soulignés. De même, faire d'Amon le prototype de Zeus est pour le moins risqué et caricatural.
Dans la tradition juive, *amen* signifie « en vérité » ou « ainsi soit-il ». Le mot est généralement utilisé pour confirmer une bénédiction ou une prière, juste après leurs récitations. Les chrétiens et, dans une moindre mesure, les musulmans emploient dans le même contexte ce terme – prononcé *amin* en langues arabes et slaves.

Anciens Mystères
Tout au long du *Symbole perdu*, Dan Brown en appelle aux « Anciens Mystères » (*Ancient Mysteries*), « la sagesse perdue de tous les âges » (chap. 19, p. 78). Selon le principal héros du roman, le professeur Langdon, ces secrets anciens « porteurs d'une grande puissance » ont été recueillis et protégés par les Templiers ou les **Rose-Croix** * (chap. 30, p. 130). Persécutées par les religions officielles, ces fraternités initiatiques ont disparu, affirme encore Langdon, mais leurs secrets ont été transmis jusqu'aux francs-maçons. Les frères derniers dépositaires des « Anciens Mystères » ? Un mythe véhiculé par les francs-maçons eux-mêmes : nombre d'entre eux se considèrent en effet comme

les derniers dépositaires de savoirs anciens transmis par des sociétés secrètes (voir dans ce livre p. 199).

Anneau maçonnique
Dans *Le Symbole perdu* (chapitre 16, p. 63), Peter Solomon porte une bague ornée d'un **phoenix à deux têtes** * et du **chiffre 33** *. Un bijou maçonnique comme il en existe des centaines (pendentifs en forme de truelle, pince à cravate branche d'acacia ou boutons de manchettes équerre et compas...) vendus sur Internet ou dans les loges, en particulier aux États-Unis où les francs-maçons n'hésitent pas afficher leur appartenance (voir dans ce livre p. 125).

Annuit coeptis
Cette pensée latine vient à l'esprit de Robert Langdon quand, depuis l'**obélisque** * du Washington Monument, il admire la vue sur la capitale fédérale (chap. 129, p. 484). « Dieu bénit ce que nous entreprenons », traduit Dan Brown (« *God favors our undertaking* »). En fait, cette devise figure sur le **Grand Sceau des États-Unis** * d'Amérique, et le billet de 1 **dollar** *, et elle signifie littéralement : « [Il] approuve les choses qui ont été commencées » (« *[He] approves [our] undertaking* »). C'est la traduction officielle retenue aujourd'hui par le Département d'État américain (voir dans ce livre p. 115). Le détail n'est pas sans importance : cette devise latine, comme toutes celles qui figurent sur le **Sceau américain**, est souvent mal traduite et déformée pour les besoins des « causes » conspirationnistes.

Apocalypse
Le mot apocalypse vient du grec *apocalupsis*, « révélation », « dévoilement », comme l'indique à juste titre Dan Brown (chap. 11, p. 410; chap. 126 p. 467). Contrairement à une idée courante, ce terme ne désigne pas la fin du monde. Le dernier livre du Nouveau Testament, l'Apocalypse – que la tradition chrétienne attribue à l'apôtre Jean – annonce au contraire l'instauration d'une ère nouvelle, permise par la victoire des forces du Bien sur celles du Mal. C'est le triomphe du Christ. Le tout est évoqué dans un langage assez difficile à décrypter (*cf.* Dan Brown, chap. 84, p. 314), sous la forme d'une série de visions qui se déroulent dans le ciel.

Apothéose de Washington (l')
Cette fresque allégorique du **Capitole** *, représentant **George Washington** * s'élevant dans le ciel, serait la preuve, selon les héros du *Symbole perdu*, que « l'homme est Dieu », que « le créé

peut devenir créateur » (chap. 20, p. 84, chap. 21, p. 85, 86, chap. 133, p. 498, 501). La présence sur le tableau de divinités antiques symbolisant les arts ou les techniques (Minerve par exemple) et de grands savants américains (**Benjamin Franklin ***) signifierait que seule la science permet cette transmutation. Une rareté picturale, à entendre le professeur Langdon. L'« apothéose » (à l'origine rite funéraire de la Rome antique élevant le défunt au rang des dieux) est pourtant un thème iconographique classique : les peintres en ont usé pour glorifier princes ou souverains (voir par exemple l'Apothéose du grand duc de Médicis sur les plafonds du Palazzio Vecchio de Florence) ou mettre au « panthéon de la civilisation » de grands personnages, tel Washington considéré comme le « Père de la Nation » (voir dans ce livre p. 111).

Bacon Francis
Ce philosophe anglais (1561-1626), père de la philosophie expérimentale, est bien l'auteur de la *Nouvelle Atlantide*, conte utopique fondateur pour les Américains (chapitre 73, p. 272). Il est loin d'être prouvé, en revanche, que Bacon appartenait à la **Rose-Croix *** comme l'affirme Dan Brown. Pour l'anecdote : Langdon évoque Bacon en passant devant la Folder Shakespeare Library de Washington. Ce n'est pas une coïncidence : des thèses (démenties) assurent que Bacon et Shakespeare ne font qu'un.

Bellamy
Dans le roman de Dan Brown, Warren Bellamy, l'« architecte du Capitole » est un Noir américain et un « frère maçonnique au plus haut degré » de Peter Solomon (chap. 42, p. 169). Il est pourtant assez peu probable que les deux hommes fréquentent la même loge. Dan Brown ne le dit jamais, mais, aux États-Unis, il existe, toujours aujourd'hui, une « maçonnerie blanche » et une « maçonnerie noire », héritage de l'esclavage et des discriminations raciales.

Berezniak
Dan Brown cite cet auteur (chap. 38 p. 155), l'un des plus prolifiques et des plus fiables sur la franc-maçonnerie. Né à Paris dans une famille juive originaire d'Ukraine et décédé en 2005, Daniel Berezniak a étudié l'hébreu à l'École des langues orientales, l'histoire de l'art à Pise et la philosophie auprès de Vladimir Jankélévitch. Il était lui-même initié. Ses ouvrages les plus connus sont, comme l'indique le roman, *Les Symboles des francs-maçons* (1998), *La Franc-Maçonnerie, des bâtisseurs de lumière* (1988), *La Kab-*

bale vivante (1995), *Le Cabinet de réflexion : la démarche initiatique technique de l'Éveil* (1995).

Bible
C'est à ce texte sacré que conduit finalement *Le Symbole perdu.* La Bible (d'un mot grec qui signifie « les Livres ») est une collection de textes de genres très divers : mythes, récits historiques, textes de sagesses, livres juridiques ou prophétiques, prières, etc. Compilés par les scribes après l'exil du peuple juif à Babylone (VIe siècle avant J.-C.), ces écrits ont été repris par les auteurs chrétiens qui y ont ajouté leurs propres textes : les Évangiles qui racontent la vie de Jésus, les Actes et les lettres des apôtres, l'**Apocalypse** *. La Bible chrétienne est ainsi divisée entre Ancien et Nouveau Testament. Elle est souvent citée, notamment à la fin du roman de Dan Brown (chap. 129-133) en lien avec les **Anciens Mystères** * et avec la science (voir aussi dans ce livre « Les pouvoirs de l'esprit » p. 327).

Bible de Jefferson
Selon le roman de Dan Brown, **Thomas Jefferson** *, l'un des plus éminents fondateurs de la nation américaine, se serait confectionné une bible personnelle en supprimant certains passages qu'il ne trouvait pas à son goût (chap. 131, p. 491). Vrai. La « Bible de Jefferson » (*Life and Morals of Jesus of Nazareth,* « Vie et Enseignements moraux de Jésus de Nazareth ») existe bien (voir dans ce livre p. 94) et a été publiée en 1895. Mais le professeur Langdon commet une grossière erreur quand il affirme que Jefferson voulait restaurer la « doctrine originelle » de la Bible, et donc les « anciens mystères » traitant des « pouvoirs de l'esprit sur la matière ». L'objectif poursuivi par Jefferson était radicalement inverse : il entendait au contraire « purger » les quatre Évangiles de tout surnaturel (les miracles notamment, exemple parfait, selon les « **néoticiens** * » du *Symbole perdu,* de la puissance de la pensée) et n'en retenir, en pur représentant des Lumières, que les seuls aspects moraux.

Bible maçonnique
Au chapitre 130 (p. 487) du *Symbole perdu,* le révérend Galloway s'agenouille dans la cathédrale de Washington, « bible maçonnique » en main, un livre, dit Dan Brown, « contenant l'Ancien et le Nouveau Testament » et « des textes philosophiques émanant des loges ». Dans de nombreuses obédiences, et en particulier en Amérique, les maçons prêtent en effet serment sur la Bible, également appelée le « Volume de la Loi sacrée ». Dans les obédiences dites

« non régulières », la présence dans les temples du « Volume de la Loi sacrée » n'est pas obligatoire. Il peut aussi être remplacé par d'autres livres religieux (Coran, *Upanishad*, etc.), par les Constitutions d'Anderson ou par un livre blanc, laissant le **GADLU** * à la libre interprétation de l'initié.

Boaz, Jachin
L'un des protagonistes du *Symbole perdu*, **Mal'akh** *, a les jambes tatouées à la manière des deux colonnes qui soutenaient le porche du temple de Salomon, l'une avec des motifs en spirale, l'autre avec des lignes verticales (chap. 2, p. 11 ; chap. 71, p. 268). Le temple de Salomon est un élément fondamental de la mythologie maçonne (voir dans ce livre p. 135) issu de l'Ancien Testament. Ainsi, le premier livre des Rois (7,15-22) décrit précisément ces piliers de bronze auxquels l'architecte de Salomon, **Hiram** *, donna le nom de *Jakin* (colonne de droite) et de *Boaz* (colonne de gauche). En hébreu, *Jakin* signifie « il établit fermement », et *Boaz* « en lui est la force ». Ces éléments architecturaux semblent ainsi symboliser la force et la stabilité spirituelles qui se trouvent à l'entrée du Temple ; ils peuvent aussi être la métaphore de la dualité entre Adam et Ève, du masculin et du féminin, du soleil et de la lune, de l'âme et du corps, du feu et de l'eau, du jour et de la nuit, etc. Les temples maçonniques sont également pourvus des deux colonnes Jakin (à droite) et Boaz (à gauche) – sauf toutefois dans le Rite Écossais ancien et accepté, où Jakin se trouve à gauche...

Capitole
L'architecture néoclassique du bâtiment où siège le pouvoir législatif des États-Unis serait, écrit Dan Brown, un hommage « à la grandeur de la Rome antique dont les idéaux ont inspiré les fondateurs de la nation américaine quand ils ont établi les lois et la culture de la nouvelle république » (chap. 4, p. 18). Interprétation abusive de l'Histoire pour les besoins de l'intrigue brownienne. Un : ce type d'architecture était en vogue partout dans le monde au XVIIIe et au XIXe siècle. Deux : les **Pères Fondateurs** *, loin de vouloir concurrencer le Vatican en construisant avec le Capitole un « nouveau temple » comme le dit l'écrivain (chap. 21, p. 85), se sont avant tout inspirés des idéaux des Lumières.

Carré magique
Dan Brown évoque deux célèbres « carrés magiques ». Celui (chap. 70, p. 263, 264) qu'**Albrecht Dürer** *, le peintre allemand de la Renaissance, fait apparaître dans sa fameuse gravure ***Melenco-***

lia *. Et celui (chap. 106, p. 388) que **Benjamin Franklin** * a inventé deux cents ans plus tard. Le carré magique est l'un des principaux supports du jeu de piste imaginé dans *Le Symbole perdu*. Il consiste à disposer des chiffres dans un tableau carré de manière que, quand on les additionne sur chaque rangée horizontale ou verticale et sur chaque diagonale, ils donnent la même somme. On trouve des carrés magiques dans de nombreuses civilisations anciennes, en Inde par exemple. Les Arabes seront les premiers à les utiliser à des fins mathématiques au xe siècle (comme plus tard le Français Pierre de Fermat par exemple). Au xve siècle, Cornelius Agrippa en parlera dans son traité d'**alchimie** * *De occulta philosophia*, avec une connotation religieuse et symbolique. Le carré de Dürer a lui aussi de fortes résonances ésotériques. Dan Brown prête la même démarche à Franklin. Ce savant éclectique mais pragmatique raconte pourtant dans son autobiographie : « J'étais si fatigué d'être assis là à entendre les débats (...) si ennuyants que je fus contraint de m'amuser à faire des carrés ou des cercles magiques. »

Circumpuct
Le *circumpunct* est un cercle avec un point en son centre et l'un des plus vieux symboles, dit Dan Brown (chap. 84, p. 316 ; chap. 122, p. 459 ; chap. 126, p. 468). Le cercle, figure géométrique parfaite puisqu'il n'a ni commencement ni fin, s'enrichit en effet, lorsqu'il est pointé, d'une puissante symbolique : il représente le soleil et le dieu solaire Rê en Égypte, l'archange Michel (lui aussi associé au soleil), l'œil de Dieu , l'or dans l'alchimie, etc. Dan Brown l'associe aussi au « symbole perdu » de son roman et au Grand Architecte de l'Univers, le **GADLU** *.

Clarke
« Aucune avancée technologique importante n'est différenciable de la magie », dit le professeur Langdon devant l'**Apothéose** * de Washington (chap. 21, p. 86). Il cite Arthur C. Clarke, scientifique anglais spécialiste des radars et... écrivain de science-fiction, auteur du célèbre *2001, l'Odyssée de l'espace*.

Crâne
« Il porta le crâne à ses lèvres et but le vin à grandes gorgées » (prologue, p. 45). C'est sur cette scène choc que s'ouvre *Le Symbole perdu* : l'initiation de **Mal'akh** *, l'eunuque tatoué. « Tous les rites rapportés sont véridiques », affirme Dan Brown dans l'avertissement en exergue de son roman. Pourtant, dans aucune cérémonie maçonnique, on ne boit du vin dans un crâne. Ce mythe est l'un des plus vieux poncifs antimaçonniques, diffusé notam-

ment à la fin du XIXe siècle par le Français Leo Taxil (voir dans ce livre p. 271), auteur aussi prolifique qu'affabulateur, repris par tout ceux qui ont voulu accréditer l'idée d'une franc-maçonnerie « diabolique ». Simple erreur du romancier ? Au chapitre 6 (p. 31), Dan Brown fait dire à l'un des étudiants de Robert Langdon : « Ils [les francs-maçons] boivent du vin dans des crânes. » Le profes seur ne dément pas. Au chapitre 117 (p. 437), Dan Brown évoque à nouveau cet « effrayant » crâne humain « rempli d'un liquide cramoisi » lors d'une cérémonie maçonnique du **33° degré** * Langdon, écrit-il, « avait déjà lu des témoignages de première main sur ce sacrement dans *Letters on the Masonic Institution* de John Quincy Adams ». Des témoignages de première main ? **John Quincy Adams** * a appartenu au Parti antimaçon américain en 1834 ! Il a repris dans ses écrits nombre de contrevérités fabriquées par les ennemis des loges.

Crowley
Touche-à-tout excentrique, Aleister Crowley (1875-1947) était à la fois peintre, poète, alpiniste et astrologue. Mais c'est surtout comme occultiste que ce Britannique passa à la postérité (voir *Le Symbole perdu*, chap. 77, p. 287). Initié par Samuel Liddell MacGregor Mathers, Crowley joua un rôle non négligeable au sein de plusieurs organisations occultistes : l'Ordre hermétique de l'Aube Dorée et l'Ordo Templis Orientis. Cet adepte des drogues, à la vie sexuelle débridée, est l'auteur du *Livre de la Loi* (1904), dont le leitmotiv est « Fais ce que tu voudras » : le but ultime de l'existence est de découvrir sa véritable « Volonté » et de mettre au jour la « nature divine » intrinsèque à tout être humain. Cette œuvre est devenue le livre sacré du mouvement Thelema – traduction du mot grec signifiant « volonté » – qu'Aleister Crowley créa en référence à l'abbaye de Thélème de Rabelais (XVIe siècle) décrite dans son livre *Gargantua* et *Pantagruel.*

Crypte (du Capitole)
Pendant des années, selon le professeur Langdon, « une flamme éternelle a brûlé [dans la crypte du Capitole] faisant de ce lieu un temple de Vesta moderne » (chap. 20, p. 83). Était-ce vraiment dans les intentions des bâtisseurs du Capitole ? (Voir dans ce livre p. 111).

Degré
Au chapitre 117 (p. 434 à 437), Robert Langdon regarde sur une vidéo les cérémonies et les rituels francs-maçons. Ils montrent les différents degrés de l'initiation : premier degré (apprenti),

deuxième degré (compagnon), troisième degré (maître). Malin, Dan Brown dépeint un professeur Langdon très inquiet à l'idée que ces cérémonies secrètes et déconcertantes puissent être diffusées au grand jour. Du pain bénit pour la « propagande des conspirationnistes antimaçons ». Brown n'en décrit pas moins, avec exactitude, les moments les plus terrifiants, quand ils sont hors contexte, de ces rituels. Notamment les effrayants avertissements lancés à l'initié lors de sa réception dans une loge, si jamais il venait à briser le secret de la Fraternité : « gorge tranchée, langue arrachée, poitrine ouverte et cœur encore battant jeté à terre pour nourrir les bêtes affamées... » (voir dans ce livre p. 14). Il raconte aussi, avec force détails, la mise en scène du meurtre d'**Hiram** * lors de la cérémonie du troisième degré.

Dollar
Le mot « MASON » (maçon) est-il encodé dans la **pyramide** * qui illustre le billet de 1 **dollar** * ? Dan Brown qualifie à juste titre (chap. 75, p. 278) cette thèse de « conspirationniste ». Elle n'est qu'une parmi des centaines qui prospèrent depuis des années (voir dans ce livre p. 116).

Dürer
Ce n'est évidemment pas sans raison que Dan Brown fait apparaître dans son roman ce peintre génial, avant-gardiste et visionnaire. Ses œuvres ont toujours été abondamment commentées dans les milieux ésotériques. Albrecht Dürer (1471-1528) est né à Nuremberg (Allemagne) dans une famille d'orfèvres. Mais c'est finalement vers la peinture et la gravure que son talent le porte, dans un art qui réalise la synthèse entre la peinture des pays du Nord (marquée par l'osmose entre réalisme et fantastique) et le retour aux modèles antiques qui représentent à ses yeux un âge d'or pictural. Grand voyageur, notamment en Italie, Dürer a véritablement introduit la Renaissance dans l'Europe septentrionale. C'est un des rares artistes à bénéficier d'une notoriété exceptionnelle de son vivant. Il travaille auprès des puissants et mène, de son propre aveu, « une vie de gentilhomme ». Parmi ses œuvres les plus célèbres, citons : sa série de gravures de l'*Apocalypse* (1498), écho des inquiétudes et des troubles du temps (l'Europe connaît alors une grave crise spirituelle qui allait aboutir à la Réforme protestante) ; ses magnifiques autoportraits, en particulier celui de 1500, où Dürer apparaît tel un Christ en majesté, frontal, splendide ; et aussi sa gravure ***Melencolia I*** * (1514), truffée de symboles kabbalistiques. Car l'artiste, comme

l'indique Dan Brown dans son chapitre 68 (p. 256-259), se passionne également pour la mystique, l'ésotérisme, les mathématiques – il a écrit plusieurs traités – et l'**alchimie** * (il était contemporain des médecins alchimistes Faust et Paracelse); nombre de ses œuvres sont donc empreintes d'une symbolique particulièrement riche.

Eastern Star
« La franc-maçonnerie est ouverte aux hommes de toutes races, couleurs et croyances et professe un esprit de fraternité qui interdit toute discrimination », explique Robert Langdon (chap. 6, p. 31). « Sauf pour les femmes », lui rétorque en substance l'une de ses étudiantes. « C'est vrai, répond le professeur, la franc-maçonnerie puise ses racines dans les anciennes corporations de tailleurs de pierre en Europe et est donc une organisation masculine. Mais il y a des centaines d'années, dès 1703 disent certains, une branche féminine de la franc-maçonnerie, l'Eastern Star, a été créée. Elle réunit aujourd'hui plus d'un million de membres. » Le professeur Langdon, qui dans le *Da Vinci Code* ne cessait de dénoncer les discriminations de l'Église envers les femmes, entérine cette fois sans autre forme de procès le « sexisme » de la franc-maçonnerie (comme d'ailleurs la survivance d'obédiences raciales – voir **Bellamy** *). Tout à son désir de rendre hommage aux frères et d'éviter un procès en « anti-maçonnisme » – une préoccupation qui traverse tout le roman – Dan Brown commet deux erreurs. D'abord, l'Eastern Star n'a pas été fondée en 1703 mais en... 1850 à Boston. Ensuite, elle n'est pas une obédience franc-maçonne mais un ordre paramaçonnique. La nuance est de taille : cette organisation n'est pas habilitée à initier. Ses membres n'ont donc pas accès aux rites et à l'enseignement des loges (voir dans ce livre p. 130).

Einstein
Katherine Solomon cite le grand savant Albert Einstein (1879-1955) annonçant l'avènement d'une « religion cosmique » qui transcendera l'idée d'un Dieu personnel et se dispensera de la théologie et du dogme (chap. 82, p. 308). La citation est exacte. On peut la retrouver dans son contexte dans « Religion and Science », un article écrit pour le *New York Times Magazine* en 1930 et réédité dans *Comment je vois le monde*, Philosophical Library, New York, 1949 (Champs-Flammarion pour la traduction française).

Élohim
Dans la tradition juive, on ne prononce jamais le nom de Dieu (Yahvé). On le remplace soit par Adonaï (« Seigneur ») soit par Élohim. Dans les langues sémitiques, la racine *el* fait référence à Dieu ; et il est vrai, comme l'explique *Le Symbole perdu* (chap. 13, p. 504), qu'en hébreu, la terminaison *-im* signale le pluriel. Cet usage du pluriel pour parler du Dieu unique d'Israël a suscité de multiples interprétations : selon certains exégètes, il s'agirait d'un pluriel dit de majesté ou d'excellence, qui insiste sur la qualité du nom auquel il est rattaché (et non sur sa valeur numérique) ; pour d'autres, cette expression marquerait la pluralité des visages divins ; pour d'autres encore, elle témoignerait des origines polythéistes de la religion d'Israël... La tradition rabbinique traduit Élohim par « Maître de toutes les puissances », c'est-à-dire des forces créées par Dieu (soleil, lune, vent, eau...) pour que le monde subsiste. Voir aussi **E pluribus Unum** *.

E pluribus Unum
En observant l'**Apothéose** * de Washington, Robert Langdon voit cette devise latine (« De plusieurs, un ») inscrite sur la fresque (chap. 133, p. 505). Bon sang, mais c'est bien sûr, pense le professeur, cette devise vient à l'appui de la « **noétique** * » : « Dieu est pluriel » (**Élohim** *), comme l'esprit de l'homme, comme la conscience universelle. « Nous avons scientifiquement prouvé, dit encore Katherine Solomon, que le pouvoir de la pensée humaine croît de manière exponentielle en fonction du nombre de personnes qui la partagent. » Conclusion : c'est ce message que la formule *E pluribus Unum* tente de faire passer. En réalité, Dan Brown s'amuse avec les symboles américains sans en préciser l'origine. Cette devise, comme **Annuit coeptis** *, figure sur le **Grand Sceau** * des États-Unis, au côté de treize étoiles représentant les treize colonies qui se sont battues pour l'indépendance en 1776. Et qui à « plusieurs » ont fait « un » : la nouvelle nation américaine.

Escalier
Les héros du *Symbole perdu* montent ou descendent des escaliers tout au long du roman. Physiquement ou métaphoriquement, puisque l'escalier est également présent dans les énigmes qu'ils doivent décoder. Pour les francs-maçons « l'escalier en colimaçon, écrit Dan Brown, représente la montée spirituelle de l'homme jusqu'à la vérité divine. Comme l'échelle de Jacob » (chap. 116, p. 429). L'escalier est en effet un symbole utilisé, dans le tableau

exposé dans le temple lors du passage au deuxième **degré*** maçonnique (d'apprenti à compagnon) et dans le rituel du troisième degré (de compagnon à maître). Pendant ces cérémonies, les frères sont invités à grimper symboliquement sur cet escalier, en forme de vis, composé de trois séries successives de marches (trois pour les sciences, cinq pour les cinq styles architecturaux, sept pour les sept arts libéraux). Cet escalier décrit les différents niveaux de la conscience auxquels les francs-maçons doivent accéder lors d'un voyage intérieur. Il mène d'ailleurs – toujours symboliquement – à une pièce appelée la « Chambre du Milieu » (l'intérieur de l'homme) dans laquelle les initiés sont censés voir une représentation de la Déité. Dans le mythe d'**Hiram***, c'est aussi dans cette chambre que les maîtres (maçons) reçoivent leur salaire. L'échelle de Jacob, elle, apparaît dans le livre de la Genèse (28 :11-19). Cet épisode, également appelé le « songe de Jacob », raconte un rêve du patriarche qui voit « une échelle reposant sur la terre et dont l'autre extrémité atteint le ciel ». Jacob, endormi, aperçoit « les anges qui la montent et la descendent » et tout en haut Dieu lui-même.

Eunuques
Dan Brown a raison (chap. 71, p. 268) : plusieurs castrés célèbres ont marqué la mythologie et l'histoire, à l'instar de **Mal'akh***, protagoniste essentiel du *Symbole perdu.* Le dieu grec Ouranos fut émasculé par son fils Cronos, à la demande de la mère de ce dernier qui ne pouvait plus supporter les ardeurs sexuelles de son divin époux. Attis, quant à lui, était le jeune amant de Cybèle, déesse d'origine phrygienne ; certaines légendes racontent que lorsqu'il voulut se séparer d'elle au profit d'une mortelle, Cybèle le frappa de folie et il se castra lui-même. Ce mythe donna naissance à l'un des plus importants cultes à mystères de l'Empire romain, dont les prêtres pratiquaient les rituels d'autocastration. Fils d'esclave, Sporus était devenu prêtre du temple de Cybèle à Rome – eunuque, donc – puis l'empereur Néron fit de lui... sa femme, peu de temps avant de sombrer dans la folie et la mort. Citons aussi le monastère des Katharoi (des « purs ») édifié au VIe siècle de notre ère par un favori de l'empereur byzantin Justin II, appelé Narses; tout comme leur fondateur, les moines de ce lieu devaient être castrés. Enfin, le dieu égyptien Osiris a été dépecé par son frère Seth, mais sa fidèle épouse Isis put rassembler les morceaux de son corps pour lui redonner la vie; son phallus n'ayant pu être retrouvé, elle lui en modela donc un en argile,

grâce auquel le dieu put féconder Isis, donnant naissance à Horus.

En revanche, on ne voit pas trop pourquoi Dan Brown cite Tammuz, Jésus, Shiva et le Bouddha au rang des dieux ayant expérimenté une transformation physique avant leur métamorphose spirituelle. Certes, le dieu babylonien Tammuz a été expédié dans le monde des Enfers par son amante, la déesse Ishtar, mais leurs retrouvailles, au moment du printemps, donnent lieu à une union torride. Le dieu hindou Shiva, lui, est bien un modèle d'ascèse, mais une autre facette de sa personnalité fait de lui un amant insatiable ; il est d'ailleurs symbolisé par une pierre de forme phallique appelée *lingam*. Quant au Bouddha qui connut dans sa jeunesse une vie sexuelle débridée, il renonça il est vrai aux plaisirs charnels, mais sans pour autant se mutiler. Enfin, l'auteur du *Symbole perdu* a tendance à extrapoler les paroles de Jésus relatives à la castration (chap. 86, p. 284). L'Évangile de Matthieu (19, 12) rapporte ainsi ses propos : « Il y a des eunuques qui sont nés ainsi du sein de leur mère, il y a des eunuques qui le sont devenus par l'action des hommes, et il y a des eunuques qui se sont eux-mêmes rendus tels à cause du Royaume des Cieux. Qui peut comprendre, qu'il comprenne ! » On le voit, il ne s'agit nullement d'une apologie de la castration.

Franklin

« Un maçon, un scientifique, un mathématicien, un inventeur », écrit Dan Brown au sujet de Benjamin Franklin (chap. 106, p. 388). Une formule correcte bien que très courte pour l'un des plus brillants et des plus passionnants fondateurs de la nation américaine. Un « mystique », dit aussi l'écrivain. Il n'est pas sûr que Franklin, l'inventeur du paratonnerre, aurait apprécié ce qualificatif (voir dans ce livre p. 76).

GADLU (Grand Architecte de l'Univers)

Dan Brown ne pouvait pas faire l'impasse sur le GADLU (chap. 6, p. 31). Un « sigle fondamental de la franc-maçonnerie. Un lieu commun veut que les frères adorent un dieu qui leur est propre : le Grand Architecte de l'Univers. Il n'en est rien. Au début du XVIIIe siècle, les fondateurs de la franc-maçonnerie ont voulu choisir un Principe créateur dans lequel chacun puisse se reconnaître, qu'il soit juif, chrétien, déiste ou sans croyance particulière. D'où l'idée du GADLU, qui ne constitue pas un dieu nouveau, mais une dénomination générique permettant à chacun d'être en harmonie avec ses convictions et avec les autres membres de sa

Loge » (voir ce livre p. 186). Grâce à ce créateur qui transcende toutes les religions veut croire Dan Brown dans son épilogue (p. 509), tous les espoirs de paix et d'harmonie seraient permis...

Géométrie secrète

« Beaucoup de conspirationnistes affirment que les ancêtres maçons ont dissimulé de puissants secrets dans toute la ville de Washington ainsi que des messages dans l'agencement des rues », explique Robert Langdon (chap. 6, p. 26). Voici pourquoi, toujours selon les mêmes, on verrait dans le plan de Washington « des pentacles sataniques, un compas et une équerre maçonniques, la tête de Baphomet... ». Du délire, s'empresse de dire, avec raison, le professeur (voir aussi dans ce livre p...). Pourtant à la fin du roman (chap. 129, p. 483 à 485), Langdon propose une nouvelle « géométrie » de la ville disposée en étoile autour de l'**obélisque** * du Washington Monument : au nord la Maison-Blanche et la **Maison du Temple** *, à l'ouest le Lincoln Memorial, au sud le **Jefferson Memorial** *, à l'est le **Capitole** *... Et Dan Brown de préciser : « Regardant dans les quatre directions, Langdon pensait alors aux photographies aériennes du Mall qu'il avait déjà vues – quatre bras tendus partant du Washington Monument [l'obélisque] en direction des points cardinaux de la boussole (...) le carrefour de l'Amérique (...). C'est ici que le Mot Perdu est enterré. » Cette géométrie est tout aussi farfelue que celle des « conspirationnistes » : la construction du Capitole et de la Maison-Blanche a été achevée en 1800, celle des monuments à la gloire de Lincoln et de Jefferson près de cent cinquante ans plus tard (1922 pour le premier, 1946 pour le second) ! Ainsi, tout en réfutant au début du livre les théories du complot, Dan Brown fait un clin d'œil appuyé à leurs propagandistes : les « photos aériennes du Mall » sont d'ailleurs l'un des principaux supports de leurs élucubrations.

Glande pinéale

Que vient faire cette glande dans un roman ésotérique ? La glande pinéale, appelée également épiphyse, est une petite glande endocrine située dans le cerveau. Elle sécrète la mélatonine et joue un rôle central dans la régulation du rythme biologique (en particulier dans le sommeil). Si Dan Brown en parle dans *Le Symbole perdu* (chap. 133, p. 500), c'est parce qu'elle a donné lieu à de multiples spéculations : le philosophe René Descartes voyait en elle le siège de l'âme ; dans le yoga, elle est associée au chakra Sahasrara, le chakra « aux mille pétales », centre de l'éveil spirituel, et non au chakra Ajna comme l'écrit Brown. Sans doute parce que Ajna, lié à l'hypophyse, est appelé souvent « Troisième Œil », une petite manipulation qui permet au romancier d'en appeler aux paroles de Matthieu (6, 22) – « La lampe du corps, c'est l'œil. Si donc ton œil est sain, ton corps tout entier sera lumineux ». De même, on ne voit pas pourquoi Dan Brown associe la glande pinéale à la manne évoquée dans la **Bible** *, nourriture des Hébreux dans le désert lors de leur marche vers la Terre promise. Le livre de l'Exode (chap. 16) raconte comment Yahvé mit à la disposition de son peuple affamé, chaque matin sauf le jour du sabbat, cet aliment qui apparaissait sur le sol une fois la rosée évaporée. Moïse dit à son peuple : « Cela, c'est le pain que Yahvé vous a donné à manger » (Exode 16, 15). Certains historiens estiment que cette manne pourrait être l'exsudation sucrée provenant des végétaux.

Grand Sceau des États-Unis
Dan Brown évoque les treize étoiles (chap. 35, p. 145-146) et la **pyramide** * inachevée (chap. 39, p. 161) qui figurent sur le blason officiel des États-Unis d'Amérique. Ce Grand Sceau continue à faire couler beaucoup d'encre et suscite les théories les plus folles (voir dans ce livre p. 114).

Heisenberg/Schrödinger
Dan Brown cite le nom de ces deux grands scientifiques (chap. 15) qui sont parmi les principaux fondateurs de la mécanique quantique. Nous revenons dans le dernier chapitre de ce livre (« Les pouvoirs de l'esprit ») sur les principales théories de la mécanique quantique (incertitude, non-séparabilité) et le lien assez discutable établi par le romancier entre celles-ci et les sagesses anciennes de l'humanité.

Hermétisme
L'hermétisme, doctrine de salut par la connaissance initiatique, doit bien son nom à un certain Hermès Trismégiste comme le dit Dan Brown (chap. 15, p. 58). Ce personnage imaginaire faisant référence au dieu grec Hermès (le messager des autres divinités dont il interprétait les ordres) et au dieu égyptien Thot. Le principe essentiel de l'hermétisme, (chap. 9, p. 39), est qu'il existe une correspondance secrète entre le visible et l'invisible : « Ce qui est en haut est comme ce qui est en bas; ce qui est en bas est comme ce qui est en haut » (voir dans ce livre p. 38 et p. 200). Le but de l'hermétisme est d'obtenir l'immortalité en révélant cette correspondance par le biais d'une alchimie tout intérieure qui permet à

l'initié de comprendre sa véritable nature. « Si donc tu apprends à te connaître comme étant fait de vie et de lumière (...) tu retourneras à la vie. »

Hiram

Plusieurs personnages nommés Hiram sont cités dans l'Ancien Testament (voir ce livre p. 137). Deux d'entre eux semblent avoir joué un rôle important dans l'édification du temple de Salomon, au Xe avant notre ère. Mais au XVIIIe siècle, la franc-maçonnerie a beaucoup extrapolé autour du récit biblique. Hiram roi de Tyr et Hiram-Abi « fils de la veuve de la tribu israélite de Nephtali » ont été confondus en un seul personnage, présenté comme l'architecte du temple de Salomon et incarnant la quintessence du maçon. Il aurait été assassiné par des compagnons sur le chantier parce qu'il refusait de leur révéler certains secrets ; Dan Brown fait allusion à ce meurtre dans le chap. 67 p. 255. Dans la cérémonie maçonnique d'accession au troisième **degré** *, le postulant au titre de maître s'identifie à Hiram. Il doit d'abord mourir symboliquement pour renaître, investi des qualités de son modèle (courage, probité, excellence), ainsi qu'il est décrit de manière assez spectaculaire dans *Le Symbole perdu* (chap. 117, p. 435).

Invisible College ou Royal Society

Les deux ne font qu'un, écrit Dan Brown. Ce n'est pas tout à fait exact. L'Invisible College, cercle de savants et de philosophes, apparaît en Angleterre vers 1646 autour d'un chimiste nommé Robert Boyle (voir dans ce livre p. 35). La Royal Society de Londres en est sans doute l'émanation mais elle n'a été fondée qu'en 1660. Certains de ses dirigeants étaient des francs-maçons. Aujourd'hui, la Royal Society existe toujours, c'est une académie des sciences. Parmi ses membres on trouve bien, comme le dit Dan Brown : Isaac **Newton** *, Benjamin **Franklin** * et plus tard Bohr, Celsius, **Einstein** * ou Hawking. Francis **Bacon** * en revanche – même s'il est souvent présenté comme l'un des inspirateurs de l'Invisible College – ne pouvait en faire partie, ni de la Royal Society, puisqu'il est mort en 1626.

Jefferson

Le principal auteur de la déclaration d'Indépendance en 1776, souvent présenté à tort comme un franc-maçon (voir dans ce livre p. 94), est l'un des **Pères Fondateurs** * les plus célèbres des États-Unis. Le Jefferson Memorial édifié en 1946 sur le Mall de Washington lui rend hommage. Dan Brown évoque à plusieurs reprises ce monument « construit sur le modèle du Panthéon, le temple romain des dieux de la mythologie » (chap. 129, p. 484), gommant toutes les dimensions, notamment politiques, de ce personnage incontournable de l'histoire américaine.

Kabbale
La kabbale constitue la principale forme de mystique juive et a toujours suscité un grand intérêt parmi les amateurs d'occultisme. Rien d'étonnant donc à ce que Dan Brown y fasse allusion à plusieurs reprises (notamment chap. 23, p. 98). Si l'ancienneté de cet ésotérisme fait débat, il est indéniable que c'est au Moyen Âge, en particulier à partir du XIIe siècle, qu'il connaît un essor considérable. Le terme « kabbale » vient de la racine hébraïque ***kbl***, qui signifie « recevoir » : le kabbaliste est donc celui qui reçoit et transmet cette tradition secrète, laquelle réside principalement dans une approche ésotérique de l'Ancien Testament, grâce à l'utilisation de la symbolique des nombres et des lettres. Selon la kabbale, c'est en effet par les Nombres et le Verbe que Dieu aurait créé le monde, à partir des vingt-deux lettres de l'alphabet hébraïque combinées aux dix chiffres primordiaux : les ***sefirot*** *. Une telle analyse doit permettre de découvrir un sens caché derrière la signification manifeste : pour le kabbaliste, en effet, un texte, même clair, doit être décrypté, pour mettre en lumière d'autres niveaux de signification. C'est cette sagesse cachée que Dieu aurait donnée à Moïse sur le mont Sinaï, en même temps que le Pentateuque. Le *Livre des Splendeurs (Sefer ha-***Zohar** *), écrit au XIIIe siècle, est la bible des kabbalistes. La kabbale a aussi influencé d'autres courants mystiques juifs, par exemple le hassidisme au XVIIIe siècle (voir **Abramelin** *).

Kryptos
Quelle révélation ! Selon *Le Symbole perdu*, les francs-maçons et la CIA (Central Intelligence Agency) pourraient être détenteurs du même secret (chap. 127). Au cours de leur jeu de piste dans Washington, les héros du roman rencontrent en effet *Kryptos*, fameuse sculpture, érigée en 1990 devant le quartier général de la CIA. Cette œuvre d'art imaginée par l'artiste James Sanborn et par un retraité de la CIA, Edward M.Scheidt, se veut une ode à la cryptographie (le cryptage et le décryptage d'informations confidentielles codées), activité essentielle, on s'en doute, pour tout service secret. L'un des éléments de *Kryptos* est un panneau de cuivre en forme de S sur lequel sont gravées près de deux mille lettres de l'alphabet. Depuis son inauguration, cette sculpture est l'objet de toutes les supputations. À ce jour, trois sections du panneau ont

été décryptées. Un chercheur en informatique, James Gillogy, a été le premier à annoncer en 1999 qu'il avait résolu une partie de l'énigme. Aussitôt, la CIA est sortie du bois pour proclamer que l'un de ses analystes, David Stein, avait décodé la même section du panneau dès 1998, en se servant seulement d'un papier et d'un crayon ! La NSA (National Security Agency, « Agence de sécurité nationale »), autre organisme de renseignement américain spécialisé dans la cryptographie, a surenchéri en affirmant que ses analystes avaient eux aussi réussi la même performance. Aujourd'hui, pourtant, personne n'est encore venu à bout de la dernière section du panneau.

Dan Brown utilise dans son livre deux des trois textes décodés pour broder son intrigue. Le premier dit ceci : « C'était totalement invisible, comment est-ce possible ? Ils ont utilisé les champs magnétiques terrestres. L'information a été rassemblée et transmise discrètement vers une destination inconnue. Langley [autrement dit la CIA, du nom de la commune où elle a son siège] est au courant ? Ils devraient, c'est enterré, là quelque part. Qui connaît l'emplacement exact ? Seulement WW. » Dan Brown n'utilise (chap. 127, p. 476) que les trois dernières phrases du texte (C'est enterré là, quelque part. Qui connaît l'emplacement exact ? Seulement WW). Le deuxième message décodé de *Kryptos*, cité par Dan Brown, reprend une citation attribuée à Howard Carter lors de la découverte de la tombe de Toutankhamon. L'archéologue parle notamment d'un « passage » *(doorway)* qu'il a dû agrandir avec ses mains pour pénétrer dans la tombe. Cette citation permet à Dan Brown (p. 476) d'évoquer un « ancien portail » qui mène au « symbole perdu ».

Reste à savoir qui est ce mystérieux « WW » évoqué par *Kryptos*. Il s'agit de William Webster, un ancien directeur de la CIA, explique Dan Brown. Webster a en effet dirigé l'agence de 1987 à 1991. Et James Sanborn, l'artiste à qui l'on doit la sculpture, dit lui avoir donné le déchiffrage complet de son œuvre. Ce document a été transmis à tous ses successeurs. Ce qui autorise Dan Brown à déclarer, sur un ton mystérieux, dans son avertissement : « En 1991, un document a été enfermé dans le coffre-fort du directeur de la CIA. Il s'y trouve encore aujourd'hui. Ce texte crypté fait référence à un ancien portail et à un emplacement souterrain et inconnu. Il contient aussi cette phrase : c'est enterré là quelque part. » Dan Brown s'amuse à mélanger, on le voit, la première section décodée de la sculpture de la CIA (« c'est enterré là ») et la deuxième (Toutankhamon), inventant un lien, purement fictif,

entre les messages de *Kryptos* et le prétendu secret détenu par les francs-maçons.
Mieux, il propose une autre identité possible pour « WW » (p. 476) : **William Whiston*** théologien de la **Royal Society***. Un choix qui ne doit rien au hasard mais un choix qu'il faut, comme *Kryptos*, décoder (voir à **Whiston William***). Il permet d'élucider en effet l'un des « sous-textes » du roman : le créationnisme (voir chap. dans ce livre « Les pouvoirs de l'esprit »). Comme le dit le premier message de la sculpture de la CIA (que Dan Brown ne cite pas) : « Entre l'ombre la plus subtile et l'absence de lumière réside la nuance de l'illusion. »

Kybalion
Le Kybalion, étude sur la philosophie hermétique de l'ancienne Égypte et de l'ancienne Grèce, cité par Dan Brown (chap. 15 p. 57) est le titre d'un livre paru en 1908 en langue anglaise, et publié anonymement par le groupe des « Trois Initiés ». Traduit en français en 1917, l'ouvrage prétend transmettre l'enseignement d'**Hermès Trismégiste***, enseignement qui aurait été transmis oralement depuis des siècles, d'initié à initié, en une chaîne ininterrompue nommée *Kybalion*. Le message central du livre est que « le Tout est esprit, l'Univers est mental ». À l'instar du ***Zohar****, ouvrage majeur de la **kabbale*** juive, le *Kybalion* analyse les rapports de l'homme avec la nature et l'univers. Les pratiques ésotériques qu'il recommande doivent permettre de rendre l'initié « roi de l'Univers matériel ». L'ouvrage aurait été écrit par William Walker Atkinson, propriétaire de la Yogi Publication Society of Chicago, avec les occultistes Paul Foster Case (d'ailleurs franc-maçon) et Michael Whitty; aujourd'hui tombé dans le domaine public, il peut être consulté gratuitement sur Internet.

L'Enfant
Ce Français a dessiné les plans de Washington à la fin du XVIIIe siècle. Selon une légende rapportée dans *Le Symbole perdu*, Pierre Charles l'Enfant hanterait aujourd'hui encore les murs du **Capitole***, pour « réclamer son salaire » (chap. 6, p. 26). Dan Brown n'explique pas pourquoi. On comprendra les motivations du fantôme dans ce livre p. 108.

McTaggart
Katherine Solomon, l'une des héroïnes du *Symbole perdu*, a pour livre de chevet *The Intention Experiment* (chap. 15, p. 56). L'ouvrage existe bien et a été écrit par Lynne McTaggart, une journaliste britannique, passionnée par les médecines alternatives

et l'une des figures de proue de la **noétique** *. Publié en français sous le titre *La Science de l'intention* (Éditions Ariane), ce livre a été un best-seller en Angleterre et aux États-Unis.

Magie noire

Le Symbole perdu (chap. 81, p. 302) dépeint l'inquiétant **Mal'akh** * se livrant à « l'Art sombre », qui, de prime abord, paraît s'apparenter à de la magie noire si l'on en juge par le rituel effectué (**sacrifice** * pour lequel le couteau **Akedah** * doit être utilisé). On y retrouve une analogie avec la pensée de l'occultiste **Aleister Crowley** *, qui disait : « La Magie est la Science et l'Art d'occasionner des Changements en accord avec la Volonté. » Toutefois, dans le roman, l'Art en question prétend dépasser la magie noire, dont les praticiens sont taxés d'« amateurisme ». L'« Art sombre » serait une véritable science. Cette idée fera sans doute bondir les savants : est-il nécessaire de rappeler que les pratiques occultes sont dépourvues de fondement scientifique (même si la magie est souvent qualifiée de « science occulte ») ?

En réalité, le rituel décrit par Dan Brown (chap. 77, p. 288) n'a rien à voir avec la magie noire. Il est copié sur un rite décrit dans un grimoire datant de la fin du Moyen Âge, appelé *La Clef de Salomon.* Attribué de manière totalement fantaisiste au grand roi hébreu, ce manuscrit a été traduit en 1889 par Samuel Liddell MacGregor Mathers, franc-maçon et fondateur de l'Ordre hermétique du Golden Dawn en 1888 (voir ce livre p. 210). Comme dans la plupart des grimoires médiévaux, les opérations sont placées sous le pouvoir de Dieu, à qui sont adressées toutes les invocations (**Elohim** *, Adonai) – et non sous la tutelle des esprits malfaisants comme dans la magie noire ; le **sacrifice** * sanglant d'un volatile est prévu dans le manuscrit (livre II chap. XVI). À noter que *Yod, He, Vaud, He* renvoie à YHVH, tétragramme qui désigne le nom du dieu d'Israël dans la Bible.

Main des Mystères

La Main des Mystères évoquée dans *Le Symbole perdu* (chap. 13, p. 51 ; chap. 17, p. 69) – comme le symbole millénaire de l'invitation à l'initiation – semble avoir été inventée de toutes pièces. Cependant, les hommes préhistoriques appliquaient déjà leurs mains sur les parois des grottes en les cernant de couleurs : ces mains (dites négatives), souvent associées à d'autres symboles, ont été interprétées par certains chercheurs comme un langage codé. En outre, dans la tradition biblique, la main est le symbole de la toute-puissance divine. Quant au geste de l'index pointé vers le ciel, il peut symboliser l'autorité : l'enseignant, le prédicateur, le juge, et même l'arbitre sportif, sont régulièrement amenés à l'esquisser. Dan Brown (chap. 21, p. 87) l'évoque à juste titre pour certains tableaux de Léonard de Vinci, où sa signification est sans doute bien celle de la connexion au divin. L'historien de l'art Kenneth Clark interprète ce geste du magistral *Saint Jean-Baptiste* conservé au Louvre comme le symbole de « l'éternel point d'interrogation, le mystère de la création ». L'évocation de ce tableau énigmatique, où Jean-Baptiste est dépeint tel un androgyne, a d'ailleurs toute sa place dans *Le Symbole perdu* – **Mal'akh** * faisant l'apologie de l'androgynie présentée comme un moyen d'accéder à l'immortalité (voir **eunuque** *).

Maison du Temple (House of the Temple)
Cet impressionnant temple maçonnique, où siège le Conseil suprême du **Rite Écossais** * (Scottish Rite) à Washington, a bien été construit sur le modèle du temple d'Halicarnasse, la cinquième merveille du monde, comme l'affirme Dan Brown (prologue, p. 3 et chap. 126, p. 466). L'écrivain a d'ailleurs été souvent vu dans la magnifique bibliothèque du temple qui abrite aujourd'hui l'une des plus grandes collections de livres sur la franc-maçonnerie (voir aussi dans ce livre p. 110.)

Mal'akh
Mal'akh (alias Anthony Jelbart, Christopher **Abaddon** *, Andros Dareios ou Zacharie Solomon) est l'un des nombreux pseudonymes du « méchant » dans le *Symbole perdu* (cf. chap. 2, p. 10). Cet **eunuque** * malfaisant, tatoué de la tête aux pieds, est à la recherche des secrets qui lui permettraient de détenir la toute-puissance. Le mot hébreu *mal'akh* (qui existe aussi en arabe) signifie « messager ». Sa traduction en grec est *angelos* : ange...

Melencolia I
Dan Brown consacre plusieurs pages (chap. 66 et 68) à la gravure *Melencolia I* (également appelée *La Mélancolie*) d'Albrecht **Dürer**. L'œuvre peut donner lieu à des interprétations illimitées. La figure principale est un ange pensif symbolisant peut-être la mélancolie. Les outils qui l'entourent évoquent le travail des maçons, des tailleurs de pierre et des charpentiers, tandis que le lévrier couché aux pieds de l'ange incarne les vertus de sagesse et d'amour. On comprend que cette gravure interpelle les francs-maçons, qui peuvent y voir des allusions aux instruments des compagnons et aux qualités d'**Hiram** * Le sablier et le cadran solaire font référence à l'écoulement du temps, lequel semble être

en suspens puisque les deux bulbes du sablier sont également remplis. L'échelle (voir aussi **escalier** *), associée aux sept arts libéraux, peut être vue comme le moyen d'accéder à une réalité supérieure, ce que permet aussi le creuset alchimique représenté à côté du polyèdre (forme géométrique à trois dimensions). Quant au **carré magique** *, figure très fréquente dans la **kabbale** *, il rappelle que **Dürer** * se passionnait pour les mathématiques et porte, sur sa dernière ligne, les chiffres 15 et 14, date de réalisation de la gravure. Si la signification du polyèdre reste énigmatique, les nombreux symboles représentés dans l'œuvre semblent confirmer que l'artiste appartenait bien, comme l'indique Dan Brown, à une de ces nombreuses confréries d'hermétisme chrétien. Un sentiment d'attente et de pesanteur se dégage de l'œuvre : attente de ce que le monde divin et angélique vienne restituer au monde humain, sous l'emprise des ténèbres, la lumière divine oubliée. D'autres interprétations méritent d'être soulignées : certaines font le lien entre la date de réalisation de l'œuvre (1514) avec la destruction du célèbre ordre du Temple; d'autres voient dans *Melencolia* un autoportait spirituel de Dürer, d'autres encore le symbole de tous les malheurs de la conscience. Étant donné la complexité de l'œuvre, on se gardera bien de trancher : *Melencolia*, aujourd'hui encore, reste une énigme.

Milton

Poète anglais du XVIIe siècle, célèbre pour *Paradise Lost* (*Le Paradis perdu*), long poème épique évoquant l'expulsion d'Adam et Ève du jardin d'Éden cité chap. 75 (p. 289) par Dan Brown. L'auteur du *Symbole perdu* aurait aussi pu dire que John Milton était un brillant polémiste, auteur de *Areopagitica, De la liberté de la presse et de la censure*. Ce discours prononcé devant le parlement de Westminster en 1644 fut l'une des références des rédacteurs de la Constitution américaine près d'un siècle et demi plus tard.

Newton

Selon Dan Brown, Newton, le pionnier de la science, le découvreur des lois de la gravitation universelle, usait d'un pseudonyme Jeova Sanctus Unus et pratiquait... l'**alchimie** * (chap. 85, p. 322). C'est aussi vrai que peu connu (voir dans ce livre p. 40). Il est également exact que Newton a passé sa vie a essayer de « déchiffer la **Bible** * » (chap. 131, p. 490). Brown assure que le savant anglais y a découvert des « informations scientifiques cachées ». Une affirmation dont l'enjeu idéologique n'a rien d'anodin puisqu'elle est au cœur de la propagande créationniste (voir dans ce livre « Les pouvoirs de l'esprit »).

Noetic
Tout le long du roman, Dan Brown parle de la « noétique » comme d'une nouvelle discipline scientifique qui s'intéresse au rapport entre l'esprit et la matière. Il cite l'Institut of Noetic Science dont les recherches seraient une « porte d'entrée moderne pour l'ancienne sagesse » (chap. 18, p. 73). L'institut existe en effet bel et bien, en Californie, et il mène des recherches sur « les potentiels et les pouvoirs de la pensée et de la conscience ». Mais, contrairement à ce que Dan Brown laisse entendre, il s'agit davantage de parapsychologie dans la mouvance New Age que de science (voir dans ce livre « Les pouvoirs de l'esprit », p. 327).

Obélisque
Le Washington Monument, « symbole de l'ancienne sagesse mystique planté au cœur de la nation », est le pivot de l'intrigue concoctée par Dan Brown. « C'est là, dit notamment Peter Solomon, qu'a été enterré le Mot Perdu lors d'un rituel maçonnique » (chap. 129, p. 486). Une affirmation purement romanesque. La véritable histoire de cet obélisque dépasse la fiction et en dit long sur **George Washington** * et la ville qui porte son nom (voir dans ce livre p. 117.)

Ordo ab chaos
« L'ordre né du chaos », voilà l'un des « grands axiomes maçonniques » selon Dan Brown (chap. 24, p. 104). Exact. C'est même la devise du **Rite Écossais** * ancien et accepté auquel appartient Peter Solomon. Et l'un des points de fixation de tous les obsédés du complot fantasmant sur les loges « qui gouvernent le monde ».

Ourobouros
Ouroboros est un mot grec signifiant « qui se mord la queue ». On peut le traduire, en français, par « ourobore ». Ce serpent qui se mord la queue, évoqué dans *Le Symbole perdu* (chap. 71, p. 269; chap. 128, p. 478), est un très vieux symbole présent dans de nombreuses civilisations, particulièrement dans l'Égypte antique. Zosime de Panopolis, l'un des plus anciens auteurs connus à avoir traité de l'alchimie (il vivait à Alexandrie vers 300 de notre ère), est le premier adepte de cette discipline à mentionner l'ourobore. Il symbolise, selon lui, l'Un, que le serpent enserre dans son corps. L'univers est Un, car composé d'une seule substance indifférenciée à l'origine; c'est par cette substance unique que l'univers s'est constitué et c'est à cette substance unique que l'univers

se ramènera lors de sa dissolution. L'ourobore, puisqu'il se mord la queue, symbolise aussi le renouveau de toutes choses ; tel le **Phénix** *, il peut renaître constamment.

Pères Fondateurs

Pour parler des fondateurs de la nation américaine, Dan Brown use le plus souvent du mot *forefathers* (ancêtres) plutôt que du terme habituellement consacré *Founding Fathers* (Pères Fondateurs). Cette expression désigne très précisément la centaine d'hommes qui ont élaboré et signé la déclaration d'Indépendance en 1776, puis la Constitution américaine en 1787. Sans doute le romancier veut-il donner des origines plus anciennes aux États-Unis et les relier à ces fameux « mystères » venus du fond des âges qui sont la trame de son livre. « Les Pères Fondateurs ont envisagé l'Amérique comme une toile vierge, une terre fertile où les graines des mystères pourraient être semées », écrit-il par exemple (chap. 133, p. 498). Les *Fouding Fathers* avaient bien d'autres références en tête (voir dans ce livre p. 75) passées sous silence dans *Le Symbole perdu.*

Phénix

Le « symbole des plus hauts grades de la franc-maçonnerie » (chap. 24, p. 102). Cet oiseau fabuleux, qui renaît après s'être consumé, métaphore des cycles de mort et de renaissance, traverse toutes les cultures et toutes les mythologies (chinoise, persane, grecque, romaine...). Dans le Moyen Âge chrétien, il symbolisait la résurrection du Christ.

Pike Albert

Pike fait une apparition au chapitre 121 (p. 454). Ce personnage haut en couleur, tout aussi érudit qu'aventurier (voir dans ce livre p. 129), a eu une énorme influence sur la franc-maçonnerie américaine. Grand Commandeur du Suprême Conseil de la Juridiction Sud du **Rite Écossais** * ancien et accepté (dont **Peter Solomon** * dans le roman est dignitaire), Pike vécut dans la **Maison du Temple** *, de 1859 jusqu'à sa mort en 1891, réécrivant la totalité des rituels des trente-trois grades (le « Rite de Pike », version américaine du Rite Écossais). Ce franc-maçon, parfois controversé (certains l'accusent d'avoir été membre du sinistre Ku Klux Klan), est aussi l'une des cibles préférées des conspirationnistes d'hier, Léo Taxil par exemple (voir dans ce livre p. 271), et d'aujourd'hui. Ils prétendent voir dans ses écrits un « culte rendu à Lucifer ».

Première pierre
Le 18 septembre 1793, **George Washington** *, ceint de son tablier de franc-maçon, posait la première pierre du **Capitole** *. On peut voir aujourd'hui le tableau racontant cette cérémonie au George Washington Masonic Memorial à **Alexandria** *. Dan Brown l'évoque évidemment (chap. 6, p. 28), certains des exégètes de l'écrivain assurant même que la sortie du *Symbole perdu* aux États-Unis un 16 septembre n'aurait rien d'une coïncidence. Ces cérémonies maçonniques, pour inaugurer les chantiers de bâtiments publics, étaient fréquentes dans la nouvelle république américaine du XVIIIe siècle. Dan Brown explique aussi (chap. 128, p. 485) que « le concept de première pierre vient de l'Ancien Testament ». Sans doute fait-il allusion au verset 22 du psaume 118 : « La pierre rejetée par ceux qui bâtissaient est devenue la pierre angulaire. » Ce verset fait référence au Messie et sera interprété par les chrétiens comme une prophétie s'appliquant au Christ.

Pyramide
La pyramide ou le triangle est bien un signe maçon, comme l'écrit Dan Brown (chap. 30, p. 129). Symbolisant le cheminement de l'initié qui est invité à « tailler sa propre pierre », c'est-à-dire à travailler sur lui-même. Au premier **degré** *, l'apprenti maçon commence avec la « pierre brute ». Au deuxième degré, il est censé avoir appris à maîtriser ses passions ; il devient compagnon et passe à la pierre cubique (comme celle qui apparaît dans *Le Symbole perdu*). Au troisième degré, s'étant suffisamment perfectionné pour accéder au grade de maître, l'initié peut prétendre au cube surmonté d'une pointe. Une pyramide donc qui symbolise le dépassement de soi et la recherche de la vérité. Pour résumer, on peut dire que le travail de perfectionnement du franc-maçon consiste, toujours métaphoriquement, à superposer une pyramide au-dessus d'un cube. C'est exactement ce que font les héros du roman pour découvrir le « symbole perdu ».

Pythagore
Le Grec Pythagore, qu'évoque Dan Brown à plusieurs reprises (chap. 15, p. 58 ; chap. 84, p. 316), est une figure historique éminemment mystérieuse. De son vivant même, au VIe siècle avant notre ère, il était une sorte de légende, et affirmait être le fils d'Apollon ou d'Hermès, avoir un fémur d'or, être doué du don d'ubiquité, avoir séjourné dans les Enfers... Aucun de ses écrits n'est parvenu jusqu'à nous. Il fonda une école à Crotone (Grande-Grèce) qui connut un grand succès. Cette étrange confraternité –

pour ne pas dire secte – avait un but essentiellement mystique et politique ; les pratiques de ses membres étaient empreintes de tabous et de superstitions, tandis que le plus grand secret régnait sur les doctrines enseignées. La véritable originalité de l'école pythagoricienne résidait toutefois dans l'idée que le nombre devait être envisagé dans une perspective religieuse et mystique : « Les nombres sont pour ainsi dire le principe, la source et la racine de toute chose. » Une véritable mystique des nombres est mise au point, des propriétés qualitatives étant assignées à chacun d'entre eux ; on ne peut que relever l'analogie avec la **kabbale** *. D'ailleurs, à l'époque du Maître, l'adjectif pythagoricien signifie « occultiste, ésotérique, magicien ». Il est exact, comme l'écrit Dan Brown, que les pythagoriciens utilisaient le **circumpunct** * pour représenter la monade, cette dernière symbolisant l'unité originelle (l'Un) d'où dérive la série de nombres, en particulier la Décade (c'est-à-dire les dix premiers nombres entiers naturels). Plusieurs loges franc-maçonnes se réclament de la pensée pythagoricienne.

Rite Écossais

Le Rite Écossais ancien et accepté (REAA), pratiqué par Peter **Solomon** * dans *Le Symbole perdu*, est l'un des rites maçonniques les plus répandus dans le monde. Dans chaque pays, il est dirigé par un Conseil suprême. Aux États-Unis, il existe un Conseil dit de la « Juridiction du Nord » sis à New York et un Conseil de la « Juridiction du Sud », installé à Washington dans la **Maison du Temple** *. Le REAA est composé de 33 grades dont les titres résonnent étrangement aux oreilles du profane : Prince du Liban, Chevalier du Soleil, ou Grand Inspecteur Inquisiteur... Le **33e** * grade porte le nom de Souverain Grand Inspecteur Général. Théoriquement, ces grades n'impliquent aucun pouvoir particulier. Dans la franc-maçonnerie, en effet, il n'existe pas de rang supérieur au troisième **degré** * et tous les maîtres maçons sont sur un pied d'égalité. Les hauts grades sont donc des niveaux d'instruction ou de perfectionnement. **Mal'akh** *, alias **Abbadon** *, le tatoué maléfique du *Symbole perdu*, prétend avoir acheté son 33e grade (chap. 22, p. 93) en faisant un don aux œuvres philanthropiques des frères. C'est parfois le cas en effet aux États-Unis où les francs-maçons financent des actions caritatives. La progression initiatique du 4e au 32e degré est aussi souvent beaucoup plus rapide qu'en Europe (voir dans ce livre p. 132). Le 33e grade en revanche est plus difficile à atteindre et reste réservé à un nombre restreint d'initiés. Ce haut grade fait fantasmer, depuis toujours, les conspirationnistes de tout poil (voir **Solomon** *).

Rome
Au chapitre 20 (p. 82-83), Dan Brown brosse un saisissant raccourci de l'histoire de la capitale fédérale. « Les ancêtres qui fondèrent la capitale l'avaient d'abord appelée Rome. Ils avaient baptisé la rivière [qui la traversait] Tibre et érigé une ville antique riche de temples et de panthéons, ornés de représentations des dieux et des déesses, Apollon, Minerve, Vénus, Vulcain, Jupiter. En son centre, s'inspirant des grandes cités antiques, les fondateurs ont élevé, en hommage éternel aux anciens, un obélisque égyptien. » Diantre ! Washington une cité antique ? « Les véritables intentions des ancêtres de la nation n'ont absolument rien à voir avec ce que proclament aujourd'hui beaucoup de politiciens », insiste le professeur Langdon. On verra dans ce livre (p. 105.) comment le héros du *Symbole perdu* malmène l'histoire, en confondant la construction de la capitale fédérale aux alentours de 1800 avec le rêve d'un colon qui près d'un siècle et demi plus tôt avait, sur les rives du Potomac, acheté des terres baptisées « Rome ».

Rose
L'emblème des **Rose-Croix** *, comme le précise Dan Brown (chap. 85, p. 320), est une rose rouge au centre de la croix, c'est-à-dire à l'emplacement du cœur du Christ, le Sacré-Cœur. Il est exact de dire que la rose symbolise la perfection alchimique. Cette fleur était en effet originellement composée de cinq pétales. Or le chiffre 5 est investi d'une valeur particulière dans l'alchimie : il correspond à la *quinta essentia*, la quintessence, substance éminemment subtile résultant de toute une série d'opérations alchimiques.

Rose-Croix
L'ombre de cette confrérie plane sur le roman (chap. 85, p. 320-321). La Rose-Croix est une fraternité hermétique légendaire, dont les premières mentions apparaissent au XVIIe siècle en Allemagne. Mais l'existence d'une telle organisation, que les textes font remonter au XIVe siècle, n'est que pure fiction (voir dans ce livre p. 39 et p. 174). Ce mythe a pourtant suscité, au XVIIe siècle, un indéniable intérêt de la part de nombreuses personnalités : **Newton** *, Leibniz, Descartes, Elias Ashmole et Robert Fludd – mais de là à dire, comme le fait Dan Brown, qu'ils étaient membres des Rose-Croix, il y a un pas : à cette époque en effet,

on n'a pas de preuve avérée de l'existence réelle d'un ordre de la Rose-Croix. A fortiori, le médecin alchimiste Paracelse n'a pu avoir connaissance de ce phénomène, puisqu'il était mort depuis plusieurs décennies lorsque commença à circuler la légende rosicrucienne... Ce n'est qu'à partir du XVIIIe siècle que vont fleurir en Allemagne des cercles rosicruciens plus ou moins liés à la franc-maçonnerie, dont la mythologie sera évidemment très influencée par la légende de la Rose-Croix.

Rosenkreuz
Les textes forgés de toutes pièces qui évoquent, au début du XVIIe siècle, la **Rose-Croix** * précisent que son fondateur serait un certain Christian Rosenkreuz (Rose-Croix), Allemand qui aurait vécu au XIVe siècle. Après avoir mené un voyage initiatique à travers l'Orient, il aurait fondé le premier noyau du mouvement Rose-Croix de retour en Allemagne (voir dans ce livre p. 174). En fait, cette histoire est un canular imaginé par un pasteur luthérien, Johann Andrae, et il y a fort à parier que Christian Rosenkreuz n'a jamais existé. Le philosophe anglais **Francis Bacon** * (mort en 1626) a sans doute été influencé par la légende rosicrucienne, mais prétendre qu'il fut à l'origine de la fondation de ce groupe est pour le moins hasardeux...

Sacrifice
L'eunuque tatoué du *Symbole perdu*, **Mal'akh** *, insiste sur la nécessité du sacrifice avant toute métamorphose. Lui a fait le sacrifice de sa virilité et de son identité première, mais pour renaître en un être supérieur (chap. 119, p. 446). Au chapitre 77 (p. 287) le sacrifice est présenté comme un rituel existant depuis la nuit des temps, et dont le but était de s'attirer la faveur des dieux. C'est exact ; ainsi, chez les Aztèques, les sacrifices humains – qui étaient légion – avaient pour rôle d'assurer la bonne marche de l'univers, en donnant aux dieux le sang qui constituait leur nourriture. L'idée de sacrifier aux dieux (des offrandes sanglantes ou non) se retrouve dans la plupart des civilisations, de la Grèce à l'Afrique, de l'Océanie au Proche-Orient ; elle est en revanche absente dans le bouddhisme. Le sacrifice constitue un don, et appelle en échange un contre-don. Si **Mal'akh** * est prêt à être sacrifié sur l'autel, ce n'est pas dans un but désintéressé... (voir aussi **Akedah** *).

Secret maçonnique
Ce secret, évoqué par Dan Brown, (chap. 55, p. 216 ; chap. 131, p. 494...), suscite autant de fascination que de fantasmes. Il est

vrai qu'il est à la base de l'initiation maçonnique. Les postulants sont invités à suivre le modèle vertueux d'**Hiram** *, assassiné pour avoir refusé de « parler ». Et ceux qui trahiraient l'ordre sont promis aux pires sévices. En vérité, pourtant, de nombreux secrets ont été divulgués aux non-initiés dès les origines de la Franc-Maçonnerie. La plus ancienne divulgation est imprimée en 1723 sous le titre *Le Tuilage d'un maçon,* suivie en 1730 du livre de Samuel Prichard, *La Franc-Maçonnerie disséquée.* Cela dit, la discrétion la plus absolue reste de mise dans certains aspects de la franc-maçonnerie : le secret des réunions, le secret d'appartenance et celui des rites (voir aussi dans ce livre p. 198.)

Sefirot
Le concept de *sefirot* est central dans la **kabbale** *. La racine hébraïque *sfr* signifie à la fois « parole » et « nombre » ; le terme *sefirot* est aussi le nom kabbalistique donné aux dix émanations à travers lesquelles se manifeste la Divinité. Le schéma auquel Dan Brown fait allusion (chap. 15, p. 60) est appelé « arbre de vie *sefirot* ». Il est censé représenter la structure de l'homme ainsi que celle de l'univers et propose un chemin de progression spirituelle. Chaque cercle figure l'un des dix *sefirot* - métaphore des dix nombres primordiaux – qui sont autant d'étapes, d'épreuves, de champs de conscience ou de forces en action.

Shriners
Cet ordre paramaçonnique est réputé pour ses parades et ses œuvres de charité, comme le dit Dan Brown (chap. 99, p. 367). Voir aussi dans ce livre p. 125.

SMSC (Smithsonian Museum Support Center)
Dan Brown a installé le laboratoire de noétique de Katherine **Solomon** * dans le Smithsonian Museum Support Center (SMSC). Ce lieu existe réellement à Suitland, dans le Maryland. Il dépend de la Smithsonian Institution, créée en 1855 grâce à un Anglais, James Smithson. Ce dernier légua toute sa fortune « aux États-Unis d'Amérique pour fonder, à Washington une institution pour l'accroissement et la diffusion du Savoir pour tous les hommes ». Le siège de la Smithsonian s'élève sur le Mall de la capitale fédérale : à cause de son architecture gothique, il a été surnommé le « château ». Aujourd'hui, la Smithsonian finance des projets scientifiques (dont un sur la biodiversité), des expositions, des librairies, des musées, des centres de recherche dont le fameux SMSC. La description que Dan Brown fait de ses locaux immenses est exacte. De même que l'énumération de ses trésors

parmi lesquels des milliers de spécimens d'espèces biologiques, conservés dans des bocaux. Certains ont été collectés par Charles Darwin lui-même. Dan Brown a-t-il choisi le SMSC par hasard ? Ou a-t-il voulu, en citant en filigrame le père de la théorie de l'évolution, faire un clin d'œil aux tenants du créationnisme (voir chapitre « Les pouvoirs de l'esprit »).

Solomon
L'un des héros du *Symbole perdu*, Peter Solomon, doit sans doute son nom à l'un des mythes fondateurs de la franc-maçonnerie (le temple de Salomon, voir dans ce livre p. 135). Mais ce personnage retient l'attention pour une autre raison. Il est un dignitaire maçon du **33**^e^ grade et, nous dit Dan Brown, issu d'une grande famille, comptant « magnats des affaires et politiciens influents » (p. 15). Une famille à l'égal « des Rothschild en Europe » (p. 13-14) qui « a des dépôts dans la moitié des banques américaines ». Un homme riche et puissant donc... Bien sûr, Dan Brown prend, à plusieurs reprises, ses distances avec les théories du complot. Mais il revient tout aussi souvent sur ces « élites » censées se retrouver dans les loges maçonniques. Ainsi lorsque Langdon visionne une vidéo montrant une assemblée de maçons du 33e grade, il reconnaît « quelques-uns des hommes les plus puissants du pays », réunis dans « la ville la plus puissante du monde » : « Deux juges à la Cour suprême, le secrétaire du département de la Défense, le président de la Chambre des représentants, trois sénateurs importants, dont le leader de la majorité, le secrétaire du département de l'Intérieur et le directeur de la CIA. » Tous réunis autour du fameux **crâne*** rempli d'un « liquide rouge » ! Une scène, certes romanesque, mais qui surfe sur la thèse plus que nauséabonde du « gouvernement mondial aux mains des maçons, des banquiers et des juifs ». Au premier rang desquels, on trouve, toujours selon les obsédés du complot, les Rothschild, justement, que Dan Brown cite en passant, comme si de rien n'était.

Soufre (ou cabinet de réflexion)
Au chapitre 36 (p. 149) Dan Brown décrit un lieu inquiétant, situé sous le **Capitole*** : dans une pièce sombre, quelqu'un a disposé sur une table un **crâne*** humain, un vieux sablier, un flacon de cristal, une bougie, deux coupelles l'une remplie de sel, l'autre de soufre, une feuille de papier. « Il existe des pièces semblables à celle-ci partout dans le monde », déclare énigmatiquement Langdon. Effectivement. Cette « pièce » porte même un nom : il s'agit

du « cabinet de réflexion » (voir dans ce livre p. 14 et 193) dans lequel est conduit tout postulant avant son initiation. On lui demande d'y méditer et de rédiger un « testament philosophique » attestant de son désir de changer et de renaître à une nouvelle existence. Tous les objets qui l'entourent ont pour but de le faire réfléchir à la condition humaine. Certains (le soufre ou le sel par exemple) renvoient au langage alchimique. Comme cet acronyme souvent inscrit dans le cabinet de réflexion : V.I.T.R.I.O.L., *Visita interiora terrae, rectificandoque, invenies occultum lapidem.* « Visite l'intérieur de la terre et, en rectifiant, tu trouveras la pierre cachée. » C'est l'équivalent maçonnique du socratique « Connais-toi toi-même ».

Talisman
Dan Brown parle (chap. 25, p. 103-104 ; chap. 41, p. 167) d'un mystérieux talisman qui aurait la capacité de « transformer le chaos en ordre » (voir aussi ***Ordo ab chaos****). L'objet en question s'avère être la pierre faîtière d'une **pyramide***, ayant par conséquent le pouvoir de transformer un édifice inachevé en un monument exprimant la perfection la plus absolue. Il s'agit ici d'une utilisation très libre du mot « talisman » qui signifie dans les traditions populaires un objet servant à éloigner le mauvais sort.

Trente-trois
Un chiffre plein de ressources et de mystères, selon Dan Brown. Qu'on en juge : 33 est le plus haut grade maçonnique, le nombre de vertèbres dans la colonne vertébrale et la quantité de miracles accomplis par Jésus, la température de l'eau bouillante selon **Newton*** qui inventa un système de mesure (l'« échelle de Newton »), l'âge du Christ au moment de sa crucifixion et celui de Joseph quand il épousa Marie. Et même le poids en livres *(« 33 pounds »)* de la pyramide d'aluminium au sommet de l'**obélisque*** de Washington (chap. 89, p. 332, 333 et chap. 129, p. 483) !
On pourrait allonger à l'infini la liste des significations et des coïncidences. En voici quelques-unes trouvées sur Wikipedia ou Google (auxquels Dan Brown rend plus d'une fois un hommage critique) : 33 c'est aussi le numéro atomique de l'arsenic, la quantité de lunes orbitant autour de la planète Saturne, un chiffre capital en numérologie, le nombre de chapelles de la basilique Saint-Pierre, de lettres de l'alphabet russe ou de « Chants au Purgatoire », dans la *Divine Comédie* de Dante, le mode d'enregistrement des disques vinyle (33 tours), l'indicatif téléphonique

international pour appeler la France, la phrase culte des médecins francophones pour ausculter les cordes vocales (« Dites trente-trois »), le numéro du département de la Gironde. Et *last but not least* : une position sexuelle de la communauté gay destinée à contrer l'influence du 69 hétérosexuel !

Truman, Harry
Au chapitre 125 (p. 464) Dan Brown cite ce président américain (1945-1953) franc-maçon (voir dans ce livre p. 131). Il ne le précise pas mais Harry Truman est le... **33e** * dans la liste de ceux qui ont dirigé les États-Unis depuis **George Washington** * !

Washington (DC)
Le lieu du roman, bien sûr. Et la ville phare dans l'édification de la nation américaine (voir dans ce livre p. 104).

Washington, George
« Un demi-dieu », dit Dan Brown au sujet du premier président des États-Unis (chap. 20, p. 83). Pas tout à fait faux eu égard à sa place dans la mythologie américaine (voir dans ce livre p. 23). Pour démontrer la pertinence de sa thèse sur le lien des **Pères Fondateurs** * de l'Amérique avec les « **Anciens Mystères** * », le professeur Langdon excipe également d'une sculpture représentant George Washington en Zeus (chapitre 21, p. 87). Pour imaginer ce qu'aurait pu penser l'intéressé de cette relation supposée avec l'Olympe, on se reportera dans ce livre au chapitre « Les francs-maçons et la révolution américaine », p. 75.

Whiston, William
C'est une occurrence furtive, qui passe presque inaperçue. Dan Brown suggère que William Whiston pourrait être le mystérieux « WW » désigné par **Kryptos** * (chapitre 127, p. 476). Whiston, dit-il aussi, était un théologien de la **Royal Society** *. Ce n'est pas tout à fait exact. Cet ancien pasteur presbytérien (1667-1752) fut proche de Robert Boyle (l'inspirateur de **l'Invisible College** *) et de **Newton** *. Mais il ne fut pas admis à l'académie des sciences de Londres en raison de ses opinions jugées hétérodoxes (il remettait notamment en cause le dogme de la Trinité). Si William Whiston est passé à la postérité, c'est à cause de sa *Nouvelle Théorie de la Terre, depuis la création jusqu'à la consommation de toutes choses.* Dans cet ouvrage qui a connu un grand succès, il s'attachait à prouver que la création du monde en six jours, ainsi que l'enseigne la Bible, est parfaitement en accord avec la raison et la philosophie. Pour corroborer le récit de la Genèse, il s'appuyait en particulier sur la

physique de Newton. Il soutenait aussi que les comètes étaient responsables des catastrophes naturelles (dont le Déluge) et qu'elles étaient guidées par la volonté divine. Aujourd'hui, Whiston est devenu une référence pour le mouvement créationniste (voir chapitre « Les pouvoirs de l'esprit », p. 327).

Zohar
Le *Sefer ha-Zohar* (« Livre de la splendeur »), cité par Dan Brown (chap. 15, p. 57) est pour ainsi dire la Bible de la **kabbale***. L'ouvrage, composé en Castille (Espagne), serait l'œuvre d'un rabbin kabbaliste, Moïse de León (mort en 1305). Synthèse des traités ésotériques juifs antérieurs, ce livre est une compilation de textes basés sur des matériaux à la fois grecs, bibliques et rabbiniques. On y trouve aussi une influence de la gnose chrétienne ou du soufisme musulman. L'ouvrage consiste en un commentaire ésotérique de la **Bible*** composé en deux parties : l'une traite du Pentateuque, l'autre du Livre de Ruth, des Lamentations et du Cantique des Cantiques. Mais le *Zohar* veut aussi introduire la mystique dans la vie quotidienne ; il exprime l'idée que tout être humain peut, au même titre que les prophètes, expérimenter l'Absolu, grâce à la connaissance de la Torah.

Les pouvoirs de l'esprit

Le Symbole perdu soulèvera-t-il autant de polémiques que le précédent roman de Dan Brown ? Dans le *Da Vinci Code,* le romancier brodait son intrigue autour d'un sombre complot ourdi par l'Église pour dissimuler le mariage de Jésus et de Marie Madeleine et imposer une vision purement masculine du divin. Pour étayer sa thèse, il s'appuyait sur le Prieuré de Sion. Dans sa préface, il prétendait que cette société secrète remontait au Moyen Âge. Une pure invention. Nous avions démontré dans *Code Da Vinci : L'enquête* que le fameux Prieuré avait été fondé... en 1956 par un mythomane féru d'ésotérisme, par ailleurs assez louche.

Dans *Le Symbole perdu* Dan Brown explore une nouvelle thématique qui se veut non plus religieuse, mais scientifique : la relation entre l'esprit et la matière. Selon lui les découvertes les plus récentes de la science montrent que la conscience et la pensée humaine possèdent des pouvoirs insoupçonnés qui permettent à l'être humain, s'il sait les utiliser, d'agir sur lui-même et sur le monde de manière stupéfiante. Plus fort encore, il assure que ces découvertes ne font que rejoindre les intuitions des « Anciens Mystères », de la kabbale à l'alchimie en passant par l'hermétisme. Katherine Solomon, l'héroïne qui accompagne le professeur Langdon dans son enquête, est l'une des « figures majeures » de « cette nouvelle discipline à la pointe de la science » : la *Noetic* (chap. 3, p. 15). Elle possède son propre laboratoire, mais travaille en lien étroit avec un laboratoire de l'université de Princeton et avec l'Institute of Noetic Sciences (IONS) qui, selon Dan Brown, auraient « prouvé de manière certaine que la pensée humaine, si elle est concentrée, a le pouvoir d'affecter et de changer la matière physique » (chap. 15, p. 55). Dans sa préface, le romancier affirme l'existence de l'Institute of Noetic Sciences. Cet institut joue donc un rôle assez similaire à celui du Prieuré de Sion dans le *Da Vinci Code* censé protéger le « fantastique secret » du « féminin sacré » et des noces de Jésus et de Marie Madeleine. À entendre Dan Brown, l'Institut des sciences noétiques serait même le découvreur et le gardien d'un secret plus extraordinaire encore que celui détenu par le Prieuré de Sion puisqu'il confirmerait l'intuition des grands courant religieux ésotériques : l'esprit humain peut agir sur la matière. C'est donc sur la réalité de cet institut et d'une telle découverte qu'il faut concentrer notre investigation. Car si, comme nous l'avons déjà évoqué, Dan Brown a su éviter la plupart des pièges et des fantasmes concernant les francs-maçons, il se lance ici sur un terrain certes passionnant, mais terriblement glissant, qui mérite de sérieuses explications et mises au point.

L'Institut des sciences noétiques

À l'origine de l'Institute of Noetic Sciences, il y a l'expérience très particulière d'un homme : l'astronaute Edgar Mitchell, membre de l'équipage d'Apollo XIV. En février 1973, alors que la fusée retourne de la Lune à la Terre, Mitchell est bouleversé par la beauté de la Terre et réalise combien elle est menacée par la folie des hommes capables d'annihiler la vie sur la planète bleue. Il affirme avoir vécu là une véritable expérience spirituelle : « La présence du divin devint presque palpable et je sus que la vie dans l'univers n'était pas qu'un accident dû au hasard. » Fort de cette double conviction – il y a un principe créateur à l'origine du monde et l'homme doit aujourd'hui prendre conscience qu'il constitue une menace pour la vie sur terre –, il fonde deux ans plus tard, avec des mécènes et quelques auteurs partageant ses idées, l'Institute of Noetic Sciences. Le mot « noetic » est inspiré du grec *noos* qui signifie esprit. La noétique est envisagée comme une science de l'esprit humain. Elle vise à découvrir les potentiels de l'esprit, à comprendre sa relation à la matière et au monde, mais aussi à œuvrer à une prise de conscience globale permettant à l'homme de mieux se relier à son environnement, de se réconcilier avec le cosmos. Le siège de l'Institut est basé à Petaluma, en Californie. Dans un vaste domaine de quatre-vingts hectares, il dispose d'un grand centre de retraite où l'on peut apprendre à « développer les potentiels de son esprit » par la pratique de la méditation, ainsi que d'un laboratoire de recherche destiné à mieux comprendre l'esprit humain et sa relation au corps et à la matière. L'Institut, à but non lucratif, publie aussi de nombreux ouvrages et un magazine.

L'Institute of Noetic Sciences existe donc bel et bien et Dan Brown expose de manière correcte ses objectifs. Le problème c'est qu'il le présente comme un institut scientifique de pointe, alors qu'il s'agit en fait d'un institut de parapsychologie, qui n'a aucune reconnaissance dans le monde scientifique, et qui se situe au carrefour de trois grands courants contemporains très présents aux États-Unis : le New Age, la mouvance écologique et la théorie du dessein intelligent à travers la thèse du principe anthropique. Ces trois courants participent, chacun à leur manière, à ce que Frédéric Lenoir a appelé dans son livre *Les Métamorphoses de Dieu* « le réenchantement du monde [1] ». En utilisant l'expression opposée de « désenchantement du monde », le sociologue Max Weber avait montré au début du XXe siècle comment le monde avait progressivement perdu son « aura magique » pour devenir un lieu purement matériel et rationalisable, un espace désenchanté et vide de signification. Or, depuis les

1. Plon, 2002, chapitre 6.

années 1960, on assiste à l'essor de courants de pensée écologiques et spirituels qui tentent de refaire du monde un cosmos vivant, traversé par des forces subtiles, dont l'histoire a un sens et dont l'être humain est une partie indissociable. Cette pensée « holistique » – l'homme fait partie d'un tout et il existe une interdépendance de tous les phénomènes – s'oppose à la pensée réductionniste héritée de la science classique. Cette nouvelle vision de l'homme et du monde a des conséquences dans de nombreux domaines, comme l'agriculture et l'alimentation (biologique), la religion (développement d'une religiosité alternative centrée sur l'éveil de l'esprit : néochamanisme, méditation), la santé (l'homéopathie, l'acupuncture, les soins énergétiques).

Ouvrons une petite parenthèse sur ce dernier point. Dan Brown nous dit que son héroïne Katherine Solomon a été fascinée par la lecture d'un ouvrage de Lynne McTaggart : *The Intention Experiment* (chap. 15, p. 56). L'auteur, qu'il présente comme une figure de la noétique, existe bien. Journaliste britannique, elle est passionnée par les médecines alternatives et son livre, publié en français sous le titre *La Science de l'intention* (Éditions Ariane), a été un best-seller dans de nombreux pays. Depuis qu'elle a guéri d'une maladie prétendument incurable par la médecine occidentale classique, grâce, notamment, à l'homéophatie, elle mène un combat pour le développement et la reconnaissance des soins alternatifs. Son premier ouvrage *Ce que les docteurs ne disent pas* est une mise en garde contre la politique de soins des pays occidentaux qui privilégient les médicaments chimiques, les opérations chirurgicales et la vaccination. Elle concentrera ensuite son travail sur les effets de l'intention sur le corps et le monde matériel, entendant montrer que la guérison est principalement due à la force de la pensée. Thème que reprend Dan Brown de manière plus vaste à travers le discours de Katherine Solomon : « La pensée humaine peut littéralement transformer le monde physique » (chap. 15, p. 56).

À cette pensée holistique, qui tente de resituer l'homme dans un Tout, s'ajoute un autre courant de pensée, qui ne se superpose pas nécessairement à celui-ci : le désir de retrouver un sens à l'histoire du cosmos et de la vie. La version la plus radicale de cette mouvance est le créationnisme, courant religieux fondamentaliste chrétien, juif ou musulman, qui nie la théorie darwinienne de l'évolution des espèces et croit que le monde et l'être humain ont été créés directement par Dieu, comme l'affirment la Bible ou le Coran. À côté de cette conception religieuse, intenable d'un point de vue scientifique, se développe depuis une trentaine d'années une théorie beaucoup plus tempérée bien exprimée par l'astronaute Mitchell : l'univers n'est pas né du hasard, mais d'une intelligence créatrice qui a voulu l'apparition de la vie et de la conscience.

Cette thèse du dessein intelligent connaît deux versions : une version acceptable d'un point de vue scientifique, celle du principe anthropique, et une version critiquée par les scientifiques comme du néocréationisme : celle de l'*intelligent design* à proprement parler. Comme les deux font référence à un « dessein intelligent » ou à un « principe créateur », on les confond le plus souvent alors qu'elles sont de nature différente.

La thèse du « principe anthropique » est née dans les années 1980, lorsque l'on a disposé d'ordinateurs assez puissants pour stimuler l'évolution de l'univers. On s'est alors rendu compte que si l'on changeait n'importe laquelle de ses constantes fondamentales, l'univers s'effondrait sur lui-même, se diluait dans le néant ou devenait stérile, et ne pouvait en aucun cas permettre le développement de formes complexes et donc de la vie. On en a déduit le « principe anthropique » (de *anthropos*, l'homme en grec) qui réintroduit la question d'un principe créateur (mais pas la réponse) au cœur même de la science, partant du constat que le cosmos tend vers l'apparition de l'homme. En effet, s'il existe un seul univers, le réglage des constantes fondamentales de la nature est si incroyablement précis que, pour de nombreux scientifiques, l'hypothèse d'un principe créateur étant à l'origine de ce réglage paraît, à l'heure actuelle, la plus crédible, comme le montre cette citation de l'astrophysicien Trinh Xuan Thuan : « Je rejette l'hypothèse du hasard parce qu'en dehors du non-sens et de la désespérance qu'elle entraîne, je ne puis concevoir que l'harmonie, la symétrie, l'unité, la beauté que nous percevons dans le monde, des contours délicats d'une fleur à l'architecture majestueuse des galaxies, mais aussi de manière beaucoup plus subtile et élégante, dans les lois de la nature, soient le fait du hasard. Si nous acceptons l'hypothèse d'un seul univers, le nôtre, nous devons postuler l'existence d'une cause première qui a réglé d'emblée les lois physiques et les conditions initiales pour que l'univers prenne conscience de lui-même. La science ne pourra jamais distinguer entre ces deux possibilités : l'univers unique avec un créateur ou une infinité d'univers sans créateur [1]. »

Comme le mentionne Thuan, il existe une autre possibilité que choisissent également un certain nombre de scientifiques : celle de l'existence d'une infinité d'univers ayant tous des caractéristiques différentes, auquel cas nous serions par hasard dans le seul ayant les caractéristiques nécessaires pour que la complexité ait pu s'y développer. Et il n'y aurait nul besoin de faire appel à un créateur. Le principe anthropique nous laisse libres d'opter pour l'une ou l'autre des hypothèses. Il a été récemment étendu dans le domaine de la biologie, où, tout en acceptant l'évolutionnisme darwinien et en admettant que l'homme soit le fruit d'un long processus le faisant descendre de bactéries, de poissons et de primates, il précise toutefois que ce n'est pas le hasard seul et la sélection naturelle qui produisent l'évolution, mais aussi une nécessité intrinsèque aux espèces elles-mêmes qui les fait tendre vers la réalisation d'une forme (ou d'un archétype). Cette conception d'une évolution par « lois naturelles » et

1. *Le Chaos et l'Harmonie*, Fayard, 1998, p. 446.

non seulement par sélection naturelle est encore loin d'être prouvée scientifiquement. Néanmoins de telles conceptions sont soutenues par de nombreux scientifiques situés bien au-delà des milieux religieux conservateurs.

La thèse de l'*intelligent design* est apparue une dizaine d'années plus tard, au début des années 1990. Ses partisans sont principalement regroupés autour du Discovery Institute à Seattle. Ils ont modernisé la vieille métaphore de la montre et de l'horloger. Si l'on rencontre en se promenant une montre sur le sol, il serait absurde d'affirmer que les lois naturelles et l'action de facteurs tels que l'érosion ont pu conduire à sa réalisation. Pour les tenants du dessein intelligent, les systèmes biochimiques de nos cellules sont exactement comme des montres. Leur complexité implique qu'ils sont le résultat d'une intelligence créatrice, qui a dû intervenir, et dont l'action s'est substituée aux lois de la nature, incapables par elles-mêmes d'expliquer l'apparition de tels systèmes. Même s'ils admettent, eux aussi, que l'univers soit vieux de milliards d'années, et que l'homme descende d'un primate, les tenants du dessein intelligent sont souvent qualifiés de « créationnistes déguisés », puisqu'ils affirment pouvoir démontrer l'existence d'une intelligence créatrice et qu'ils récusent l'idée que les lois de la nature puissent produire la vie sans une aide extérieure. De plus, comme les créationnistes, ils font campagne au plan politique pour que leur conception de l'évolution (très minoritaire) soit enseignée dans les écoles au même titre que la théorie de Darwin ou que la théorie de la relativité d'Einstein.

Ces deux mouvements de pensée, l'un scientifique, l'autre non, ont remis la question d'un créateur au centre des débats. Le premier en faisant l'hypothèse qu'un tel créateur soit à l'origine du réglage extrêmement particulier des lois de l'univers. Le second en faisant de ce créateur une nécessité car selon eux les lois de la nature ont dû être « violées » pour que la vie et la conscience apparaissent.

L'Institute of Noetic Sciences épouse le point de vue anthropique et non celui de l'*intelligent design*. Il n'en demeure pas moins qu'il est éronné de qualifier ces travaux de « parfaitement scientifiques ». Il s'agit en fait d'un courant de pensée alternatif au carrefour de la parapsychologie, de la science, de l'écologie et de la spiritualité. Ce courant qui, se réfère à d'autres théories que celles héritées de la science classique, essuie, on s'en doute, les critiques de nombre de scientifiques ! Ainsi le célèbre site américain Quackwatch (littéralement « observer les charlatans ») classe l'IONS parmi les organismes fumeux. Il dénonce notamment ses théories en matière de santé.

Mécanique quantique et sagesse des Anciens

Dan Brown est d'ailleurs assez lucide sur cette question, puisque, tout en affirmant le caractère proprement scientifique de ces recherches noétiques, il laisse entendre qu'elles revêtent pour le profane un caractère magique et il s'empresse de les relier aux « Anciens Mystères » oubliés des traditions religieuses. Mais il affirme aussi avec force que la physique d'aujourd'hui est à même de fournir un cadre théorique à ces expériences sur le lien entre l'esprit et la matière. Vrai ou faux ?

Il cite le principe d'incertitude (*uncertainty principe*) du physicien Heisenberg (chap. 15, p. 59) et la théorie de la non-séparabilité (*entanglement theory*) : « La recherche de l'infiniment petit a maintenant prouvé de manière catégorique que toute la matière était interconnectée, mêlée dans un unique filet... une sorte d'unicité universelle » (p. 58). Et il répète, par la bouche de Peter Solomon, le frère de Katherine, que les « Anciens » avaient pressenti cette interconnexion universelle puisqu'ils se sentaient faire partie d'un tout et « cherchaient à devenir un avec l'univers » (p. 58). Dan Brown cite encore les noms des physiciens Heisenberg et Schrödinger pour dire qu'ils ont étudié les textes hindous anciens (*Upanishad*) et s'en sont nourris pour « formuler certaines de leurs théories » (p. 59).

Toutes ces affirmations, qui entendent à la fois justifier le caractère scientifique de la noétique et le lien entre science contemporaine et sagesses anciennes, méritent d'être soigneusement étudiées les unes après les autres, car elles mêlent vérités, approximations et erreurs.

Commençons par le premier point. À quoi Dan Brown fait-il référence lorsqu'il parle de la physique d'aujourd'hui et notamment du « principe d'incertitude » ou de la théorie de la « non-séparabilité » ? Le premier principe a été mis en évidence par Heisenberg, l'un des fondateurs de la physique du XXe siècle, qui va révolutionner la physique classique héritée de Newton et Laplace. Ce principe découle de la découverte qu'on ne peut pas connaître la position et la vitesse d'une particule au même moment. Ce qui signifie qu'il existe une imprédictibilité radicale dans l'univers. Le principe d'incertitude bat en brèche la vision déterministe de Laplace selon laquelle le futur serait (au moins en théorie) totalement prédictible par une connaissance parfaite des éléments fondamentaux et de lois qui régissent l'univers. La théorie de la « non-séparabilité » a des conséquences encore plus étonnantes et sert fort à propos la thèse centrale du roman de Dan Brown sur le lien entre l'esprit et la matière. Albert Einstein, célèbre pour ses travaux sur la relativité est également à l'origine de l'autre grande révolution de la physique moderne : celle de la mécanique quantique, qui s'intéresse au monde subatomique. À ce courant fondé par Einstein et Planck se sont ensuite associés de nombreux physiciens tels Heisenberg, Schrödinger, également cité par Brown, mais aussi Bohr, de Broglie, Dirac ou Pauli. Une des conséquences de la mécanique quantique dans ses développements ultimes c'est le postulat selon lequel deux particules, qui à l'origine proviennent d'un même atome, continuent de former une seule entité alors qu'elles sont séparées dans l'espace et dans le temps. Bien que A et B soient éloignés l'un de l'autre, si on agit sur A, B va réagir et inversement. Ce qui signifie que A et B sont connectés via un autre niveau de réalité que l'espace/temps, la matière et l'énergie. Ce postulat a été mis en exergue en 1935 par Einstein et ses deux assistants Rosen et Podolsky, pour montrer l'absurdité de certaines implications de la mécanique quantique développées par ses successeurs. Et Einstein de conclure dans un article célèbre : « Aucune définition de la réalité un tant soit peu raisonnable n'autorise cela. » Niels Bohr répondra qu'il n'a pas encore les outils lui permettant de vérifier de manière expérimentale cette théorie de la « non-séparabilité », mais qu'elle était en effet une conséquence certaine de la physique quantique. L'avenir donnera raison à Bohr, puisque au terme de nombreuses décennies de recherche ce phénomène de non-séparabilité de deux particules élémentaires sera prouvé expérimentalement en 1982 en France par Alain Aspect, à partir de protocoles mis en place par Bell et d'Espagnat et reproduit de nombreuses fois depuis par plusieurs laboratoires à travers le monde.

Ce que dit Dan Brown sur la théorie de la non-séparabilité est donc vrai et la corrélation qu'il établit entre cette découverte scientifique étonnante et les sagesses anciennes est certes un peu rapide, mais elle n'est pas totalement infondée. Les Anciens explique-t-il à juste titre, avaient le sentiment de faire partie d'un tout et se sentaient solidaires de l'univers entier. Les sagesses chamaniques et orientales nous disent en effet que tout est interdépendant (selon le proverbe taoïste « qui cueille une fleur dérange une étoile »). Elles postulent l'existence d'un autre niveau de réalité que celle du monde sensible et de la matière observable, ce que confirme aujourd'hui, sans pour autant prétendre le définir ou l'expliquer, la mécanique quantique. Il convient cependant de ne pas amalgamer deux ordres de savoir très différents : le savoir scientifique repose sur l'observation et l'expérimentation et le savoir religieux sur l'intuition. Ce qui peut parfois les réunir est de l'ordre de l'analogie : de même que les sagesses anciennes parlent d'une interdépendance de toutes choses, de même la science contemporaine montre le lien entre deux particules isolées issues d'un même atome. Il y a un lien analogique entre les deux propositions qui peut faire sens, et non une identité de signification. Autrement dit, la science ne valide pas les expériences mystiques des Anciens, ni ne prouve les théories métaphysiques orientales. Par contre, et c'est déjà un pas énorme, il est vrai que les révolutions qu'a connues la physique depuis un siècle tendent à diminuer le fossé qui séparait les religieux et les scientifiques dans leur conception du monde. D'une vision mécanique et réductionniste du cosmos, la physique est passée à une vision plus ouverte sur l'aléatoire et la possibilité d'un « réel voilé », de l'existence d'un autre niveau de réalité qui rend moins absurde au regard du scientifique la croyance en des mondes invisibles ou en une interdépendance globale des phénomènes postulés par les religions [1].

Examinons maintenant une autre assertion de Dan Brown selon laquelle Heisenberg et Schrödinger ont étudié les *Upanishad* et se sont appuyés sur ces textes pour « formuler certaines de leurs théories ». Rappelons que les *Upanishad* sont des textes sacrés hindous écrits au cours du premier millénaire avant notre ère, qui prônent notamment l'unité de l'atman (l'âme humaine ou le Soi) avec le brahman (l'Absolu ou le Cosmos). Les propos du romancier sont parfaitement exacts à une nuance près. Les principaux physiciens de la mécanique quantique ont formulé dans les années 1920-1930 leur théorie avant de lire les textes religieux orientaux (écrits taoïstes chinois, Veda et *Upanishad* indiens). Mais il est vrai qu'après avoir eu connaissance de ces textes, nombre

1. Sur cette question complexe, voir le passionnant ouvrage de vulgarisation de Jean Staune : *Notre existence a-t-elle un sens ? Une enquête scientifique et philosophique*, Presses de la Renaissance, 2007, que présente ainsi Charles Townes, prix Nobel de physique et inventeur du laser : « Il reste de profondes questions à résoudre en science. Beaucoup d'entre elles ont d'importantes implications pour la nature et le sens de la vie. Jean Staune en a une profonde connaissance et la façon dont il les analyse est fascinante. »

d'entre eux ont affirmé que la sagesse orientale offrait un langage mieux apte à rendre compte des implications philosophiques de leurs théories que le langage occidental fondé sur la logique aristotélicienne et le principe dualiste de non-contradiction. Ainsi lorsqu'il sera anobli par la reine du Danemark, Niels Bohr intégrera le symbole taoïste du yin et du yang dans son blason. Erwin Schrödinger écrira quant à lui un livre intitulé *Veda d'un physicien*, en référence aux textes sacrés hindous. David Bohm ira encore plus loin en soulignant les parallèles entre physique contemporaine et spiritualité indienne dans son dialogue avec le sage indien Krishnamurti. Tout comme Fritjof Capra auteur du *Tao de la physique* dans lequel il explique ainsi le recours à l'Orient par de nombreux physiciens : « Toutes les fois que nous élargissons le domaine de notre expérience, les limitations de notre pensée rationnelle deviennent évidentes et nous devons modifier, voire abandonner, certaines de nos conceptions [1]. »

L'esprit influence-t-il la matière ?

Selon Dan Brown le postulat fondamental de la noétique peut se résumer ainsi : « Nous n'avons exploré que la surface de nos capacités mentales et spirituelles » (chap. 15, p. 55). Et il ajoute que l'Institute of Noetic Sciences et le Princeton Engineering Anomalies Research Lab ont mené des expériences qui ont « catégoriquement prouvé que la pensée humaine, si elle est bien orientée, a la possibilité d'affecter et de changer la matière physique » (*ibid.*). Les expériences auxquelles le romancier fait allusion ont en fait surtout été menées par le célèbre laboratoire de parapsychologie de l'université de Princeton, laboratoire fondé et dirigé pendant vingt-huit ans par Robert Jahn assisté de Brenda Dunne. Petit clin d'œil de Brown, qui aime à jouer avec les noms propres de ses personnages en guise d'indices, il

1. Sand, 1975, p. 165.

donne à la collègue de Katherine Solomon le nom de Dunne (ch. 18) !

De fait, le laboratoire de Princeton a cherché à savoir si la pensée humaine avait le pouvoir d'influencer la matière. Pour cela, on a mis en place des générateurs aléatoires qui produisent des nombres négatifs et positifs, la probabilité statistique moyenne étant 0. Lorsque le générateur n'est pas observé il produit chaque jour des milliers de nombres dont on peut constater quotidiennement que la moyenne est toujours proche du 0. Jahn et Dunne ont également placé des étudiants qui se relaient jour et nuit devant d'autres générateurs aléatoires strictement similaires aux premiers, mais leur ont demandé de souhaiter très fort en pensée que les nombres soient positifs. Or il ressort de cette expérience que la moyenne des chiffres sortis se situe toujours largement audessus de 0. Les responsables de l'expérience concluent que ces résultats tendent à prouver que l'esprit humain peut influencer le comportement des particules élémentaires, qui sont en dernière instance responsables du fonctionnement du générateur aléatoire. Cette expérience a soulevé de vives polémiques dans la communauté scientifique, certains physiciens affirmant que le protocole mis en place pour l'expérience n'était pas assez rigoureux. Le débat est donc loin d'être clos et il est prématuré d'affirmer comme Dan Brown que l'influence de l'esprit sur la matière a été « catégoriquement prouvée ». Signalons aussi une confusion assez répandue : ceux qui affirment la fiabilité scientifique de ces expériences font souvent référence à la découverte extraordinaire de Heisenberg qui découle de son fameux principe d'incertitude et qui est devenue l'un des leitmotiv de la mécanique quantique : l'observation modifie l'objet observé, puisqu'une particule ne se comporte pas de la même manière si elle est observée ou non. Mais les membres de Princeton et de l'IONS vont bien au-delà du principe d'Heisenberg. Ils affirment que c'est la conscience de l'observateur, son intention, sa pensée, qui modifie l'objet observé.

Extrapolation osée qui fait bondir la communauté scientifique.

Le 11 septembre 2001 et la conscience collective

Dan Brown nous entraîne plus loin encore. Toujours à propos des expériences de l'Institut de noétique et du laboratoire de Princeton, il parle de la mise en place de trente-sept générateurs aléatoires à travers la planète qui auraient produit des résultats signifiants dans les heures qui ont suivi la tragédie du 11 septembre 2001, prouvant ainsi l'impact d'une conscience collective sur la matière, « apportant de l'ordre dans le chaos » (chap. 15, p. 56 et chap. 18, p. 74). Dan Brown s'appuie sur une expérience conjointe de l'IONS et du laboratoire de Princeton : « *The global consciouness project* ». En 1999 en effet, trente-sept générateurs de nombres aléatoires ont été dispersés dans le monde. Ce projet de recherche sur la conscience globale avait pour but de détecter une variation significative de + ou de – en fonction d'événements marquants qui se produiraient sur la planète. L'hypothèse étant que ces événements, affectant la conscience de centaines de millions de personnes, affecteraient aussi les générateurs et les influenceraient en faisant produire trop de + ou trop de –. Survint le 11 septembre 2001. Le générateur placé près de New York enregistre dans les heures qui suivent l'impact du deuxième avion une montée importante des chiffres +. Selon les conclusions publiées par l'équipe de Princeton, il y a 95 % de chances que la déviation constatée dans ce générateur ne soit pas due au hasard. Signalons que les trente-six autres générateurs, contrairement à ce que dit Dan Brown, n'ont pas produit de déviation significative, ce qui finalement tendrait à confirmer que celui de New York a bien subi une influence spécifique. Un tel résultat est évidemment surprenant et mériterait d'être confirmé de nombreuses fois dans d'autres circonstances avant qu'on puisse tirer des conclusions véritablement fiables.

Vous êtes des dieux

À la fin du roman, Dan Brown revient sur le thème de l'esprit humain capable d'agir sur la matière. Mais cette fois ce n'est plus la science, mais la Bible qui est invitée à la table de la noétique. On découvre dans les derniers chapitres (129-131) que la Bible est le « symbole perdu », caché dans la première pierre de l'obélisque du Washington Monument. Qu'elle est le Verbe, la parole divine capable de transformer l'univers. La Bible a survécu, dit Dan Brown, parce que des « secrets puissants » y sont cachés. Quels secrets ? Selon Katherine Solomon, si le créateur a créé l'homme à son image, comme le dit le livre de la Genèse, cela signifie que « nous aussi devons devenir créateur. Quand nous aurons compris cela, les portes s'ouvriront largement sur le potentiel humain » (chap. 133, p. 501). La force de la pensée peut même guérir des tumeurs cancéreuses (p. 502) ! Rien de moins. Pour étayer cette théorie controversée, les héros du roman se lancent dans une explication du pluriel avec lequel Dieu est parfois qualifié dans la Bible « Élohim ». « Dieu est pluriel parce que les esprits des hommes sont pluriels. » Si on sait bien la lire, assurent encore les protagonistes du *Symbole perdu*, la Bible nous rappelle que « le Royaume est au milieu de vous », selon les paroles de Jésus, et que « les hommes sont appelés à devenir des dieux ». Un secret que nous pourrions, toujours à en croire le professeur Langdon et ses amis, redécouvrir... grâce à la noétique.

Ce que dit Dan Brown de la Bible n'est pas faux. On peut comprendre le récit de la Genèse comme l'affirmation que l'homme est la seule créature créée à l'image divine et appelée à la vie divine. Les Pères de l'Église ont d'ailleurs utilisé une formule encore plus radicale à propos du Christ : « Dieu s'est fait homme pour que l'homme devienne Dieu. » Cela ne signifie pas, dans la perspective monothéiste qui maintient toujours une stricte altérité entre Dieu et l'homme, que l'être humain est appelé à devenir l'égal de Dieu. Mais qu'il est appelé à se développer, à croître, pour retrouver la ressemblance divine qu'il a perdue depuis le péché originel. De là à dire que la Bible nous enseignerait à développer les pouvoirs de l'esprit, il y a un pas que Dan Brown franchit allègrement. Dans une vision religieuse, la sainteté est bien plus importante que le développement du potentiel humain. La thèse du *Symbole perdu* est donc pour le moins réductrice. Est-elle pour autant totalement fantaisiste ? Jésus affirmait à ses disciples que tout être humain, s'il a la foi, est capable de faire des miracles.

Mais au-delà du débat sur le lien entre foi et forces de l'esprit, il est intéressant de noter que Dan Brown fait de la Bible le secret ultime, le « Symbole perdu ». On pourrait s'en étonner : ses deux précédents ouvrages *(Da Vinci Code* et *Anges et Démons)* maltraitaient en effet la religion. Dans le *Symbole perdu,* la religion possède au contraire une vérité antérieure, voire supérieure, à la science et la science ne fait que la redécouvrir. Dans le contexte américain actuel où le débat sur le créationnisme et le dessein intelligent fait rage, Dan Brown semble avoir changé son fusil d'épaule et pris clairement position en faveur d'une lecture religieuse du monde que la science prouverait.

Index

ABD EL-KADER : 286.
ADAMS, John Quincy : 17, 23, 92, 97, 113, 115, 122.
ADAMS, Samuel : 91.
ALDRIN, Buzz : 126.
ALEMBERT, d' : 36, 55, 65, 77.
ALEXANDRE III : 142.
ALLENDE, Salvador : 286.
ALPHONSE IER : 158.
AMSTRONG, Louis : 286.
ANDERSON, James : 44, 46-47, 87, 89, 135-137, 183-184, 186-189, 191, 212.
ANDRÉ, Louis : 276-277.
ANDREAE, Johann Valentin : 39, 176, 178, 202.
ANGLAS, d' : 70.
ANTIN, duc d' : 51.
ARAGO, François : 260.
ARCEO, Mgr Mendez : 238.
ARCHIMÈDE : 40.
ARTOIS, comte d' : 49.
ASHMOLE, Elias : 41-43, 177.
ASPECT, Alain : 336.
ATATÜRK, Mustafa Kemal : 286.
ATHÊNAGORAS, patriarche : 241.
AUGUSTE, Philippe : 160.
AUMONT, Pierre d' : 143.
AYEN duc d' : 81.

BACON, Francis : 36-37, 39, 41, 43, 87-88, 93.
BAILLY : 62.
BAKER, Joséphine : 286.
BAKOUNINE, Michel : 264.
BALIOL, Jean : 142.
BALSAMO, Joseph : 60, 206.
BANNECKER, Benjamin : 106-108, 110.
BARBIER, Jules : 261.
BARÈRE DE VIEUZAC, Bertrand : 71.
BARRÈS, Maurice : 279.
BARROT, Odilon : 259.
BARRUEL, Augustin : 64-66, 68-69, 224-225, 229-230, 271, 278, 282, 285.
BAUDOUIN II : 148.
BEAUJEU, Guillaume de : 162.
BEAUMONT, Jean-Baptiste de : 62.
BÉDARRIDE, les frères : 206.
BEETHOVEN, Ludwig van : 286.
BELCHER, Jonathan : 86.
BELL : 336.
BENOÎT XIV : 217, 219-222, 227.
BENOÎT XVI : 236.
BERNARD, Raymond : 172
BERTELOOT, père : 237.
BERTHIER, maréchal : 97.
BESANT, Annie : 211.
BIDEGAIN, Jean-Baptiste : 277
BISOL, Geoffroy : 150.
BLACK, Hugo : 130.
BLANC, Louis : 69, 259-263.

BLANQUI, Auguste : 40, 255-256, 263, 265.
BLAVATSKY, Helena : 210-211.
BLUM, Léon : 282.
BOEHME, Jacob : 202, 204.
BOHM, David : 338.
BOHR, Niels : 335-336, 338.
BOIS-GUILLAUME : 62.
BOLÍVAR, Simon : 286.
BONAPARTE, Joseph : 249-250, 252.
BONAPARTE, Louis Napoléon : 260, 263.
BONGO, Omar : 286.
BONIFACE VIII : 163, 166.
BORGNINE, Ernest : 126.
BORIÈS, Jean-François : 251.
BOULANGER, général : 279.
BOURBON, duchesse de : 50.
BOURBON-CONDÉ, Louis de : 51.
BOURGEOIS, Léon : 281.
BOYLE, Robert : 35, 40.
BRIAND, Aristide : 274-275.
BRIOT, Pierre Joseph : 252.
BRISSON, Henri : 268.
BRISSOT, Jaccques Pierre : 26, 65, 69.
BROGLIE, Louis de : 82, 335.
BROWN, Dan : 7-10, 25, 68, 109, 115, 146, 294-296, 300-308.
BRUIÈRE-CHALABRE, Louis Henri de : 223.
BRUMIDI, Constantino : 111-112.
BRUNSWICK, duc de : 205, 221.
BUCHANAN, James : 131.
BUISSON, Ferdinand : 275.
BUSH, George : 24, 126.

CABANIS, Pierre Jean Georges : 62.
CACHIN, Marcel : 281.
CAGLIOSTRO, comte de : 60, 206.
CAILLAVET, Henri : 284.
CALAS, Jean : 62.
CALVIN, Jean : 184.
CAMBACÉRÈS : 70, 249-250.
CAMPAN, Mme : 79.
CAPRA, Fritjof : 338.
CARON DE BEAUMARCHAIS, Pierre-Augustin : 81, 106.
CARTON, la : 51.
CASANOVA : 60.
CHAGALL, Marc : 286.
CHARLES IER : 42, 177.
CHARLES X : 255-256.
CHARNAY, Geoffroy de : 169.
CHATEAUBRIAND : 27.
CHAUMETTE, Pierre Gaspard : 69.
CHAUTEMPS, Camille : 280.
CHOISEUL : 49.
CHURCHILL, Winston : 282.
CLAIRVAUX, Bernard de : 150-151, 153.
CLEMENCEAU, Georges : 270, 279.
CLÉMENT IV : 162.
CLÉMENT V : 164-166, 169-170.
CLÉMENT XII : 53, 217-220, 222, 227.
CLÉMENT, Jean-Baptiste : 266.
CLERMONT-TONNERRE : 49.
COCHIN, Augustin : 73.
COLBERT : 49.
COMBES, Émile : 275-276.
COMTE, Auguste : 40.
CONDORCET : 65, 93.
CONVARD, Didier : 173.
CORNELIUS AGRIPPA, Henricus : 201.
CORNWALLIS, Charles : 98.
COSTON, Henri : 283.
COUSTOS, John : 222.
CRÉMIEUX, Adolphe : 260, 279.
CROMWELL, Olivier : 17, 43, 52.

DA CUNHA, Nuno : 221.
DALAYRAC, Nicolas : 62.
DANTON : 69.
DARBOY, Mgr : 230.
DARWIN, Charles : 333.
DEANE, Silas : 82-83.
DECAZES, Élie : 250, 253.
DELANEY, Martin : 128.

DELILLE : 61.
DERAISMES, Maria : 287.
DÉROULÈDE, Paul : 279.
DÉSAGULIERS, Jean Théophile : 42-44, 55, 183-184, 186.
DESCARTES : 39, 176, 186.
DESCARTES, René : 176.
DESMOULINS, Camille : 69-70.
DIAGNE, Blaise : 286.
DIDEROT : 36, 55, 65, 77, 101.
DIRAC, Paul : 335.
DOINEL, Jules : 212.
DOUMER, Paul : 269.
DOUMERGUE, Gaston : 269.
DOYLE, Conan : 286.
DREYFUS, Alfred : 277, 279, 282.
DRUMONT : 278, 285.
DRUON, Maurice : 145, 170.
DUMAS, Alexandre : 60.
DUNNE, Brenda : 338-339.
DUPANLOUP, Mgr : 231.
DUPATY, Charles-Mercier : 62.

ÉBOUÉ, Félix : 286.
ÉDOUARD IER : 159.
ÉGALITÉ, Philippe : 257.
EINSTEIN, Albert : 40, 333, 335-336.
ÉLISABETH I^RE : 42.
ELLERY, William : 92.
ELLICOTT : 106-107, 110.
ENCAUSSE, Gérard : 209.
ENGELS : 258.
ESCHENBACH, Wolfram von : 172.
ESDRAS : 149.
ESPAGNAT, d' : 336.
ESTAING, Valéry Giscard d' : 284.

FALQUE, Denis : 173.
FAURE, Félix : 269.
FAŸ, Bernard : 282-283.
FÉNELON : 48, 141.
FERRÉ, Léo : 286.
FERRY, Jules : 9, 270, 274-275.
FERSEN, comte : 97.
FLEMMING, Alexander : 126, 286.
FLOCON, Ferdinand : 260.
FLOYRAN, Esquieu de : 164.
FORD, Gerald : 126, 131.
FOUCHÉ : 249.
FOULQUES V : 150.
FOURIER, Charles : 258.
FRANCE, Anatole : 274.
FRANÇOIS IER : 171.
FRANKLIN, Benjamin : 9, 17, 21, 23, 74-80, 82-83, 86-87, 92-93, 99, 102, 111, 115.
FRÉDÉRIC II : 26, 65.
Frédéric-Guillaume : 178.
FULTON, Robert : 111.

GABLE, Clark : 126.
GALILÉE : 78.
GAMBETTA, Léon : 264.
GARFIELD, James A. : 131.
GARIBALDI, Giuseppe : 229, 263, 274.
GARNIER-PAGÈS : 260.
GASSICOURT, Charles Louis Cadet de : 66.
GÉBELIN, Court de : 62.
GEORGE III : 17, 79-80, 90, 99.
GLOUCESTER : 80-81.
GÖCHHAUSEN, Ernst August von : 66.
GOETHE : 60, 68.
GONNEVILLE, Geoffroy de : 169.
GOTTHELF, Karl : 143, 204.
GRÉGOIRE, abbé : 260.
GRÉGOIRE XVI : 229.
GREUZE : 62.
GUAITA, Stanislas de : 209.
GUÉNON, René : 172, 212-213.
GUILLAUMOT, Charles Axel : 62.
GUILLOTIN, Dr : 62.
GUIZOT : 28, 259-260.

HALKESTON, Guillaume de : 162.
HALL, Prince : 128.
HAMILTON, Alexander : 23.
HANCOCK, John : 91-92.
HARCOURT : 49.

HARDING, Warren G. : 131.
HAYDN, Joseph : 50.
HÉBERT, Jacques-René : 69.
HEISENBERG, Werner : 334-335, 337, 339.
HELVÉTIUS : 55, 189.
HENRI Ier : 150.
HENRI VIII : 42, 88.
HÉRAULT, préfet de police : 51.
HERRIOT, Édouard : 274.
HEWES, Joseph : 92.
HIRAM : 33, 51, 137.
HITLER : 282.
HOBAN, James : 113-114.
HOBBES, Thomas : 93.
HOLBACH : 189.
HOOPER, William : 92.
HOOVER, J. Edgar : 126.
HOUDON : 62.
HOWARD TAFT, William : 131.
HUGO, Victor : 40, 274.

INNOCENT III : 161.

JACKSON, Andrew : 122, 131.
JACQUES II : 47-48, 164.
JAHN, Robert : 338-339.
JAURÈS, Jean : 274, 277.
JEFFERSON, Thomas : 17, 23, 92-97, 99, 101-102, 106-107, 115, 256.
JOHNSON, Andrew : 131.

KALB, Johan de : 82.
KIPLING, Rudyard : 286.
KNOX, Henry : 99.
KOSCIUSKO, Thadeus : 98.
KRISHNAMURTI : 338.

LACÉPÈDE : 62.
LACLOS, Choderlos de : 51.
LA FAYETTE, Gilbert Motier de : 9, 15-29, 51, 57-61, 64-65, 70-72, 74, 79-84, 93-94, 96-99, 118, 122, 253, 256-257, 259-260.
LA FAYETTE, Adrienne de (épouse de Gilbert Motier de) : 22, 104, 120.
LAFFITTE, Jacques : 257.
LALANDE, Joseph-Jérôme de : 61.
LAMARTINE : 260-261.
LAMBALLE, princesse de : 49.
LAMETH, comte de : 70, 97.
LANGES, Savalette de : 59, 71, 205.
LANNES, maréchal : 249.
LANTOINE, Albert : 237.
LAPLACE, Pierre-Simon : 335.
LA ROCHEFOUCAULD : 49, 65, 93.
LARUDAN, abbé : 52.
LA TOUR-MAUBOURG : 97.
LATROBE, Benjamin : 110-111.
LAUZUN : 70, 93, 97-98.
LAVOISIER : 38.
LAZARE, Bernard : 279.
LE BEL, Philippe IV : 163.
LEDRU-ROLLIN : 262.
LEFRANC, abbé : 224.
LE GRAND, Hérode : 149.
LEIBNIZ : 176, 185.
LEINSTER, House : 113-114.
L'ENFANT, Pierre Charles : 106-108, 110, 112.
LÉON XIII : 232-234, 272, 275.
LEPAGE, Marius : 238.
LEROUX, Pierre : 258, 262-263, 273.
LÉVI, Éliphas : 207-210.
LHOMMOY, Roger : 171.
LINCOLN : 93.
LINDBERG, Charles : 286.
LISZT, Franz : 286.
LITTRÉ, Émile : 274.
LIVINGSTON, Robert : 92.
LOCKE, John : 45, 93, 95.
LORRAINE, François de : 218.
LOUBET, Émile : 279.
LOUIS VII : 160.
LOUIS IX : 161.
LOUIS XIV : 43, 48.
LOUIS XV : 51, 66, 82, 106.

LOUIS XVI : 27, 49, 51, 57-58, 66, 70, 94, 97, 250.
LOUIS XVIII : 250-253, 255.
LOUIS-PHILIPPE : 28, 119, 257, 259-260.
LUTHER : 88.

MACÉ, Jean : 269-270.
MADISON, James : 23, 101.
MAGNAN, maréchal : 230.
MAISTRE, Joseph de : 69, 190, 204, 220-221, 223, 225.
MALESHERBES : 27.
MALLARMÉ, Stéphane : 286.
MALRAUX, André : 171.
MARAT : 69-70.
Marie, reine : 42.
Marie-Antoinette : 18-19, 49, 70, 76, 79, 97.
MARTI, José : 286.
MARX, Karl : 257-258.
MASSÉNA : 249.
MAURRAS, Charles : 279.
MCKINGLEY, William : 131.
MERCIER, Louis Sébastien : 61.
MESMER, Franz Anton : 57-59, 205.
MEURIN, Mgr de : 231.
MICHEL, Louise : 9, 264, 266.
MILLERAND, Alexandre : 269.
MIRABEAU : 61-62, 65, 68.
MITCHELL, Edgar : 328, 331.
MOLAY, Jacques de : 66, 143, 145, 162-166, 168-171, 196.
MOLLIN, capitaine : 276.
MONGE, Gaspard : 286.
MONROE, James : 131.
MONTAIGNE : 27.
MONTDIDIER, Payen de : 150.
MONTESQUIEU : 9, 55, 65, 80, 88, 93.
MONTGOLFIER, frères : 62-63.
MONTMORENCY-LUXEMBOURG : 71.
MONTMORIN DE SAINT-HEREM, Gilbert : 223.
MORAY, Robert : 41-43, 177.
MORE, Thomas : 88.
MORGAN, William : 121-123.
MORSE, Samuel : 111.
MOZART, Leopold : 50.

NABUCHODONOSOR II : 149.
NAPOLÉON IER : 28, 230, 247, 250-251, 260, 263.
NAPOLÉON III : 263.
NÈGRE, Jacques Étienne Marconis de : 206.
NERVAL, Gérard de : 60.
NEWTON, Isaac : 34, 39-43, 45-46, 78, 93, 95, 176-177, 184-185, 187, 301.
NOAILLES, Adrienne de (épouse de La Fayette) : 18-19, 70, 72, 80, 82, 97.
NOGARET, Guillaume de : 164, 166, 170.

OBAMA, Barack : 112-113.
OGLETHORPE, James : 87.
OLCOTT, Henry Steel : 210.
ORLÉANS, Louis Philippe d' : 51, 54, 70.

PAINE, Thomas : 89, 94.
PAIRAUD, Hugues de : 169, 171.
PAOLI, Pasquale : 100.
PAPUS, Gérard ENCAUSSE dit : 209, 211-212.
PARACELSE : 37, 175, 200, 202.
PARIS, Geoffroy de : 170-171.
PARIS, Guillaume de : 165.
PARIS, Matthieu : 157, 161.
PASQUALLY, Martinès de : 59, 144, 203-205, 209, 222.
PASTORET, marquis de : 62.
PAUL VI : 241.
PAULI, Wolfgang : 335.
PAYNS, Hugues de : 148, 150, 157.
PÉLADAN, Joséphin : 209.
PENN, William : 87.
PERAU, abbé : 52.
PERNETY, Antoine Joseph : 205.

PERSHING : 28.
PÉTAIN : 277, 282.
PHILIPPE LE BEL : 66, 114, 163-166, 169-171.
PICCINI : 62.
PIC DE LA MIRANDOLE : 38, 184, 201.
PIE VII : 227-228, 230.
PIE IX : 119, 120, 229-231.
PIKE, Albert : 120, 129, 272.
PILLS, Robert : 118.
PINOCHET, Augusto : 286.
PIVERT, Marceau : 281.
PLANCK, Max : 335.
PLATON : 93, 183.
PODOLSKY, Boris : 302.
POLIGNAC : 49-50.
POLK, James K. : 131.
POPE, Francis : 105, 107.
POUCHKINE, Alexandre : 286.
PRICHARD, Samuel : 192.
PROUDHON, Pierre Joseph : 9, 258, 273.
PROVENCE, comte de : 49.
PTOLÉMÉE : 136.
PYTHAGORE : 136.

RAGACHE, Jean-Robert : 197.
RAMADIER, Paul : 282.
RAMSAY, André Michel de : 48-49, 55, 141-142, 144, 190.
RATZINGER, cardinal : 236-237, 239-240.
RAYNAL, abbé : 76.
RECLUS, Élisée : 264, 266.
REVERE, Paul : 91.
RICHTER, Samuel : 178.
RIDEFORT, Gérard de : 155.
RIQUET, père : 238.
ROBESPIERRE : 69, 94.
ROBINSON, John : 66, 224.
ROCHAMBEAU, maréchal : 20, 93, 97-99.
RODOLPHE II : 37.
ROHAN : 49.
ROMME, Charles-Gilbert : 62.
ROOSEVELT, Franklin D. : 126, 131, 282.
ROOSEVELT, Theodore : 89, 131.
ROSEN, Nathan : 336.
ROSTAND, Jean : 274.
ROUSSEAU : 18, 27, 55, 65, 76, 80, 88, 100, 262.
ROZIER, Pilâtre de : 63.

SADE : 61.
SAINT-AMAND, Archambaud de : 150.
SAINT BERNARD : 150, 152, 154.
SAINT-GERMAIN, comte de : 60, 206.
SAINT-MARTIN, Louis Claude de : 59, 144, 161-164, 204-205, 209, 223, 225.
SAINT-OMER, Godefroy de : 148, 150.
SALADIN : 154-155, 168.
SALENGRO, Roger : 282.
SALOMON, Haym : 17, 135-138, 149.
SARDA-GARRIGA, Joseph : 261.
SCHEURER-KESTNER, Auguste : 279.
SCHOELCHER, Victor : 9, 260-261.
SCHRÖDINGER, Erwin : 334-335, 337-338.
SÉGUR, comte de : 19, 79-80, 82, 97, 231.
SEMBAT, Marcel : 281.
SÉRURIER, général : 249.
SÈZE, Raymond de : 62.
SHAKESPEARE : 39.
SHERMAN, Roger : 92.
SIEYÈS : 65, 69.
SIMITIÈRE, Pierre du : 115.
SKENE, John : 86.
SOULT, maréchal : 249.
SPINOZA : 45, 186.
STANISLAS II : 178.
STAVISKY, Alexandre : 280, 282.
STENDHAL : 252.
STEPHENS, Uriah S. : 125.

STEUBEN, von : 98-99.
STOCKTON, Richard : 92.
SUGER : 160.
SWEDENBORG, Emmanuel : 203.

TAXIL, Léo : 231, 271-273, 285.
THIERS, Adolphe : 264-265.
THOMAS, Mgr Jean-Charles : 240.
THUAN, Trinh Xuan : 332.
TOCQUEVILLE : 102, 124.
TREAT PAINE, Robert : 92.
TRISTAN, Flora : 207.
TROTSKI : 281.
TRUMAN, Harry S. : 114, 131.
TSCHOUDY, Louis de : 220-221.
TURINAZ, Mgr de : 231.
TURTELTAUB, Jon : 25, 173.
TWAIN, Mark : 286.

URBAIN II : 147.

VAILLANT, Édouard : 264.
VALLÈS, Jules : 9, 264, 266.
VAUX, Cadet de : 62.
VEIL, Simone : 284.
VERNET, Horace : 62.
VINCI, Léonard de : 37.
VITRY, Jacques de : 155.
VIVIANI, René : 281.
VOLTAIRE : 18, 46, 55, 61-62, 65, 76, 95, 101, 189.

WALDECK-ROUSSEAU : 268-269, 275.
WALTON, George : 92.
WARREN, Joseph : 92.
WASHINGTON, George : 9, 15-27, 29, 58, 70, 74, 81-85, 91, 93-95, 97-99, 101-104, 106-108, 111-113, 117-118, 120, 131.
WASHINGTON, Martha : 22.
WAYNE, John : 286.
WEBER, Max : 329.
WEED, Thurlow : 122.
WEISHAUPT, Adam : 67-68, 225.
WESLEY, John : 242.
WHIPPLE, William : 92.
WILDE, Oscar : 286.
WILLERMOZ, Jean-Baptiste : 59-60, 143-144, 179, 204-205.
WOZNIAK, Steve : 286.

ZAY, Jean : 282.
ZINOVIEV : 281.
ZOLA : 279.

Bibliographie

Ouvrages généraux

— Alain Bauer, *Aux origines de la franc-maçonnerie : Isaac Newton et les newtoniens*, Dervy, 2003.
— Philippe Benhamou et Christopher Hodapp, *La Franc-maçonnerie pour les nuls*, First, 2008.
— Jack Chaboud, *Découverte de la franc-maçonnerie*, Plon, 2006.
— Pierre Chevallier, *Histoire de la franc-maçonnerie française* (3 vol.), Fayard, 1974.
— André Combes, *Les Trois Siècles de la franc-maçonnerie française*, Dervy, 2007.
— Roger Dachez, *Histoire de la franc-maçonnerie française*, Presses Universitaires de France, 2009.
— Roger Dachez, *L'Invention de la franc-maçonnerie*, Éditions Véga, 2008
— Daniel Ligou, *Dictionnaire de la franc-maçonnerie*, Presses Universitaires de France, 2006.
— Irène Menguy, Jean-Cyrille Godeffroy, *Les Initiations et l'initiation maçonnique*, 2008.
— Paul Nodon, *La Franc-Maçonnerie*, Presses Universitaires de France, coll. « Que sais-je ? », 2002.

Franc-maçonnerie et Révolution française

— Augustin Barruel, *Mémoires pour servir à l'histoire du jacobinisme*, Éditions de Chiré, 2005
— Jacques Chailley, *La Flûte enchantée, opéra maçonnique*, Robert Laffont, 1983.
— Robert Darnton, *La Fin des Lumières, le mesmérisme et la Révolution*, Perrin, 1984.
— Alain de Keghel, *La Fayette, franc-maçon*, A.M.H.G
— François Furet, *Penser la Révolution française*, Gallimard, coll. « Bibliothèque des Histoires », 1987.
— Gérard Gefen, *Les Musiciens et la franc-maçonnerie*, Fayard, 1993.

– René Le Forestier, *Les Illuminés de Bavière et la franc-maçonnerie allemande,* 1915, rééd. Éditions Archè, 2001.
– Gaston Martin, *La Franc-Maçonnerie et la préparation de la Révolution française,* Presses Universitaires de France, 1926.
– Albert Soboul, *Dictionnaire historique de la Révolution française,* Presses Universitaires de France, 2005.

Franc-maçonnerie et Révolution américaine

– Michael Baigent et Richard Leigh, *The Temple and The Lodge,* Londres, Cape, 1989.
– Stacy Chiff, *La Grande Improvisation : Benjamin Franklin, La France et la naissance des États-Unis,* traduit de l'anglais (États-Unis) par William Olivier Desmond, Grasset, 2007.
– Claude Fohlen, *Les Pères de la Révolution américaine,* Albin Michel, coll. « L'Homme et l'événement », 1989.
– Claude Fohlen, *Thomas Jefferson,* Presses Universitaires de Nancy, 1992.
– Christopher Hodapp, *Solomon's Builders : Freemasons, Founding Fathers And The Secrets Of Washington,* Berkeley, Ulysses Press, 2007.
– André Kaspi, *Les Américains : Naissance et essor des États-Unis (1607-1945),* vol. 1, Le Seuil, 1986.
– Denis Lacorne, *De la religion en Amérique : Essai d'histoire politique,* Gallimard, 2007.
– Corine Lesnes, *Aux sources de l'Amérique : Les enfants de Washington face à leur histoire,* Buchet-Chastel, 2008.
– David Ovason, *The Secret Zodiacs of Washington, DC. : Was the City of Stars Planned by Masons,* Random House UK Ltd, Londres, 1999.
– Mark A. Tabert, *American Freemasons, Three Centuries of Building Communities,* New York University Press, 2005.
– Gore Vidal, *Inventing a Nation,* New Haven, Yale Press University, 2004

Mythes fondateurs de la franc-maçonnerie

– Malcolm Barber, *Le Procès des Templiers,* Presses universitaires de Rennes, 2002.
– Pierre Béhar, « De la pratique au symbole. Métamorphose de la franc-maçonnerie », in « Les francs-maçons, les loges et le monde », revue *Géopolitique,* n° 97, janvier 2007.
– Simonetta Cerrini, *La Révolution des Templiers,* Perrin, 2007.
– John Charpentier, *L'Ordre des Templiers,* Éditions Tallandier, 1987.
– Alain Demurger, *Les Templiers, Une chevalerie chrétienne au Moyen Âge,* Le Seuil, coll. « Points Histoire », 2005.
– Maurice Druon, *Les Rois maudits : Le Roi de fer* (vol. 1), Éditions Del Duca, 1955.
– Roland Edighoffer, *Les Rose-Croix,* Presses Universitaires de France, coll. « Que-sais-je ? »,

– Patrick Huchet, *Les Templiers, une fabuleuse épopée*, Rennes, Ouest-France, 2007.
– Magazine *Historia*, *Les Templiers*, n° 690, juin 2004.
– Michel Lamy, *Les Templiers*, Pocket, 2001.
– Régine Pernoud *Les Templiers*, Presses Universitaires de France, coll. « Que sais-je ? », 2007.
– Jérôme Rousse-Lacordaire, *Ésotérisme et christianisme*, Éditions du Cerf, 2007
– Simone Vierne, *Les Mythes de la franc-maçonnerie*, Éditions Véga, 2008.

Franc-maçonnerie et christianisme

– Ferrer Benimeli et José Antonio, *Les Archives secrètes du Vatican et de la franc-maçonnerie : Histoire d'une condamnation pontificale*, Dervy, 2002.
– Jean-Jacques Gabut, *Église, Religions et franc-maçonnerie : Le dossier complet*, Éditions du Cerf, 2005.
– Luc Nefontaine, « Protestantisme et franc-maçonnerie : un cousinage politique ? » in *Géopolitique, Les francs-maçons, les loges et le monde*, n° 97.
– Jérôme Rousse-Lacordaire, *Rome et les francs-maçons : Histoire d'un conflit*, Berg International Éditeurs, 1996.
– Jérôme Rousse-Lacordaire, *Jésus dans la tradition maçonnique*, Desclée de Brouwer, 2007.
– Hubert de Thier, *Église catholique et temple maçonnique*, Dervy, 1997.
– Louis de Tschoudy, *L'Étrenne au pape ou les Francs-Maçons vengés*, Éditions Lacour-Ollé, Nîmes, 1999.

Franc-maçonnerie et politique

– Sophie Coignard, *Un État dans l'État : le Contre-pouvoir maçonnique*, Albin Michel, 2009.
– François Collaveri, *Napoléon franc-maçon ?*, Tallandier, 2003.
– Jacques Lemaire, *Les Origines françaises de l'antimaçonnisme : 1744-1797*, Éditions de l'Université de Bruxelles, 1985.
– Louise Michel, *La Commune : Histoire et souvenirs*, La Découverte Poche, 2005.
– Philippe Muray, *Le XIXe siècle à travers les âges*, Gallimard, coll. « Tel », 1999.
– Ghislaine Ottenheimer et Renaud Lecadre, *Les Frères invisibles : Enquêtes sur les dérives de la franc-maçonnerie*, Albin Michel, 2002.
– Pierre-André Taguieff, *La Foire aux Illuminés : ésotérisme, théorie du complot, extrémisme*, Mille et Une Nuits, 2005.
– François Vindet, *L'Affaire des fiches : 1900-1904, chronique d'un scandale*, Éditions universitaires, 1989.

Remerciements

Ce voyage de deux ans au pays des francs-maçons n'aurait pas été possible sans l'aide précieuse de Claire Zeppilli et de Serge Lafitte. Aux États-Unis Mark A. Tabert du George Washington Masonic Memorial et Brent Morris directeur du « Scottish Rite Journal », la revue du Rite Écossais Ancien et Accepté. Qu'ils en soient vivement remerciés comme tous les historiens, philosophes, experts des religions ou de l'ésotérisme croisés au cours de cette enquête. Une pensée enfin pour Matthieu, Clara, Lily, Augustin, Vincent, Guillaume, Fernande, Pascal, Jean-Noël qui ont patiemment attendu la fin de ce long périple.

MFE et FL

Table

Préface 7

Première partie

Les aventuriers du Nouveau Monde

1. Frère La Fayette et frère Washington 13
2. Aux origines 30
3. Ce que sont les maçons 44
4. Rationalistes et mystiques 57
5. Les francs-maçons et la Révolution française 64
6. Les francs-maçons et la révolution américaine 75
7. Utopia 86
8. Le plan « secret » de Washington 104
9. Des loges et de la maçonnerie en Amérique 121

Deuxième partie

Les mythes fondateurs

10. Le temple de Salomon 135
11. Les Templiers 141
12. La Rose-Croix 174

Troisième partie

La spiritualité des francs-maçons

13. Le Dieu des francs-maçons 183
14. L'initiation maçonnique 191
15. La franc-maçonnerie et l'ésotérisme 199

Quatrième partie

Franc-maçonnerie et christianisme

16. Rome condamne (XVIIIe siècle) 217
17. La diabolisation (XIXe siècle) 227
18. Un timide rapprochement (XXe siècle) 235

Cinquième partie

Les francs-maçons et la politique, vraies et fausses conspirations

19. De Napoléon aux Carbonari 247
20. Trois Révolutions 255
21. L'ennemi c'est l'Église 268
22. Les maçons au pilori 276
23. Les frères Business 284

Sixième partie

Le Symbole perdu décrypté

Glossaire.......... 293
Les pouvoirs de l'esprit.......... 327

Index.......... 343

Bibliographie.......... 351

Cet ouvrage a été composé et réalisé par

CPI
Firmin Didot
Mesnil-sur-l'Estrée

pour le compte des Éditions Laffont
en octobre 2009

Imprimé en France
Dépôt légal : octobre 2009
N° d'édition : 48899 – N° d'impression : 97005